矿产资源开发中的
社区（村镇）行为博弈研究

杜明军 著

中国社会科学出版社

图书在版编目（CIP）数据

矿产资源开发中的社区（村镇）行为博弈研究/杜明军著.—北京：中国社会科学出版社，2017.6
ISBN 978 - 7 - 5161 - 9781 - 3

Ⅰ.①矿⋯　Ⅱ.①杜⋯　Ⅲ.①矿产资源开发—政府行为—研究—中国　Ⅳ.①F426.1

中国版本图书馆 CIP 数据核字（2017）第 018754 号

出 版 人	赵剑英
责任编辑	侯苗苗
责任校对	周晓东
责任印制	王　超

出　　版	中国社会科学出版社
社　　址	北京鼓楼西大街甲 158 号
邮　　编	100720
网　　址	http：//www.csspw.cn
发 行 部	010 - 84083685
门 市 部	010 - 84029450
经　　销	新华书店及其他书店

印　　刷	北京明恒达印务有限公司
装　　订	廊坊市广阳区广增装订厂
版　　次	2017 年 6 月第 1 版
印　　次	2017 年 6 月第 1 次印刷

开　　本	710×1000　1/16
印　　张	19.75
插　　页	2
字　　数	278 千字
定　　价	85.00 元

目　录

第一章 矿产资源开发中社区（村镇）及相关主体利益行为特征

引言与摘要

利益是人们一切活动的价值取向，因为"人们奋斗所争取的一切，都同他们的利益有关"[①]，"每一既定社会的经济关系首先表现为利益"。[②] 因此，矿产资源开发利益目标作为利益相关主体一切开发活动始终追求的中心，决定了其间利益主体的具体行为选择；而利益分配机制的和谐构建则始终是其间利益主体的活动重心，需要首先明确参与利益分配的相关主体。所以，本章的研究拟界定矿产资源开发利用中的相关利益主体。根据矿产资源开发利用中存在的突出问题所涉及的各相关利益主体，界定其利益目标、分析其行为特征，以便在后续的矿产资源开发利益博弈机制的研究中，揭示利益分配的相互影响，利益博弈背后的原因和可以改进的原因和动力，促进矿产资源开发利益和谐发展中的社会总体利益最大化。

本章对矿产资源开发利益主体的目标取向及行为特征进行系统分析。首先，综述了矿产资源开发利用中社区（村镇）及相关主体利益行为特征。一是分析了矿产资源开发利用中的利益。二是分析

[①] 《马克思恩格斯全集》（第1卷），人民出版社1956年版，第82页。
[②] 《马克思恩格斯全集》（第1卷），人民出版社1995年版，第82—83页。

了矿产资源开发利用中社区（村镇）及相关主体利益集合背景，参与矿产资源开发利益创造与分割的相关主体及其内涵特征；利益主体集合的产生和博弈背景；利益主体集合构成。三是分析了矿产资源开发利用中社区（村镇）及其相关的利益主体类别，涵盖中央政府（国家）、各级地方政府及其行政机构、矿产资源开发利用企业及其利益相关者、社区（村镇）及其利益相关者等利益主体类别。四是分析了矿产资源开发利用中社区（村镇）相关利益行为取向特征。其次，深入分析了矿产资源开发利用中中央政府的利益目标及其行为取向。再次，深入分析了矿产资源开发利用中地方政府的利益目标及其行为取向。又次，深入分析了矿产资源开发利用企业的利益目标及其行为特征。最后，深入分析了矿产资源开发利用中社区（村镇）的利益目标及其行为特征。

第一节　矿产资源开发利用中社区（村镇）及相关主体利益行为特征

一　矿产资源开发利用中的利益

（一）利益的内涵

（1）各种各样的利益观。作为西方舶来品，利益在英文中为"interest"，本意是利息，用来表示债权人对利息要求的正当性。在经济社会发展中，人们逐渐认识到了利益的重要作用，形成了各种各样的利益观。

一是法国哲学家霍尔巴赫的利益观。作为第一个给出的具体经典定义，认为利益是根据自己的性情和思想使自身的幸福观与之相连的东西；也即，利益意味着对自己的幸福是必要的东西。[①]

二是《牛津法律大辞典》的利益定义。认为利益是个人或集团

[①]　［法］霍尔巴赫：《自然的体系》，商务印书馆 1964 年版，第 27 页。

寻求得到满足和保护的权利请求、要求、愿望或需求。①

三是美国法社会学家庞德的利益观。认为"利益是人类个别的或在集团社会中谋求得到满足的一种欲望或要求，因此，在调整人与人之间的关系和安排人类行为时，必须考虑到这种欲望或要求。"② 同时，在社会生活中主要存在三种利益：第一种是个人利益，包括从个人角度提出的主张、要求或愿望，涉及人格、家庭关系、物质利益；第二种是公共利益，包括从政治生活角度提出的主张、要求和愿望，包括国家作为法人的利益和国家作为社会利益保卫者的利益；第三种是社会利益，指存在于社会生活中并为了维护社会的正常秩序和活动而提出的主张、要求和愿望，是最重要的利益。

四是法学家罗尔斯的利益观。认为利益是多元的；依据利益主体的不同利益分配要按照最大化的最小值规则（maxi min rule）③：首先，每一个人对于一种平等的基本自由的完全适当体制都拥有相同的不可剥夺的权利，而这种体制与适用于所有人的自由体制是相容的；其次，社会和经济的不平等应该满足两个条件：一是它们所从属的公职和职位应该在公平的机会平等条件下对所有人开放；二是它们应该有利于社会中最不利成员的最大利益（差别原则）。在这两个条件中，第一个是自由原则，第二个的第一部分是机会平等原则，第二部分是差别原则，其间存在一种词典式的优先顺序。

五是中国的利益观。对利益的探讨中国古已有之，春秋战国以来中国思想界存在"义利之争"。④ 以孔、孟为代表的儒家重义轻利；以商鞅、韩非子为代表的法家轻义重利；以墨子为代表的墨家则主张义利并重。《辞源》和《现代汉语词典》将利益解释为：同

① 源自《牛津法律大辞典》，光明日报出版社1988年版，第454页。
② ［美］罗斯科·庞德：《通过法律的社会控制/法律任务》，沈宗灵等译，商务印书馆1984年版，第37—41页。
③ ［美］罗尔斯：《政治自由主义》，万俊人译，译林出版社2002年版，第6页。
④ 《中国古代政治思想》，互动百科，http://www.hudong.com/。

"弊"与"害"相对应，利益是"好处"或"功用"，指那些能够满足人们物质或精神需要的事物，就是好处的意思。

（2）利益的内涵特征。综观上述各种利益观，可以发现：

其一，由于历史的原因，中国思想家们没有形成自己比较独特的利益观点，没有明确提出利益的概念；对利益的认识多是从物质利益角度出发探讨，视野相对狭窄，比较遗憾。

其二，利益追求是人们最一般、最基础的心理特征和行为规律。对利益的看法大体上有：从纯粹的主观出发，认为利益是人们主观上的需要；从客观实际出发，认为利益是从内容到形式上的纯粹客观的实物和物质；从社会关系出发，认为利益是以物质经济关系为基础的各种关系。

其三，利益的内涵具有多元性。由于中西学者所处的历史条件和时代、政治立场及关注角度存有差异，造成了利益观的不一致性。也正是由于这种利益观的差异性，综合涵盖了利益问题认识的多维角度。

其四，利益是主观与客观的统一。利益本身具有客观性。利益的实际内容、产生手段等是客观的；通过利益所体现出来的人们之间互动关系是一种物质的经济关系；利益的分配作用规律是不以人的意志为转移的。另外，利益在形式上却是主观的。利益反映了人们对需求对象的主观追求、兴趣和认识；且利益的实现过程须经过主观努力和主体活动才能实现。

其五，利益是历史性和社会性的统一。利益属于历史范畴，在不同的历史发展阶段，有不同的利益形态。原始社会低下的生产力水平决定了个人必须依赖集体而生存，个人利益融合于集体利益；随着社会分工和私有制带来的社会生产力水平的进步和提高，利益出现分化，个人利益分裂显现。在同一历史阶段内，依据历史背景和社会环境，利益的表现形式多种多样。另外，由于人的社会属性，利益具有社会性，利益的形成、分配和实现都要以特定的社会关系为背景条件。

其六，利益是发展无限性和丰富性的统一。鉴于人们需要的多种多样，丰富多彩，随着社会文明的发展，人们的利益需求会越来越多、层次也愈加丰富，各种各样的利益互相结合在一起，呈现出多质多元的利益要素相互交织，构成利益的层次性，形成庞大而又复杂的利益关系网。通过整个利益系统中不同特点、不同功能、不同内容的利益种类的有机结合，形成和表现出利益的无限性和丰富性。

（二）矿产资源开发利用中的利益特征

综合中西方学者从不同角度对利益的看法和阐述，结合上述对利益特征的多维分析，可以对矿产资源开发利用中的利益进行界定：中国矿产资源开发利用中的利益主体及其行为选择无一例外要受利益驱动。矿产资源开发利用中的利益是客体对主体的存在和发展的一种肯定性关系，是主体、主体需要与满足主体需要的矿产资源开发收益在主体行为作用下的有机分配和统一；这种统一表现为现实的社会关系。这种利益关系在主观上表现为主体需要的满足，客观上表现为主体对所需稀缺矿产资源开发收益的占有；利益的大小取决于主体需要的满足程度或主体对所需稀缺矿产资源开发收益的占有程度。具体如下：

（1）矿产资源开发利益的形式。矿产资源开发利益会以各种各样的形式出现。从法律认可角度，矿产资源开发利用中的利益可分为合法利益和非法利益；从主体分类角度，矿产资源开发利用中的利益包括个体、集团、社会和国家等利益；从内容角度，矿产资源开发利用中的利益可以分为政治、经济和道德等利益；从行政层级角度，矿产资源开发利用中的利益可分为中央和各级地方等利益。因此，矿产资源开发利用中的利益具有多元化、多层次性的特征；在矿产资源开发利益的分配过程中，必然会出现多种利益的竞争、博弈与均衡。

（2）矿产资源开发利益的根本范畴。矿产资源开发利用中的利益首先在物质利益，也即矿产资源开发追求的首要的根本利益。尽管利益可以具有不同的表现形态，但根据马克思的唯物史观，一定的物质利益是人类生存发展的基本前提，其他的利益都是在物质利益的基础上延伸出来的。因此，矿产资源开发利用中的根本利益范畴在于矿工等个体的收入、企业的利润、政府的税收等物质利益、经济利益。

（3）矿产资源开发利用中的利益源于社会经济发展的需要。鉴于人的需要是与生俱来的"内在规定性"；人的需要是人的本质、是生命活动的表现，正如马克思所说①："人以其需要的无限性和广泛性区别于其他一切动物"。因此，正是由于中国经济社会的快速发展，人们对具有稀缺特征的矿产资源开发产生需要：在形式上表现为对矿产资源开发利益的生理和心理的求取或趋向，在内容上表现为对矿产资源开发利益的能动行为反应选择。

（4）矿产资源开发利用中的利益在本质上属于社会关系的范畴。鉴于矿产资源开发利益首先是物质利益，其本身属于一种经济关系；正如有学者认为②，利益指"处于不同生产关系、不同社会地位的人们由于对物的需要而形成的一种利害关系"，因而，矿产资源开发利用中的利益格局意味着一定的社会关系条件的反应和推动，本质上取决于一定的社会关系形成的利益分配。

二 矿产资源开发利用中社区（村镇）及相关主体利益集合背景

（一）矿产资源开发利用中的利益主体及其内涵特征

（1）利益主体。作为利益主体理论应用的先行者，弗瑞曼（Freeman）认为③，"（一个组织的）利益主体是指任何可以影响该组织目标的或被该目标影响的群体或个人"。还有学者认为④，所谓利益主体是指具有自身利益愿望并能自主地行动实现其愿望的个人

---

① 《马克思恩格斯全集》，人民出版社2006年版，第130页。
② 崔裕蒙：《论人民群众的政治利益》，《理论前沿》2004年第10期。
③ 张伟、吴必虎：《利益主体（Stakeholder）理论在区域旅游规划中的应用——以四川省乐山市为例》，《旅游学刊》2002年第4期。
④ 陶冶：《社会转型期的人民内部矛盾辨析》，《上海社会科学院学术季刊》1995年第1期。

或由个人组合成的群体或组织。也有学者认为①，所谓利益主体是指社会生产和整个社会发展的主要受益者。因此，一般可以认为，利益主体是指社会生产和社会发展的主要受益者或受损者。

（2）矿产资源开发利用中各类利益主体的内涵特征。借鉴利益主体的一般内涵和综合矿产资源开发利用的基本特征，可知：一是矿产资源开发利用中的利益主体，尽管种类繁多，但基本单位仍是追求利益最大化的"理性"生物人。二是矿产资源开发利用中的利益主体，会根据自身需要，借助意识和观念认识到自己的利益所在，生成相应的目标，形成行为目的；目的反映了利益主体对需要的主观追求；而且鉴于主体间的主观差异性，同样的利益客体，不同利益主体的利益感受不一。三是矿产资源开发利用中的利益主体，要占有一定份额的利益，首先必须有分配依据。因而，矿产资源开发利用中的利益主体参与利益分配，不能脱离一定的社会生产关系及其经济运行机制；在不同的生产关系及其运行机制中，参与分配的条件是不尽相同的。因此，正确解析利益主体的背景条件、目标追求、行为特征、复杂的行为关系及其发生机理，对于揭示矿产资源开发利用中的利益博弈和制衡关系有着重要的理论和现实意义。

（二）矿产资源开发利益主体集合的产生和博弈背景

鉴于讨论的是中国矿产资源开发利用中以社区（村镇）为领衔主体的利益相关主体，就应该在社会主义基本生产关系及其市场经济运行机制，以及矿产资源开发管理体制这样的制度框架背景中，来具体认识矿产资源开发利益主体集合的产生和博弈背景"条件"或"依据"；这些背景决定了参与矿产资源开发利益博弈的行为主体的基本类型及其基本方式。

（1）矿产资源开发利用的基本经济关系背景。首先，现阶段中国的基本经济关系在于，存在着以公有制为主体的多种所有制形式

---

① 叶志华：《当前社会不公现象的原因剖析》，《岭南学刊》2000 年第 4 期。

并存的所有制结构，实行着以按劳分配为主体的多种分配形式并存的分配制度。① 因而，现阶段中国的基本经济关系就决定了矿产资源开发利益主体的多元化和分配方式的多层次。

其次，鉴于利益分配讲的是人与人之间的经济关系，经济关系又是以生产资料所有制为基础的，而生产要素与其所有者是不可分割的；生产要素不可能自己进入生产过程创造价值，生产要素本身也不会产生对经济利益的要求，而且也无权参与经济利益的分配，因而，矿产资源开发利益分配是按照生产要素分配，本质上是按照生产要素的财产权等权益分配。在多元化的所有制和多层次的分配机制基础上所形成的利益关系就成为各种生产要素进入矿产资源开发生产过程的纽带，使之发生社会结合，也正因为如此，矿产资源开发收益分配才成为生产条件、生产关系等基本经济关系本身构建形成的结果，或者说，拥有矿产资源开发要素的各相关利益主体的所有权等基本经济关系背景才成为利益或收入分配的依据。

（2）矿产资源开发利用的管理体制背景。中国资源管理体制的基本特征在于②，资源属于代表全体公民的国家所有，由国务院行使国家对资源的所有权；地表或者地下的资源所有权，不因其所依附的土地所有权和使用权的不同而改变。由国务院代表国家行使资源所有权，其所有权实现方式是通过委托或以法律法规的形式授权给地方各级行政主管部门，由各地方政府依法管理和保护资源。在此过程中只有国务院即中央政府是资源所有权的代表者，地方各级政府的身份是参与者和实施者。因而，在矿产资源开发利用中，所有权的经济权益主要是通过对使用权的交易所产生的、与使用权人之间的经济关系来体现的；而资源使用权是指资源使用人通过对资源的勘查、开采，取得资源地质勘查成果和生产有利用价值的矿产

---

① 《中华人民共和国宪法（全文）》，新华网，http：// news. xinhuanet. com/news-center/2004 - 03 /15/ content_ 1367387. htm。

② 同上。

品，并获得收益的权利。所以，矿产资源开发利用的管理体制背景构成了矿产资源开发利益主体间的委托—代理关系和利益博弈、分割和制衡关系，并成为决定矿产资源开发利益分割的基础制度条件。

（三）矿产资源开发利用中的利益主体集合构成

鉴于所有权的经济权益主要是基于使用权的交易所产生的、通过使用权人之间的利益关系来体现的，而所有权的确立为资源经济价值的体现提供了现实的利益博弈基础依据；因而，矿产资源开发利用中的基本经济关系和管理体制等背景表明：资源国家所有权的确定，不仅肯定了资源作为自然稀缺要素的经济价值，明确了所有权所产生的使用权价值，而且确立了资源的使用权所可能体现的经济利益分割状态，导致了矿产资源开发利用中各利益相关主体的产生。也就是说，依据矿产资源开发利用的管理体制等背景条件，可知获取相应份额经济利益的个体范围、社会群体或集团。即参与矿产资源开发利益分配活动的当事人主要有：资源所有者——中央政府（国家），各级地方政府及其管理机关，矿产资源开发利用企业、矿工、矿产地社区（村镇）居民，以及其他利益相关者等。

因此，矿产资源开发利用中的利益主体集合主要包括四大类：第一，与矿产资源开发相关的各级政府机构，既包括国务院与矿产资源开发相关的各部委、各直属机构、办事机构等中央级行政机构，也包括省、地、县、乡等地方行政机构；第二，直接从事矿产资源开发工作的各类矿产资源开发利用企业；第三，在生产一线从事矿产资源开发生产活动的各类劳动者；第四，与矿产资源开发密不可分，并常常承担外部效应的资源储存产地——社区（村镇）等；它们共同组成矿产资源开发利用中的利益主体集合。

三　矿产资源开发利用中社区（村镇）相关利益主体类别

（一）矿产资源开发利用中的中央政府（国家）

矿产资源开发利用中的各级政府机构，级别比较高的主要负责开发政策的制定，或根据上级的政策完善政策并监督下级机构执行，在一定情况下也直接执行某些政策；而矿产资源开发利用中的大量政策执行则是由基层行政机构完成的。《中华人民共和国宪法》第八十五条规定①，"中华人民共和国国务院，即中央人民政府，是最高国家权力机关的执行机关，是最高国家行政机关"。《中华人民共和国资源法》第三条规定②，资源属于国家所有，由国务院行使国家对资源的所有权。鉴于中央各部、委、行、署，各直属机构、办事机构都是中央人民政府主要的职能机构，负责管理和执行某些方面的国家行政事务。

因此，中央政府（国家）的矿产资源开发职能主要表现在：一是矿产资源开发重大政策事项的决策执行权；二是矿产资源开发政策执行进程的监督权；三是某些跨省的或需要在全国范围内统一执行的矿产资源开发政策的直接执行。

（二）矿产资源开发利用中的各级地方政府及其行政机构

鉴于国务院代表国家行使资源所有权，其所有权实现方式是通过委托或以法律法规形式授权给地方各级行政主管部门，由地方政府依法管理和保护资源，因此，国务院即中央政府是资源所有权的代表者，地方各级政府是参与者和实施者；国务院（国家）作为资源所有权人，其所有权权益主要是通过与使用权人之间的委托—代理关系来体现的，因而，矿产资源开发利用中涉及的各级地方政府及其相关者主要包括：

（1）矿产资源开发利用中的省、地级行政机构。作为最高或较高一级的地方政府，中国宪法规定，省级人民政府是省级国家权力机关的执行机关，是地方国家行政机关；地级市是省、自治区管辖下的地方分治单位。所以，省、地级行政机构在矿产资源开发利用中的作用与国务院及其所属部门的作用类似，只不过政策执行的范

---

① 《中华人民共和国宪法（全文）》，新华网，http：//news. xinhuanet. com/ news-center /2004－03/15/content_ 1367387. htm。

② 全国人大常委会：《中华人民共和国资源法（修正）》，http：// app. chinamining. com. cn/focus/Law/2007－08－07/1186454015d6952. html。

围限于本行政区域，政策权限也相对较小，主要是制定政策、根据上级的政策细化和完善政策、直接执行政策、交付下级政府机构执行政策、监督政策的执行进程等。

具体就矿产资源开发而言，一是上级下达政策的具体化。鉴于中国严格的行政层级制度特征，对上级机关提出的政策，往往需在本级机关有明确的意见之后，下级机关才会执行；且在大多数情况下，上级提出的政策往往是原则性的要求，下级有政策具体化的权限和义务。二是类似于中央级行政机构，但仅限于本行政区域内的监督政策执行。三是直接执行某些仅适应于本级地域内的政策。

（2）矿产资源开发利用中的县、乡级行政机构。首先，县级行政机构指行政级别上相当于县一级的人民政府，主要包括县、市辖区、县级市等。鉴于县级政府的区划、机构设置、职能作用以及相对稳定性，对经济发展的实际影响相对完备稳定；且与国家政策的执行目标群体联系最为密切，因而，对矿产资源开发政策而言，由县级行政机构来执行，比较适合其人员、财力及管理范畴，因此，从一定意义上可以说中国矿产资源开发政策执行的基本单位是县级行政机构，其可以管理本行政区域内与矿产资源开发相关的财税、矿工就业、生产安全监察、生态环保等事务，促进本地区的经济发展。

其次，乡镇政府是中国最基层的行政机构，《宪法》规定[1]，"乡、民族乡、镇的人民政府执行本级人民代表大会的决议和上级国家行政机关的决定和命令，管理本行政区域内的行政工作"。随着中国矿产资源开发利用的发展，以乡级为主的国家行政权力开始频频出现在社区（村镇）的矿产资源开发视野中，其职能主要表现在：管理与矿产资源开发相关的部分安全生产、生态环境等事务。

（3）矿产资源开发利用中的各级政府内部行政管理者及其部

---

[1] 《中华人民共和国宪法（全文）》，新华网，http://news.xinhuanet.com/news-center/2004-03/15/content_1367387.htm。

门。作为行政管理者及其部门，为矿产资源开发利用的参与者提供服务。按照生产要素分配理论，行政管理者及其部门有理由获得部分矿产资源开发收益，以维持其不断提供服务的财力、物力等。鉴于政府往往以 GDP 的增长为衡量政府官员政绩的指标，加剧了政府追逐自身利益的最大化[①]，代表国家权力的相关部门通过加强各项管理，逐步建立和规范当地矿产资源开发利用的秩序，实现"资源国家所有"应当分割的利益；同时，与国家权力的延伸相伴随的，还有一些不同层级的政府管理机构及其公职人员以"公权力的名义"或以"私人"的身份，利用明显的公权力优势涉足矿产资源开发生产，显著地改变了矿产资源开发利用的利益格局。

（三）矿产资源开发利用企业及其利益相关者

从权益划分上看，目前依附于矿产资源开发所产生的权利主要是资源所有权和资源使用权[②]，在资源所有者与开发经营者分离的情况下，二者拥有不同的财产权，都有资格利用自己的财产权利获得资源收益。资源所有者可以凭借垄断占有开发利用收益，而要开发利用或经营资源首先应取得其使用权。资源使用的目的在于通过对矿产资源开发，通过对资源使用权的运用创造出更多价值，获取更高收益。中国资源的使用者是指探矿权人和采矿权人，且随着计划经济向市场经济的转变，资源的探矿权和采矿权得以分离出来，且资源使用者之间通过探矿权、采矿权的获得和相互流转，以探矿权、采矿权转让价款的形式体现这些权利的经济价值。鉴于此，矿产资源开发利用中存在以利润或价值等最大化为目标的矿产资源开发利用企业及其利益相关者，正是以资源使用权的充分运用为目标的利益主体。同时，追求自身效用最大化的、与矿产资源开发利用企业发展相关的利益主体，是与矿产资源开发利用企业的开发活动

---

① 陈锦昌：《试论遏制地方政府的非经济手段扩张》，《湖北经济学院学报》2006 年第 2 期。

② 《论资源所有权及其实现》，中华人民共和国国土资源部，http：//www. mlr. gov. cn/wskt/wskt_ bdqkt/200912/t20091225_ 130930. htm。

密切相关的理性人；由于在矿产资源开发利用企业内外所处的地位不同，所关注的权利和承担的风险各不相同，因而它们的利益诉求也各不相同。

（1）矿产资源开发利用中的矿工。矿产资源开发利用企业的存在和经营发展离不开矿工的贡献。作为矿产资源开发利用企业职工，其主要通过提供自己的劳动力（体力、智力）以获得报酬。通过提供资源产出价值中不可或缺的劳动力要素，所获得的报酬构成矿产资源开发收益的组成部分。

（2）矿产资源开发利用中的矿产资源开发利用企业股东。股东作为投资者是企业物质资本的拥有者，为矿产资源开发利用企业开发经营创造基本物质条件，是后续筹资活动的财物根基。通过提供矿产资源开发收益中不可或缺的资本要素，所获得的报酬构成资源收益的组成部分。股东最关注的利益莫过于索取正常利润率及其以上的投资回报，即股本收益、股本增长及股本安全。

（3）矿产资源开发利用中的矿产资源开发利用企业债权人。债权人提供了矿产资源开发收益中不可或缺的资本要素。鉴于债权人的利益主要体现在显性契约中，如借出的资本数额、资本利率、还款时间和使用方向等，因而，作为债权人最关心的是自己投入的本金和利息能否顺利收回，所获得的报酬也是矿产资源开发收益的组成部分。

（4）矿产资源开发利用中的矿产资源开发利用企业经营者。现代企业的发展离不开经营者的辛苦管理和经营，矿产资源开发利用企业经营者可能包括股东代表，如董事长、董事、监事等，以及CEO、经理人员等，通过付出经营才智和辛苦管理，追求更高薪酬、在职消费以及职业声誉，获得矿产资源开发收益中的一部分。作为独立的利益相关者，其利益要求既包括诸如劳动合同中标明的职位、收入等显性经济利益规定；也包括诸如对权力、声誉、地位的追求，即企业规模扩张、在职权力控制、人力资本和管理声誉提升等隐性利益追求。

（5）矿产资源开发利用中的矿产资源开发利用企业供应商和顾客。鉴于资源的不可再生性，开发利用的行政垄断特征①，以及中国经济发展的买方市场结构②，加之矿产资源开发利用企业产品的同质性和紧缺性，作为矿产资源开发利用企业利益相关者的供应商和顾客，其地位和话语权一般处于相对劣势。

（四）矿产资源开发利用中的社区（村镇）及其利益相关者

鉴于资源与土地和空间有很强的依附性，资源的开发利用必然牵涉到地理和区位问题，其实质就是矿产资源开发必然要与利益相关的社区（村镇）相邻，并导致经济"外部性"问题。从资源勘查开采过程中产生的相邻关系来看，最典型的是负的外部效应问题。在矿产资源开发收益中常常仅有很少的一部分用于解决此类问题③，且多为事后控制，不利于相关利益主体之间的利益均衡发展，因此，矿产资源开发利用中必然应包括相关社区（村镇）这类利益主体，其间的关系是一类至关重要的利益博弈关系。在中国构建和谐社会的大背景下，在资源环境问题的挑战日益严峻的形势面前，越发显得重要。同时，在国家行政权力影响深入的前提下，与矿产资源开发相关的社区（村镇）及其利益相关者正"策略地"与行政权力周旋，以尽可能实现自身利益最大化，显著影响着矿产资源开发利益分配的均衡；并最终形成矿产资源开发利用中的社区（村镇）及其利益相关者体系，其中主要包括：社区（村镇）居民、基层干部、社区（村镇）精英、社区（村镇）黑恶势力等。

（1）矿产资源开发利用中的社区（村镇）居民。社区（村镇）居民主要是指祖祖辈辈生活居住在社区（村镇）的农民。在历史上的大多数时期，他们都以种地维持生活，随着矿产资源开发及其浪

---

① 《资源税应告别"隔靴搔痒"》，湖南省国家税务局，http：//ww w. hntax. gov. cn/ article_ content. jsp？articleid =20051206004090。

② 郗伟明：《山西煤炭资源整合法律问题探析》，《山西大学学报》（哲学社会科学版）2009 年第 5 期。

③ 白牡丹、田旭峰、颉茂华：《鄂尔多斯市资源开发补偿现状及完善建议》，《北方经济》2009 年第 17 期。

潮的兴起，与外面世界的联系逐渐密切，并随着当地就业机会的增加，工价的不断上涨，社区（村镇）居民可能会得到实惠；同时增加共同的话语权。但相对而言，普通的社区（村镇）居民尽管在数量上居于多数，但接收的政治信息较少，利益渠道狭窄，组织化水平偏低，因而在社区（村镇）的声音和权力都很微弱；在矿产资源开发利用中常常处于被动、从属的地位。同时，资源资产开发收益分配中几乎不考虑外部性，分配主体中通常也没有考虑社区（村镇）当地居民，不但无法获益，反而要承担因采矿所带来的环境污染和生态破坏。[1] 因而，社区（村镇）居民更愿意纵容非法采矿，甚至参与其中，以便获益。

（2）矿产资源开发利用中的社区（村镇）基层干部。作为居民集体代表的社区（村镇）基层干部，代表社区（村镇）居民管理与矿产资源开发相关的利益，表达社区（村镇）居民对矿产资源开发问题的呼声。同时，作为社区（村镇）集体代理人和政府之间的桥梁，社区（村镇）基层干部事实上具有政府代表和社区（村镇）居民代表的双重身份，这种身份的特殊性使其成为具有相对独立利益诉求的群体。在负责矿产资源开发利益补偿等问题时，为追求其自身利益最大化，存在假借社区（村镇）居民处于信息不对称的弱势地位，与矿产资源开发利用的其他利益相关者暗中勾结，攫取农民个体权利及其利益之嫌。因此，社区（村镇）基层干部对矿产资源开发利益的分割影响重大。

（3）矿产资源开发利用中的社区（村镇）精英。社区（村镇）精英在矿产资源开发利用中具有重要地位，对其进行分析是弄清社区（村镇）权力结构的一个切入点。借用仝志辉、贺雪峰（2002）对乡村精英的两分法[2]，可把社区（村镇）精英分为治理精英和非

---

[1]　四川资源补偿机制研究课题组：《四川资源补偿机制研究》，《天府新论》2008 年第 5 期。

[2]　陈潭、罗晓俊：《中国乡村公共治理研究报告（1998—2008）》，《公共管理学报》2008 年第 4 期。

治理精英。作为治理精英的基层干部虽人数很少，但无疑既是社区（村镇）行政运作的核心，也是社区（村镇）政治舞台上的主角；凭借其与上级政府和开发企业直接接触的优势，治理精英会追求自身利益，在没有基层民主的社区（村镇）可能尤为严重；此时作为治理精英的社区（村镇）基层干部，如村支书和村委会主任会为了自身利益而替矿产资源开发利用企业说话。而社区（村镇）非治理精英往往拥有一定的话语权或经济能力，并因各地实际情况而作用各异。其行为的首要目的在于自身利益，往往会以适当的利益给予为诱饵，联合社区（村镇）居民来实现自己的利益目标；或者直接与矿产资源开发利用的其他利益相关者暗中结盟。

（4）矿产资源开发利用中的社区（村镇）黑恶势力。鉴于矿产资源开发利用中存在着巨大的利益攫取空间，以及矿产资源开发利用企业与社区（村镇）等其他利益主体间的内在利益矛盾，黑恶势力得以乘虚而入。在巨额利润的驱动下，一些带有黑恶势力性质的人员会趁地方政府监管不严、开采秩序较为混乱，迅速进入当地社区（村镇），利用其身体暴力，通过威吓、直接施暴等手段，甚至从荒山承包农户手中强取豪夺，肆意开采；不仅使资源开采秩序日益复杂化，也使本来复杂的利益主体关系又多了一层博弈。

四 矿产资源开发利用中社区（村镇）相关利益行为取向特征

利益是哲学、伦理学、政治学、管理学、法学和经济学等学科共同关注的领域，从利益角度对矿产资源开发过程进行分析，对社区（村镇）为领衔主体的各类相关利益主体的行为规律进行挖掘，成为确立矿产资源开发利益主体行为取向的基本研究方法之一。矿产资源开发利用中的利益行为取向事实上是利益目标和制度宗旨的有机合成。

（一）矿产资源开发利用中的行为模式受到利益驱动

纵观人类生存和发展的历史，一切活动都可归因于利益及人的逐利行为，"人们奋斗所争取的一切，都与他们的利益有关"①；"追求利益是人类最一般、最基础的心理特征和行为规律，是一切创造性活动的源泉"。② 就矿产资源开发而言，以社区（村镇）为领衔主体的各类相关利益主体的一切行为特征，首先受到自身利益追求的驱动，利益动力成为矿产资源开发生产活动的基本诱因和内在动力，形成了矿产资源开发利用中的"天下熙熙，皆为利来，天下攘攘，皆为利往"。③

（二）矿产资源开发利用中的行为动机受到制度约束

在经济学看来，个人行为是一种理性选择活动，个体总是在一定约束条件下追求目标函数的极大化，这种"一定的约束条件"可以被理解成为制度。鉴于以社区（村镇）为领衔主体的每个矿产资源开发利益主体都存在一定的制度环境之中，不仅其行为要受到制度的约束，而且其行为对目标的实现程度和实现过程也受到制度环境的影响，正如科斯所言："当代制度经济学应该从人的实际出发来研究人，实际的人在由现实制度所赋予的制约条件中活动"。④而新制度经济学的另一位代表人物诺思认为，"制度经济学的目标是研究制度演进背景下人们如何在现实世界中做出决定和这些决定又如何改变世界。"⑤ 因此，矿产资源开发利用中以社区（村镇）为领衔主体的各相关利益主体行为取向受到制度约束，行为特征是由其利益考量和外在制度约束所共同决定的；利益主体行为的选择集合是利益最大化动力和制度变量共同作用的结果。

（三）矿产资源开发利用中的行为动力受到制度激励

鉴于矿产资源开发利益主体的"理性经济人"心理，即希冀以

---

① 《马克思恩格斯全集》（第1卷），人民出版社1956年版，第82页。

② ［俄］普列汉诺夫：《普列汉诺夫哲学著作选集》（第1集），生活·读书·新知三联书店1974年版，第649页。

③ 源于《史记·货殖列传》，原文是："天下熙熙，皆为利来；天下攘攘，皆为利往。"

④ ［美］R. 科斯：《企业、市场与法律》，上海三联书店1990年版。

⑤ ［美］道格拉斯·C. 诺思：《经济史中的结构与变迁》，上海三联书店1991年版。

最少的成本获取最大收益的行为动因，会导致非均衡市场上的基于利益内在追求、成本外化的逃避责任的动力，如矿产资源开发利益主体会过度使用具有公共特征的资源、无节制地污染环境以及"搭便车"等。因而，如果矿产资源开发建立了能够将外部性内在化的制度，则矿产资源开发利益主体的外部化行为就会被有效遏制，最终有利于矿产资源开发效率和经济绩效的提高。如果矿产资源开发管理制度不能对矿产资源开发利益主体进行行为规范，不能使其行为成本"内在化"，则会导致强烈的"机会主义"行为动机，最终导致矿产资源开发利用的无效率或低效率、生态环境恶化，导致社会发展失衡，使整个社会利益受损。因此，制度可通过对以社区（村镇）为领衔主体的各利益主体行为的激励来影响矿产资源开发绩效。

（四）矿产资源开发利用中的行为效果受到制度保护

鉴于以社区（村镇）为领衔主体的每个矿产资源开发利益主体面对环境的复杂性，对环境计算和认识能力的有限性，不可能无所不知，因而，有限理性的存在需要制度对矿产资源开发利用中的行为效果进行有效保护，减少矿产资源开发现实的不确定性，提供行为选择的信息和减少信息不对称。因此，在相对稳定的矿产资源开发管理体制框架内，矿产资源开发利益主体的开发决策并不需要每次都收集所有信息，利益分割也不需要关注其他所有人的行为选择，对矿产资源开发行为及其利益后果可以形成一定的可靠预期，也即矿产资源开发利用的制度背景条件可减少决策所需要的信息量。如果没有制度的确定性保护作用，则矿产资源开发利益主体间的大量行为都会因为缺乏理性预期而变得不可预期，变得混乱，导致出现严重失衡的利益格局。

第二节 矿产资源开发利用中中央政府的 利益目标及其行为取向

作为市场主体之一的中央政府，指包括立法、行政和司法机关等在内的国家机构；而中央政府行为意指政府作为国家的代表所进行的一切活动。由于中央政府行为体现了国家意志，在特定市场经济关系中完全代表了国家，因此，在以社区（村镇）为领衔主体的矿产资源开发利用主体系统中，中央政府成为必需的关注对象和研究内容。

一 矿产资源开发利用中中央政府的利益目标取向

（一）诺思的国家（政府）利益目标观

（1）诺思的国家观。按照诺思的观点①，国家的存在有契约理论与掠夺（剥削）理论两种解释。国家契约论认为，如果国家界定和行使有效率的产权，将对经济起促进作用；国家掠夺论认为，如果国家界定一套使权利集团收益最大化而无视其对社会整体福利影响的产权，就是掠夺或剥削。在此存在着国家是经济增长的关键，又导致人为经济衰退根源的"诺思悖论"，国家对经济增长存在双重作用。诺思的"暴力潜能分配论"认为，若暴力潜能在公民间进行平等分配，便产生契约国家；反之，便产生掠夺式国家。

（2）国家存在的比较优势。诺思认为，由于国家具有一般社会组织所没有的"暴力潜能"性质，由它来界定和行使产权具有比较优势：一是可以代表大多数人的利益。由政府提供制度这种公共产品比私人更有效。二是可避免新制度安排的最佳供给量不足。在诱致性制度安排中，国家行为可避免因"搭便车"行为所造成的制度

---

① ［美］道格拉斯·诺思、罗伯斯·托马斯：《西方世界的兴起》，华夏出版社 1999 年版。

短缺或制度创新机制的丧失，克服个人或利益集团不能解决的新制度创立的集体享受与其所需费用个别承担的矛盾；并通过提供具有一定规模经济的产权，降低交易费用。

（3）国家存在的目的及特征。按照诺思的国家观，一个福利或效用最大化的国家具有三个基本特征：一是国家为获取收入，以一组具有规模经济特征的服务（如保护和公正）作为交换，其社会总收入高于每一个社会个体自己保护自己拥有的产权的收入总和；二是国家通过具有歧视性的垄断者活动，为每一个成员集团设计出区别对待的产权，使国家收入最大化；三是国家面临着其他国家以及现存政治经济传统中潜在统治者的竞争，受制于其选民的机会成本。

（4）国家提供基本服务的目的。按照诺思对国家的解释，国家提供的基本服务是博弈的基本原则，其目的在于，一是为了界定竞争和合作的基本原则（在要素和产品市场范围内界定所有权结构）；二是建立有效率的产权，降低交易费用以使社会产出最大化和增加税收；三是鉴于国家是由不同的利益集团所组成的集合体，是不同利益的"均衡者"，制度的变迁或创新会引起利益的重新调整，政策选择往往具有政治意义。

（二）矿产资源开发利用中中央政府的目标函数分析

根据诺思的国家（政府）利益目标观，鉴于国家（政府）及其利益目标的存在理由，在矿产资源开发利用中中央政府有其政治利益、经济利益和历史使命，共同构成中央政府的利益目标函数。

（1）矿产资源开发利用中中央政府的政治利益。首先，中央政府会追求矿产资源开发政治利益的最大化。鉴于中央政府处于官僚层级结构的最顶端，一般被认为没有进一步晋升的强大需求，根据曹红钢的研究①，其关注的目标可被概括为维护统治、保障民族利益、制度偏好和其他具体目标四个方面，且均属于政治利益的范

---

① 曹红钢：《政府行为目标与体制转型》，社会科学文献出版社 2007 年版。

畴,只是各自侧重不同,因而,中央政府的矿产资源开发政治利益主要是通过矿产资源开发利用的公共政策,创造经济发展、社会和谐与政治稳定的绩效,以获得学者所称的"政绩合法性"①;通过施政和治理来获取最广大民众的政治支持。② 因此,与地方政府不同,中央政府对矿产资源开发相关利益主体的利益偏好和行为选择相当敏感。

而且,中央政府具有很强的矿产资源开发管理制度变迁偏好。根据刘健雄的研究③,中国的开国最高领导人属于韦伯所说的"克里斯玛型"或者说"魅力型"领袖,其个人魅力对于凝聚执政党内共识和迅速推行政策有相当重要的作用;中国的改革开放是一场"自上而下"的变革,其动力最终来自强势的政治领导人;但随着代际变更,后继领导人的"政治魅力"会因为年代久远而越来越少,变成韦伯所说的魅力"平民化"。这时,为了树立领导人自己的新型权威和魅力,争取更多的政治合法性,就可能将之诉诸体制改革,创造新的生产力或分配机制。因此,中央政府的矿产资源开发政治利益在于:为获得利益相关主体的动力支持,具有创新矿产资源开发管理体制机制的内在动力。

所以,中央政府基于政治利益的考虑,会通过矿产资源开发管理体制和利益机制的构建,保障矿产资源开发利用的可持续性,保证矿工的劳动权利,克服矿产资源开发利用的负外部性,努力消除矿产资源开发的生态环境污染破坏,最终保障国家矿产资源开发利用的整体利益最大化,促进和谐社会构建,实践科学发展观。

(2)矿产资源开发利用中中央政府的经济利益。就经济利益而言,中央政府也有强烈的矿产资源开发激励。这一方面是因为只有

---

① 高全喜主编:《大国策,政治篇,经济增长与合法性的"政绩困局"(4)》,人民日报出版社 2009 年版。

② 倪星:《政府合法性基础的现代转型与政绩追求》,《中山大学学报》(社会科学版)2006 年第 4 期。

③ 刘健雄:《财政分权、政府竞争与政府治理》,人民出版社 2009 年版。

推动矿产资源开发才能保证资源需求、社会就业、人民生活水平提高，构成"政绩合法性"的重要内容；另一方面，矿产资源开发能直接带来财政收入的增加，提高国家的税收汲取能力，也可以提高国家的经济发展能力。鉴于中央政府拥有制定税收和财政制度的权力①，因此，中央政府在很大程度上可通过宏观的矿产资源开发政策来调控发展，通过政策刺激地方政府进行矿产资源开发。因此，为获得矿产资源开发利用的经济利益，中央政府首先会制定利益最大化的资源税收政策，管理好中央直属企业源于矿产资源开发利用的税收，划分好矿产资源开发收益中中央和地方分成，最终保障整个国家的矿产资源开发利益。

（3）矿产资源开发利用中中央政府的历史满足感。中央政府处于官僚制顶端，往往会有一种历史荣誉感心理，"名垂青史"，也即唐斯所说的"政治家"特征②，关注矿产资源开发利用中的全社会"公共利益"实现。例如，刘少奇深感"大跃进"和"三年困难时期"导致的饥荒和非正常死亡的严重性，曾说过"要上史书的"的话。③ 所以，为获得矿产资源开发利用中的历史满足感，中央政府会尽力摆平矿产资源开发利用的挑战，会努力在提升资源的开发效率、遏制生态环境恶化、保障资源的可持续发展等方面有所建树。

二 矿产资源开发利用中中央政府的行为取向特征

（一）矿产资源开发利用中中央政府的一般行为特征

鉴于中央政府的利益目标取向，其矿产资源开发利用中的行为偏好主要表现在：

（1）培育矿产资源开发利用企业的市场体系行为。鉴于市场本身存在着不完全竞争的市场结构、外部成本和外部收益、不完全信息等不可克服的局限性，会造成市场配置资源的低效率，不可能实

---

① 郭玮：《政府间财权及收入划分的基本理论研究》，《经济师》2009 年第 1 期。

② ［美］安东尼·唐斯：《官僚制内幕》，中国人民大学出版社 2006 年版。

③ 邵燕祥：《1958—2008：为"三面红旗"的死难者一哭》，http：//www. 21ccom. net/ newsinfo. asp？ id＝3993&cid＝10360000。

现帕累托最优；同时市场经济是一种典型的契约经济；因而，为了约束参与矿产资源开发利用的利益主体间的责任和义务，必须培育市场体系、完善市场机制，规范矿产资源开发利用企业的市场行为，维护市场经济的效率与公平行为，构成中央政府的分内责任。

（2）熨平矿产资源开发波动的稳定发展行为。矿产资源开发对国民经济发展的极端重要性，需要中央政府从整体利益出发，制定矿产资源开发利用的宏观整体规划与长远发展目标，并以此为中心实施相应的系统配套政策。通过控制地方政府行为，保证各项矿产资源开发政策完整地执行；推动资源整合、结构优化和稳定开发；协调矿产资源开发利用的总供求，保证矿产资源开发与国民经济整体发展的协调。

（3）调节矿产资源开发利益的分配关系。鉴于矿产资源开发利益主体的多层次性，利益关系的多层次性和复杂性，需要中央政府建立效率和公平有机统一的矿产资源开发利益分配与调节制度。制定全国统一的矿产资源开发法律法规，协调工农、城乡、地区等的各种资源利益关系，为矿产资源开发利用的正常运行提供必要的制度保障。通过均衡利益关系，促进矿产资源开发利益相关主体整体福利水平的稳定提高。

（4）保证矿产资源开发利用的可持续。鉴于环境污染是矿产资源开发利用中所必然出现的问题，如果放任环境污染日益严重而不加控制和治理，短期会直接影响社区（村镇）生活环境，降低生活质量，甚至导致生理性危害；长期会破坏生态环境和自然资源，影响国家和民族后代的后续发展，成为历史罪人。正因为如此，1992年的里约环境与发展大会后，中国政府率先制定《中国 21 世纪议程》，将可持续发展确定为必须始终遵循的重大战略[1]，努力消除矿产资源开发利用中的负外部性问题，努力实现矿产资源开发利用的可持续。

---

[1]　陈锦华：《中国与可持续发展》，《中国新闻与报道》2001 年第 6 期。

（二）矿产资源开发利用中中央政府行为的异化

（1）中央政府行为异化的背景。鉴于政府在中国制度变迁过程中的重要作用，属于政府主导型的制度创新[1]；同时，由直接为主向间接转变的调控，其市场行为特征越发明显：一是政府的决策行为结构由"集权型"向"分权型"转变，中央决策权下放，地方政府权限日益增大。二是经济行为调节由政府直接调控为主向间接转变，微观主体比改革前充满生机和活力。[2] 三是主要通过政府政策工具运用来实现其变革目的。[3] 基于市场调控的分权式的政策治国，虽然具有基于利益基础的反灵活应、迅速高效等优点，但却有法治薄弱、行政裁量权过度、政策随意改变、政策失效等缺点，为中央政府的行为异化埋下伏笔。

（2）矿产资源开发利用中中央政府行为异化的表现。主要体现在管理矿产资源开发行为的企业化和市场化偏好。鉴于资源属于代表全民的国家所有，开发具有国家垄断性特征，中央政府与矿产资源开发利用企业活动的紧密结合，易于按照矿产资源开发利用企业的利益目标定义本身的目标趋向，片面追求矿产资源开发利用的局部利益，而忽略中央政府应承担的其他重要的矿产资源开发管理功能，例如环境保护等，造成中央政府在矿产资源开发利益的分割中超越性降低，导致"政策变通化"[4] 等行为偏好倾向。在矿产资源开发利用中的具体表现是：中央政府机构直接参与资源营利性的经营活动；层层下达指标，将资源发展作为衡量绩效考核的标准之

---

[1] 陈天祥：《论中国制度变迁的方式》，《中山大学学报》（社会科学版）2001年第3期。

[2] 国务院发展研究中心"经济全球化与政府作用"课题组：《经济全球化背景下的政府改革》（课题组负责人：陈清泰、谢伏瞻；课题组顾问：吴敬链），http://www.macrochina.com.cn/zhzt/000089/001/20010817016763.shtml。

[3] 周永生：《实现依政策治国到依法治国的历史转变》，《西南民族大学学报》（人文社会科学版）2003年版第2期。

[4] 潘修华：《当代中国社会阶层结构变迁与重建国家自主性》，《理论与改革》2005年第4期。或《当代中国社会阶层结构变迁与国家自主性演变》，《南通大学学报》（社会科学版）2005年第3期。

一；以"为矿产资源开发利用企业办实事"为名对矿产资源开发项目和企业经营活动直接介入；对除矿产资源开发利益以外的其他相关政府功能丧失兴趣，政府官员和矿产资源开发利用企业私下交易。

（3）矿产资源开发利用中中央政府行为异化的后果。易导致对中央政府政策的官僚保护性追求，掠夺性地瓜分资源，而不去创造性高效率地开发。鉴于人类追求利益的行为方式有：通过生产性活动使自己的利益与社会财富总量同时增进，或通过非生产性的"寻租"活动重新分配和集中社会财富，利益相关主体间是"零和"或"负和"博弈；因此，为了获得垄断性的资源财富，部分矿产资源开发利用企业会发现进行生产经营活动，还不如寻求中央政府保护政策，掠夺性地开发资源，从而导致不顾及子孙后代利益、社区（村镇）居民利益、矿工生命安危，以获得更大的"寻租"收益，形成资源的"掠夺式"开采。

第三节　矿产资源开发利用中地方政府的利益目标及其行为取向

一　矿产资源开发利用中地方政府的利益目标取向

地方政府是国家为了管理需要，划分地区设置的地方行政单位，其形成和发展受到国家结构、政治制度、经济体制、文化传统等诸多因素的影响和制约，但也存在着一些共同的特征，从而共同制约着地方政府矿产资源开发利用的行为选择。

（一）地方政府的内涵

（1）关于地方政府的各类观点。一是英国《布莱克维尔政治学百科全书》的地方政府观[1]，认为地方政府是"权力或管辖范围被

---

[1]　董幼鸿等：《地方公共管理：理论与实践》，上海人民出版社 2008 年版。

限定在国家的一部分地区内的政治机构。它经过长期的历史发展，在一国政治结构中处于隶属地位，具有地方参与权、税收权和诸多职责"。

二是维基百科，自由的百科全书的地方政府观①，认为地方政府是管理一个国家行政区事务的政府组织的总称，通常对应于中央政府（在联邦制国家，即称"联邦政府"）的称谓，不属中央政府管辖，或不直接由中央管辖。但当今世界绝大部分国家都在国内设有不同层级和不同类型的地方政府，以保证国家行政管理的稳定性、有序性和效能性。

三是中国的地方政府观。中国普遍将中央政府以下的分支均称为地方政府，包括省（直辖市、自治区）、市（计划单列市、地级市）、县（县级市）、乡镇等几个层级。

综上所述，地方政府的含义一般是指：在国家特定区域内，依据宪法和有关法律的规定，对本地区事务享有自治管理权的地域性统治机关。在单一制国家，指除中央政府之外的所有地方政府；在联邦制国家，既包括州和省一级政府，也包括州和省以下的地方政府。

（2）矿产资源开发利用中的地方政府范围。矿产资源开发利用中的地方政府包括：中央政府以外的各级政府，既可以是省市，也可以是县乡；既包括地方行政机关、地方立法机关、地方司法机关在内的地方公共权力机关，也包括地方各级党委。鉴于地方各级党委掌握着决策权、用人权以及其他重要权力，不仅自身具有行政功能，而且对政府的矿产资源开发行为有着极大的影响，自然应包括在地方政府之中。

（3）矿产资源开发利用中地方政府的重大作用。一是地方政府贴近基层和社区（村镇）（村政），具有信息优势，了解与基层和社

---

① 《地方政府》，维基百科、自由的百科全书，http：//zh. wikipedia. org/ wiki/％E5％9C％ B0 E6％96％ B9％ E6％94％ BF％ E5％ BA％9C。

区（村镇）（村政）发展利益相关的各类主体的真实需求，在提供地方性公共服务方面具有得天独厚的优势，可以在矿产资源开发公共政策领域及时做出回应；二是和谐社区（村镇）（村政）的构建对政府管理提出诸多要求，远远超过了中央政府的承受能力，客观上要求地方政府承担更多的地方社区（村镇、村政）发展事务的管理工作；三是为了全国矿产资源开发利用的整体可持续发展，必须要有地方政府的存在，以构建稳定、和谐、可持续的基础条件。

（二）矿产资源开发利用中地方政府的利益主体类别

根据中国学者对政府利益的研究，一是认为"政府利益主要是指政府本身的权益"①；二是认为"政府利益是指政府自身需求的满足"②；三是认为"从政府及其成员的双重角色来看，政府利益是由人民利益、政府组织利益及其成员个人利益共同构成的复杂综合体"③；四是认为政府利益是指政府系统自身需求的满足，如政府的权力与权威，政府的业绩、信誉与形象，政府工作条件与公务人员的收入和福利等。④综观上述可知，政府利益并不完全等同于公共利益，只不过与公共利益的关系更加密切；同时，鉴于市场经济要求承认每一个社会成员和组织的合法利益⑤，因此，可将矿产资源开发利用中的政府利益主体划分为以下几部分：

（1）矿产资源开发利用中的政府官员利益。政府官员是私人利益和公共利益的综合体，鉴于其"理性人"特征，在与矿产资源开发联系过程中，具有自身利益取向，如个人价值实现、职位升迁、个人经济利益增进、舒适生活追求等。同时，作为政府工作人员，又要求其超脱地从矿产资源开发利益的全局出发，以客观公正的第

①　臧乃康：《政府利益论》，《理论探讨》1999 年第 1 期。
②　商红日：《政府基础论》，经济日报出版社 2002 年版，第 63 页。
③　陈庆云、曾军荣：《论公共管理中的政府利益》，《中国行政管理》2005 年第 8 期，第 22 页。
④　刘健雄：《财政分权、政府竞争与政府治理》，人民出版社 2009 年版。
⑤　王颖、娄成武：《政府利益内在性的抑制与政府信用建设》，《东北大学学报》（社会科学版）2007 年第 5 期。

三者身份来对待政策和管理问题，完成好政策制定者、执行者和操作者角色；因而其利益又常常表现为："公仆"的地位限制了其自身利益的明确追求表达，导致其他方式被迫采用，如通过腐败"寻租"等行为实现私利，极易增加侵害矿产资源开发公共利益的概率。

（2）矿产资源开发利用中的政府部门利益。包括横向和纵向两个方面：横向部分表示部门局部利益，也即政府内部同级不同部门间的利益差别；纵向部分表示地方局部利益，也即中央与地方、上级与下级政府部门间的利益差别。鉴于改革开放导致的利益结构调整，使充当公共利益代表者的政府部门，也表现出越来越明显的单位利益代表者角色①，因此，使政府部门的矿产资源开发行为基本准则经常以本地区（部门）的利益为出发点，可能导致地方（部门）的小集团在矿产资源开发利益的分割中获利，而国家整体和绝大多数利益相关者的利益受损。

（3）矿产资源开发利用中的政府组织整体利益。按照韦伯的观点，理论上科层组织只是非人格的部门，但实际上却形成了政府中的独立群体，拥有本身的利益、价值和权力基础。② 在矿产资源开发利用中，政府组织整体利益包括政治和经济两个方面。鉴于政府政绩主要由上级制定的考核标准来决定，会导致政府行为目标唯上不唯下，会对矿产资源开发管理的"唯上级马首是瞻"；鉴于政府本身的"经济人"特性③，政府财政收入与其经济利益直接挂钩，会导致政府追求自身利益最大化，存在与矿产资源开发利益提供者结盟的偏好，损害矿产资源开发其他利益相关者的利益，导致生态环境受损，生产安全问题恶化，资源利用效率低下等。

---

① 齐树洁：《论我国环境纠纷诉讼制度的完善》，《福建法学》2006年第1期（总第85期）。

② 刘健雄：《财政分权、政府竞争与政府治理》，人民出版社2009年版。

③ 王驰：《信息非对称理论在公共管理中的应用与反思》，《经济与社会发展》2007年第12期。

（三）矿产资源开发利用中地方政府利益目标函数的决定要素分析

按照利益决定要素划分，矿产资源开发利用中地方政府的利益目标函数由经济利益、政治利益和政治忠诚三大因素决定。经济利益包括地区资源经济发展（如产值规模和就业等）、资源税费收入和官员个人收入；政治收益主要指职务升迁；政治忠诚主要指执行和完成上级的矿产资源开发利益目标。经济收益、政治收益和政治忠诚三要素对地方政府行为都具有明显的正面激励作用：经济利益越多，政治收益越大、政治忠诚越强，则其行为的动机就越强烈，也即地方政府更愿意做那些能给自己带来经济收益、政治收益和政治忠诚表现度的事情。在一定制度条件下，地方官员会力图使自己的这些收益最大化。

（1）官僚制特征背景下的矿产资源开发政治利益要素。官僚制本身属于上下级等级关系严格的多层级的"金字塔"科层组织。马克斯·韦伯认为，"典型官僚制下的官僚，是由上级任命的，由被支配者选举出来的官僚，再也不是纯粹的官僚类型"。[①] 按照刘健雄的研究[②]，对典型的官僚由上级任命，政治前途也取决于上级，相对于上级有很弱的自主性，总是在上级的监督下工作。因而，地方政府官员的政治生命主要掌握在中央政府或上级手中，政治升迁意味着更大的政治权力，也意味着更高的政治声誉。另外，根据周黎安的政治锦标赛理论[③]，同一层级的地方官员相对于上级而进行的竞争称为"政治晋升博弈"或"政治竞标赛"（political tournaments）。竞赛优胜的标准由上级政府决定，可以是 GDP 增长率，或其他如财政收入、就业率、治安状况等指标，是理解政府激励与增长的关键线索，可以将关心仕途的地方政府官员置于强大的激励

① ［德］韦伯：《韦伯作品集Ⅲ：支配社会学（韦伯作品集3)》，康乐、简惠美译，广西师范大学出版社 2004 年版。
② 刘健雄：《财政分权、政府竞争与政府治理》，人民出版社 2009 年版。
③ 周黎安：《中国地方官员的晋升锦标赛模式研究》，《经济研究》2007 年第 7 期。

之下。

由此可知，地方政府政治利益追求成为矿产资源开发体制背景下的一个极其重要影响因素，通过影响地方政府组织的内部运作成为决定矿产资源开发管理和利益分割的一个较为关键的变量。所以，政治利益诉求成为地方政府参与分割矿产资源开发利益目标函数中的三大决定因素之一。

（2）政治经济体制背景下的矿产资源开发经济利益要素。经济利益也是地方政府矿产资源开发利益目标函数的决定因素之一。经济利益包括政府经济收益，如财政收入等，也包括官员个人经济所得，如工资收入、各项补贴等。因此，矿产资源开发利用的财税收入和经济激励会进入地方政府的利益目标函数视野，其主要原因在于经济利益。

首先，经济工作重心的转向，官员升迁的重要考核内容和保障在于地方发展。充分利用地区的资源禀赋，重视矿产资源开发利益，增加矿产资源开发利用的 GDP 分量，用经济发展的利益追求来保障政治收益的实现成为内在行为选择。根据周黎安的研究结论[1]，现有政治体制下的仕途考核指标主要是以地方官员所在省市的相对经济业绩，甚至以 GDP 挂帅，使各地具有强大的发展愿望。其实证结论发现，省级官员的升迁概率与省区 GDP 的增长率呈显著的正相关关系。[2]

同时，张军的研究认为[3]，从 1978 年的十一届三中全会到"发展是第一要务"，"增长共识"被纳入执政党的纲领中；通过有效的地方官员考评和晋升激励机制和治理结构，加上财政体制上的分权和分税，地方经济发展的激励问题得以解决；形成基于地方发展的"政绩观"，实现了经济分权和政治集中的平衡。

---

① 周黎安：《中国地方官员的晋升锦标赛模式研究》，《经济研究》2007 年第 7 期。
② 周黎安、李宏彬、陈烨：《相对绩效考核：关于中国地方官员晋升的一项经验研究》，《经济学报》2005 年第 1 期。
③ 张军：《为增长而竞争：中国之谜的一个解读》，《东岳论丛》2005 年第 4 期。

因此，作为一个重要的产业，能够带来 GDP 份额和财税收入的矿产资源开发自然会进入致力于区域经济发展的地方政府利益目标框架，并成为政绩追求的核心内容，成为地方政府利益目标函数的一个重要变量。特别是，对具有资源禀赋优势的地区，鉴于矿产资源开发会直接增加政府财税收入，提高政府公共产品的供给能力，提升市场经济不确定环境的驾驭调控力，直接提高政府能力，如大型项目投资、市政设施改善、就业岗位创造等，从而直接影响到官员任职的合法性和支持度，所以，地方政府必然会十分关心能够带来税收和规费增长的矿产资源开发。另外，矿产资源开发增加的政府财政收入会直接带来官员个人经济收益的增加。作为"理性人"的官员，出于自身工作设施条件、办公软硬件环境、公车配备、各种津贴、福利待遇等非货币性收益和货币性收入的考虑，也会非常注重区域矿产资源开发利用。

（3）意识形态教育背景下矿产资源开发利用的政治信仰或者政治忠诚要素。政治信仰或政治忠诚要素会进入地方政府的矿产资源开发利益目标函数。根据刘健雄的研究①，意识形态教育等已成为统一思想、加强组织凝聚力和激励的重要手段；成为国家与社会管理的一项重要传统；局部服从全局，地方服从中央，个人服从集体在某种程度上已成为官员行为准则。因此，为了保证整体国民经济的和谐发展和速度要求，以及矿产资源开发可持续发展目标的实现，地方政府会在区域生态环境保护，安全生产保证，社区（村镇）居民安居乐业等方面采取一定措施，以表达政治忠诚。所以，政治忠诚在一定程度上也是地方政府利益目标函数中的三大决定因素之一。

（四）矿产资源开发利用中地方政府利益目标的"利益集团"复合特征

按照矿产资源开发利益享用的覆盖面划分，地方政府的利益目

---

① 刘健雄：《财政分权、政府竞争与政府治理》，人民出版社 2009 年版。

标是公共利益和集团利益的集合体。

（1）矿产资源开发利用中地方政府的内在公共利益目标及其实现困境。在规范经济学里，政府行为应以"公共利益"（public interests）为目标，以最大化社会福利为目标[①]，因而，地方政府作为矿产资源开发利用中的利益主体之一，其存在的基本价值在于发展和维护矿产资源开发利益的均衡。但地方政府存在着矿产资源开发公共利益目标实现的有限理性困境。这是由于：地方政府的矿产资源开发决策过程，总是面临着错综复杂的不确定，信息和认识能力都是稀缺的，获得需要付出一定的代价；同时，即使主观上想把事情办好，但由于种种的现实局限而不容易办到，甚至好心办坏事。因此，地方政府总是在有限信息和有限能力约束下，从矿产资源开发管理的各种备选方案中选择"最佳"，存在实现困境。

（2）矿产资源开发利用中地方政府的集团利益偏好。尽管都希望政府会按矿产资源开发利益均衡的要求行事，但事实却与理想存在较大差异：地方政府在矿产资源开发利用中会脱离公共利益的轨道，出现集团利益偏好。具体在矿产资源开发利用中会出现以下地方政府行为特征：一是地方政府总是尽可能在一定约束条件下追求矿产资源开发利益最大化；二是现实中由政治家和公务人员组成的地方政府，其"经济人"官员会以追求机构利益最大化为行为准则，关心工资高低、办公条件好坏、公众声望和权力大小、晋升概率大小等；三是存在政府规模扩大的偏好。按照"帕金森定律"的结论[②]，政府官员愿意扩充其下属而不是竞争对手，在缺乏竞争淘汰机制的情况下会变得越发难以遏制，最终满足官僚们的矿产资源开发利益和权力欲望。

（3）矿产资源开发利用中的地方政府利益复合性。鉴于地方政

---

① 董江涛：《转变政府职能：以公共利益最大化为目标》，《长白学刊》2008年第2期。

② 《帕金森定律（Parkinson's Law）》，http：//www. shenmeshi. com /Education/ Education_ 20070131212153. html。

府实现矿产资源开发公共利益的困难和利益集团化偏好，其利益目标具有复合性特点，具体包括社会层面利益目标，其宗旨在于本地区福利最大化；集团层面利益目标，其宗旨在于本地区"利益集团"福利最大化。前者形成纯粹的"公共利益"；后者形成特殊的集团利益，客观上它可能对本地经济的长期发展有利；两者的交叠部分表明社会层面上与集团层面上的利益达到了一致；但非重叠的相悖部分表明，政府可能为谋求自身利益而侵犯公共利益，背离政府行为的最初目标。

因此，随着资源经济发展，鉴于县乡级政府与基层和社区（村镇）最为贴近，以县级为主的地方行政权力频频出现在矿产资源开发视野中。一方面，代表国家权力的地方政府相关部门通过加强各项管理，以逐步建立和规范当地矿产资源开发秩序，实现"资源国家所有"的利益分割，保证公共利益实现；另一方面，鉴于地方政府相关部门存在自身利益追求的内在偏好；同时，社区（村镇）的利益相关主体也可能"策略地"与这些政府行政权力周旋博弈，以尽可能实现自身利益最大化。于是，地方政府行政权力开始了其新的延伸历程，部分层级的地方政府、管理机构及其公职人员会以"私人"身份进入矿产资源开发利益的分配，导致矿产资源开发利益格局的显著改变，增加了矿产资源开发利用中的地方政府利益复合性。

（五）矿产资源开发利用中地方政府利益关系目标的多元化取向

按照纵向利益关系划分，地方政府的矿产资源开发利益目标是多元化的，包括上级利益、自身利益和辖区利益。这是因为分权化和市场化改革以来，地方政府的主体角色表现呈现多元化特征：中央政府在本辖区的"代理人"、具有自身独立利益的地方政府、辖区利益的代表者和辖区公共物品的提供者等。① 而且作为不同的角

---

① 丘海雄、徐建牛：《市场转型过程中地方政府角色研究述评》，《社会学研究》2004 年第 7 期。

色主体，地方政府有着不同的目标函数和约束条件：如中央政府（包括上级政府）和辖区微观主体（辖区居民和企业）会对地方政府施加不同的约束，构成不同的利益博弈关系，使地方政府的目标函数更偏向于其主体的本位要求。因此，地方政府的利益目标关系取向至少应包括：上级政府的满意度、辖区的 GDP 和税收最大化、辖区居民的满意度三个层面。

（1）矿产资源开发利用中地方政府的上级利益目标。根据李军杰和钟君的观点，"按照中国目前的干部任用体制，上级政府的满意无异于西方政治家眼中选民的选票，是决定性的"。[①] 因而，地方政府的利益目标首先是满足中央政府（包括上级政府）利益要求。鉴于中央政府的矿产资源开发利益目标是多重性的，不仅包括开发的可持续性、开发过程中生态环保等负外部性的治理、税费收入的获得、安全生产的保障、矿工权益的维护、就业和社会稳定等，而且中央政府的利益目标会通过科层组织机制层层分解到下级政府，形成中央政府与各级地方政府间关于矿产资源开发利用的委托—代理关系；同时，下级地方政府的矿产资源开发行为受委托者的激励机制支配，其利益目标和行动取决于上级政府的目标偏好和考评激励制度以及地方政府手中握有的博弈条件。所以，矿产资源开发利用中地方政府的利益目标取向会受到上级政府利益多元性的约束。

（2）矿产资源开发利用中的地方政府自身利益目标。作为具有自身独立利益的行为主体，地方政府的目标取向自然是自身利益最大化。在地方政绩考核标准主要是经济增速和税收增长数量的情况下，其自身利益主要表现为辖区 GDP 和税收最大化。从辖区 GDP 最大化角度看，矿产资源开发与辖区 GDP 的增长存在着正向相关性，矿产资源开发利用的良性发展预示着更多的 GDP 份额。就辖区税收最大化而言，矿产资源开发利用的规模扩张和高效利用，意味

---

① 李军杰、钟君：《中国地方政府经济行为分析（上）》，《中国工业经济》2004 年第 4 期。

着政府获得充足的财税源泉，向更多的、新增资源财富开发部门征税；而且，即使税率不变甚至降低税率，税收总量也不会减少；即使税率提高，只要其增长幅度低于资源财富开发的增长率，也不会导致政府合法性的恶化。当然，在缺乏有效制度约束条件下，可能会损害国家的整体利益，如地方保护主义；也可能会危害辖区居民的公共利益，如社区（村镇）生态环境恶化；而在科学合理的制度环境诱导下，地方政府行为可与全国利益的最大化和辖区居民的公共利益最大化实现一定的激励兼容。

（3）矿产资源开发利用中的地方政府辖区利益目标。作为辖区利益的代表者和辖区的管理者及公共物品的提供者，地方政府的矿产资源开发辖区利益目标是辖区微观主体即居民和企业的满意程度；可通过矿产资源开发管理，增加辖区就业岗位、增加居民收入等赢得辖区微观利益主体的拥护和支持。如果对地方政府的矿产资源开发管理行为不满，原则上可通过选举、人大对地方政府职能部门报告的批准、居民的建言献策，行政诉讼等"用手投票"方式来约束地方政府；在户籍制度约束日益松动和资本可以跨辖区流动选择的条件下，辖区居民（尤其是资本拥有者）可以采取"用脚投票"的方式对地方政府间接制约。但在缺乏有效的制度约束条件下，地方政府基于自身或部门收益最大化的考虑，会通过机会主义获得非正式收入而掠夺和牺牲辖区的矿产资源开发整体利益，导致辖区生态环境恶化等，形成与辖区微观利益主体效用最大化的偏差。

二　矿产资源开发利用中地方政府的行为取向特征

（一）矿产资源开发利用中地方政府的行为方式

鉴于地方政府的矿产资源开发利益目标，其主要行为方式表现如下：

（1）执行上级政策、争取上级政策优惠和投入。一是依据中央政府（或上级政府）关于矿产资源开发利用的总体规划与长远发展目标，结合本地区的资源禀赋，科学制定和实施本地区矿产资源开发利用的战略目标及其发展步骤，建立健全促进辖区资源和谐开发。二是争取上级政策优惠。上级政策优惠和投入是中央政府（或上级政府）用来协调矿产资源开发和实现矿产资源开发利益再分配功能的主要手段，对于地方政府来说，争取上级政策优惠和投入，比如财政转移支付、项目投资等既是促进辖区资源禀赋利用过程的组成部分，也是横向竞争的重要手段。

（2）提供并改善公共物品的数量与质量，促进地方矿产资源开发利用。顺应上级矿产资源开发政策，提供并改善地方公共物品的基础条件，是本辖区留住和吸引资本、人才等要素，促进矿产资源开发利用的最主要竞争手段。一是构建并完善本辖区的政策法规和服务、交通通讯等基础设施、教育和安全等公共物品体系，为矿产资源开发利用企业提供开发条件。二是利用地方财政和区域性收入分配政策，引导和调节辖区矿产资源开发利益，推动区域性矿产资源开发效益增长。

（3）调节本地区的产业结构，扶持和保护辖区矿产资源开发利用企业发展。一是在中央宏观产业政策框架内，及时有效地调节本地区的产业结构，最大限度地利用本地区的资源禀赋优势，建立健全适合本地区特色的矿产资源开发格局。二是扶持和保护辖区矿产资源开发利用企业。给予包括资金、政策和政府采购等方面的支持，扶持和保护辖区矿产资源开发利用企业，促进辖区资源禀赋的利用，实现多重利益目标。

（二）矿产资源开发利用中地方政府行为的约束条件

地方政府的矿产资源开发利用管理行为会受到以下条件约束：

（1）政府行为失效的约束。地方政府在为其矿产资源开发利益目标努力时，往往力不从心，不能充分实现其政策目标，造成"政府失效"。主要表现在：一是鉴于信息的不完全性，地方政府对矿产资源开发利用的动态认识与采取的行动间存在一定的时差时滞，使许多矿产资源开发政策的决定条件和实施效果极为复杂和难以预测。二是地方政府的控制能力和范围有限。除政府行为外，市场力量会在矿产资源开发利用中发挥巨大作用。三是矿产资源开发利用中的众多"棘轮效应"会造成政策效果的不对称，导致地方政府力不从心。如资源的价格刚性、矿工的工资福利刚性、生态环境保护刚性等，由于要素价格都具有增长偏好，因此，在矿产资源开发利益的制衡过程中，增长的政策调节易于奏效，相反，利益抑制效果则不佳。

（2）利益集团"寻租"行为的约束。地方政府的矿产资源开发管理行为会受到利益集团"寻租"行为的约束，主要表现在：一是根据布坎南的研究①，政府的特许、配额、许可证、特许权分配等都意味着由政府造成的任意的或人为的稀缺，因此，矿产资源开发使用权的廉价或非公平市场交易，会培育矿产资源开发利用企业利益集团"寻租"行为的约束土壤。二是鉴于任一政策导致某些集团得益或受损时，会发生有组织的支持或反对，以便从中得到更多利益或减少损失，因而，在某些矿产资源开发利益集团得益的条件下，会导致"寻租"（rent seeking）行为，如对探矿权、采矿权等的"寻租"追求；在某些矿产资源开发利益集团受损的条件下，会导致地方政府政策不能始终如一地贯彻，处于不断变换之中。

（3）社区（村镇）居民"用脚投票"的约束。鉴于要素的地域性流动无疑会给地方政府造成压力，地方政府的行为会受到辖区居民"用脚投票"的选择约束。在矿产资源开发利用中，有条件和能力流动的居民会自然地朝那些生态环境更好、要素收益率更高的地区迁移，不仅导致劳动要素的离去，其他要素（如资本）也将会被附带转移。

三　矿产资源开发利用中地方政府的行为困境

地方政府的矿产资源开发管理行为存在着行为企业化、公共利益行为均衡等困境，主要表现如下：

---

① ［美］詹姆士·布坎南：《寻求租金和寻求利润》，《经济社会体制比较》1988 年第 6 期，第 51—59 页。

（一）矿产资源开发利用中地方政府的行为企业化困境

地方政府的矿产资源开发行为除了受其追逐的辖区经济发展利益驱动外，更重要的驱动在于，在市场经济体系逐步完善的过程中，地方政府掌握着本地区经济发展的大部分资源①，在民间制衡力量尚没有形成或不占主体地位的条件下，地方政府行为的企业化偏好，会导致地方政府的矿产资源开发管理行为企业化。

（1）权力格局的演变保障了地方政府的矿产资源开发利益。改革开放进程中的权力格局演变为拥有资源禀赋优势的地方政府提供了矿产资源开发利益激励的基础。邓小平认为，权力过分集中，权力结构不合理，是中国政治体制的"总病根"。② 因此，权力下放转移，以财政制度安排为核心的"放权让利"的改革，改变了地方政府的权力格局，形成了地方政府的横向层面自主性；同时，在纵向层面获得了更多的经济决策权和自主权，成为市场利益主体。具体表现在：一是放权的利益导向调动了地方政府制度创新的动力和积极性；二是放权强化了地方政府权力的自主程度，提高了其行政能力和权限；三是管理权限的获得和扩大导致地方政府实际上取得了制度创新的物质保障和资源配置权，获得了制度创新的政治资源和法律保障。所以，地方政府权力格局的演变，不仅使拥有资源禀赋的地方政府获得了矿产资源开发利用的利益激励基础，更预示着地方政府可以通过制度创新、运用自主行政能力和法律保障等手段获得更多、更稳固的矿产资源开发利益。

（2）矿产资源开发权的整合给地方政府开发行为企业化提供了条件。鉴于在经济权力迁移过程中，中央政府将经济剩余分享权和控制权分配给地方，不同层级的地方政府成为辖区内经济剩余的真正索取者和控制者，地方经济利益的独特性逐渐显露；因而，地方政府拥有矿产资源开发利益的三个支配权：一是国有矿产资源开发

① 杨淑华：《我国经济发展方式转变的路径分析——基于经济驱动力视角》，《经济学动态》2009 年第 3 期。

② 《邓小平文选》（第 2 卷），人民出版社 1994 年版，第 328 页。

力量的支配权。随着对地方政府的行政性分权，作为区域发展重要组成部分的矿产资源开发也转变为地方主导型，地方政府可以成为辖区矿产资源开发领域最重要的投资主体和直接控制者，并获得了辖区矿产资源开发利益的剩余索取权和控制权。二是矿产资源开发利益的收入支配权。各级地方政府保持着强大的矿产资源开发利益支配权：与矿产资源开发利益相关的增值税要与中央政府（或上级政府）分成；资源税几乎全部留给地方。① 三是矿产资源开发利益的行政控制权。借助行政权力的垄断性和强制性，地方政府可采用市场和企业管制手段来控制非国有矿产资源开发力量，诸如在矿产资源开发利用的项目审批、生产许可证发放、安全许可证发放、环境评估许可等方面进行调控。因此，矿产资源开发利用的权力整合，不仅为地方政府的矿产资源开发行为企业化提供了条件，也提供了可能。

另外，作为独立的利益主体，地方政府可以与矿产资源开发利用企业结合，特别是与那些对本地发展有重大影响的矿产资源开发利用企业及其集团"连为一体"，"共谋"发展大业。这种政府行为的企业化，在很大程度上替代企业家的功能，会使辖区矿产资源开发具有较浓厚的（地方）政府行为导向色彩。

（二）矿产资源开发利用中地方政府利益行为均衡困境

公共利益需要政府来维护几乎是一个不容置疑的命题。但地方政府在维护矿产资源开发利用的公共利益过程中，由于受到公共利益内涵的界定，地方政府具体维护公共利益的难以权衡，以及地方政府自身利益惯性扩张的影响，会导致地方政府维护矿产资源开发利益公正的困境。

（1）公共利益内涵的确定困境。虽然人们承认公共利益的客观存在，却普遍难以给出一个权威定义。一是根据纽曼的"不确定多数人理论"②，公共的概念指利益效果所及的范围，即以受益人多寡

---

① 瞿燕丽：《对我国资源税费制度的基本分析和探讨》，http：//www.gsdlr.gov.cn/content1.aspx? id=1715。

② 陈新民：《德国公法学基础理论》，山东人民出版社2001年版，第185—186页。

的方式决定，只要大多数的不确定数目的利益人存在，即属公益，强调在数量上的特征。二是按照边沁的观点[①]，"公共利益"绝不是什么独立于个人利益的特殊利益。"共同体是个虚构体，由那些被认为可以说构成其成员的个人组成。共同体的利益是组成共同体的若干成员的利益的总和；不理解什么是个人利益，谈共同体的利益便毫无意义"。三是按照英国哈耶克的观点[②]，公共利益只能定义为一种抽象的秩序——"自由社会的共同福利或公共利益的概念，绝不可定义为所要达至的已知的特定结果的总和，而只能定义为一种抽象的秩序。作为一个整体，它不指向任何特定的具体目标，而是仅仅提供最佳渠道，使无论哪个成员都可以将自己的知识用于自己的目的"。四是按照安德森的观点[③]，公共利益内涵难以确定，"我敢断言，倘若问到公共政策应与公共利益还是私人利益保持一致，绝大多数读者将倾向于公共利益。然而，当问到什么是公共利益时，困难就随之产生了。它是大多数人的利益吗？倘若回答是肯定的，那么，怎样去确定大多数人在政策中真正希望的东西？它是消费者（顾客）这个庞大团体的利益吗？它是人们明确思考和理智行动时希望得到的东西吗？"综上所述，公共利益内涵的确定困境会成为地方政府矿产资源开发利益行为选择的天然的重大障碍。

（2）矿产资源开发利用中地方政府利益均衡的权衡困境。将抽象的"公共利益"具体化为矿产资源开发利益的具体可操作性，会使地方政府在权衡矿产资源开发利用的公共利益时存在困境。这是由于：一是矿产资源开发利用的"多数利益"不能等价于"公共利益"。按照阿罗的"不可能定理"，多数人同意的表决机制不一定是有效的。多数原则所造成的直接后果就是多数人的利益被扩大为全

---

① ［英］边沁著：《道德与立法原理导论》，时殷弘译，商务印书馆 2000 年版，第 58 页。

② ［英］哈耶克：《经济、科学与政治——哈耶克思想精粹》，江苏人民出版社 2000 年版，第 393 页。

③ ［美］詹姆斯·安德森：《公共决策》，华夏出版社 1990 年版，第 22 页。

民利益,而少数人的利益被缩小为零利益。所以,存在着矿产资源开发利用的"集团利益"被放大为"辖区全民利益"的可能。二是矿产资源开发利用中的"多数"难以确定。在利益表达机会缺失和实行成本的约束下,所有的利益相关主体的呼声并非都能被听到,因而形成的"多数"显然不能完全代表辖区矿产资源开发利用的公共利益。三是矿产资源开发利用中的"绝对多数"难以形成。按照萨托利的观点①,民主产生许多少数派,而不是一个单一的少数,多个少数派联合起来的力量实际上大于一个多数派。鉴于利益表达的纷繁复杂性,如果政府简单地按照"较小多数"的矿产资源开发利益行事,会造成地方政府矿产资源开发管理行为的利益均衡困境。

（3）矿产资源开发利用中地方政府自身利益的惯性扩张困境。鉴于地方政府本身的自利性,及其利益最大化追逐,会导致在维护公共利益的价值取向中,反过来侵犯矿产资源开发利用的公共利益。按照诺思的国家理论②,作为公共利益代表,政府可能从社会长远利益出发进行制度创新,但又是由作为"经济人"的统治者来进行的,"又会为个人或团体的利益去行动,去寻求自己利益的最大化,为统治者自己谋利益"。常常会为了自身利益而忘却社会利益,甚至牺牲社会利益而谋求个人或集团利益。按照公共选择学派的观点,政府内部的官僚集团拥有自己的利益,同样追求自身利益的最大化③,甚至会导致政府行为变异,如"寻租"与腐败等。因此,政府本性具有一种天然的扩张倾向,对利益的追求导致了"公共活动递增的瓦格纳定律"④ 的政府及其权力的内在膨胀趋势。所以,地方政府的矿产资源开发利益惯性扩张偏好,极易侵犯公共利益:破坏生态环境、忽略利用效率、轻视发展可持续性等,导致自

---

① ［美］萨托利:《民主新论》,冯克利等译,东方出版社 1998 年版,第 27 页。

② 黄新华:《诺思的国家理论述评》,《理论学刊》2001 年第 2 期。

③ 张康之:《行政改革中的理论误导——对在政府中引入市场竞争机制的质疑》,《天津社会科学》2001 年第 5 期。

④ 从长期来看,国家财政支出呈现不断上升趋势,这一现象由 19 世纪的德国著名的经济学家瓦格纳（A. Wagner）最先提出,被称为"瓦格纳定律"。

身利益惯性扩张的行为困境。

第四节　矿产资源开发利用企业的利益目标及其行为特征

一　矿产资源开发利用企业的利益目标取向

企业是经济价值创造和分配的重要组织形式，矿产资源开发利用企业的目标是多元化的，包括剩余最大化和价值创造最大化。

（一）矿产资源开发利用企业剩余最大化

（1）企业剩余。根据企业产出或企业剩余的形成过程，企业剩余可表述为：企业剩余＝销售收入－销售成本（不含生产人员工资）－销售费用（不含销售人员工资）－管理费用（不含管理人员工资）①。而这种剩余是通过分享结构实现的，即通过企业资本结构和管理机制的实质性利益分割安排，确定由企业股东、债权人、管理者、员工及政府等构成的企业剩余分享结构。

（2）矿产资源开发利用企业剩余分享。在矿产资源开发利益的形成和分割过程中，矿产资源开发利用企业的股东和债权人投入资金，其投入成本即为资金成本，可用市场利率来衡量；员工投入劳动，其投入成本为矿工所付出的劳动成本；管理人员所付出的管理努力，即员工的努力成本；政府投入矿产资源开发利用的制度环境及公共设施，因为政府投入物是一种公共物品，为众多矿产资源开发利用企业等利益相关主体所共享，对单一利益主体而言，政府的投入成本可以忽略不计。这样，矿产资源开发利用企业的净剩余为企业剩余减去企业所有者投入成本的余额。也即，企业净剩余＝企业剩余－股东和债权人投入成本－员工（含管理人员）投入成本－

---

① ［美］希金斯：《全美最新工商管理权威教材译丛——财务管理分析》（第8版），沈艺峰等译，北京大学出版社2009年版。

政府投入成本（忽略）。

（3）矿产资源开发利用企业剩余的最优利益目标。应使股东、债权人、管理者、员工及政府的收益最大化，它等同于企业净剩余的最大化，剔除不确定环境因素，也就是企业期望净剩余的最大化，实际上这也就是矿产资源开发利用企业的帕累托最优目标。

（二）矿产资源开发利用企业经济价值创造最大化

（1）矿产资源开发利用企业目标的利益相关者价值最大化。对于企业目标是利益相关者价值最大化的观点，鉴于理论界关于利益相关者的界定没有统一的认识[1]，企业经营者很难满足存在利益冲突的不同利益相关者的利益诉求，企业也不可能对所有的利益相关者负责，因而，将矿产资源开发利用企业的目标确定为利益相关者价值最大化的观点可操作性较小。

（2）矿产资源开发利用企业目标的利润最大化。对于企业目标是利润最大化的观点，鉴于过分追求利润最大化，容易导致企业经济价值分配不公，企业利润越多，意味着其他利益相关者分配的经济价值越少，分配的公平程度就越低；其他利益相关者参与企业经济价值创造的积极性就越低，影响企业经济价值的持续创造。而且，利润是企业所有获得先期、固定报酬的利益相关者得到经济价值分配后的经济价值剩余。所以，利润最大化是拥有经济价值剩余索取权的主体（股东）的利益目标诉求，不是矿产资源开发利用企业的目标所在。

（3）矿产资源开发利用企业目标的经济价值最大化。鉴于部分学者认为[2]，财务管理目标应与企业多个利益集团有关，也即财务管理目标是这些利益集团共同作用和相互妥协的结果。在一定时期和一定环境下，某一利益集团可能会起主导作用。但从长期发展来看，不能只强调某一集团的利益，而置其他集团的利益于不顾，不

---

① 国赟：《"利益相关者财富最大化"与"企业价值最大化"之比较研究》，《会计之友》2006 年第 20 期。

② 《企业价值最大化》，智库百科，http://wiki.mbalib.com/wiki/。

能将财务管理的目标集中于某一集团的利益。从这一意义上讲，股东财富最大化不应是财务管理的最优目标。因此，矿产资源开发利用企业的利益目标应是经济价值创造最大化，即对矿产资源开发利用企业而言，其企业价值最大化应是通过财务上的合理经营，采取最优的财务政策，充分利用资金的时间价值和风险与报酬的关系，将长期稳定发展摆在首位，强调矿产资源开发利用企业在开发中的价值增长满足各方利益主体关系，不断增加财富，使企业总价值达到最大化。而且，矿产资源开发利用企业创造的经济价值越大，可用于分配的经济价值就越多，利益相关者价值最大化的目标才有得到满足的可能；而且，只有先创造了经济价值，企业才会有利润；没有企业经济价值创造的最大化，企业利润最大化的目标就不能长期、持续地实现。另外，矿产资源开发利用企业通过主动履行一些社会职能，如对所在社区（村镇）承担社会责任，以提高自身的社会声誉，将有利于社会声誉和品牌形象的提升；增加经济价值创造最大化能力，有利于利润最大化目标的实现；提升利益相关者价值最大化的满足概率，促进矿产资源开发利用企业剩余最大化目标的成功。

二 矿产资源开发利用企业的行为异化

鉴于矿产资源开发利用企业利益目标的多元化特征，要追求剩余最大化、要满足相关利益主体需求、要达到利润最大化的梦想、要实现经济价值创造能力的最大化，矿产资源开发利用企业的行为会产生一些异化现象。

（一）安全生产的机会主义倾向

受产量和利润追求的利益驱动，部分矿产资源开发利用企业会无视国家法令和政府监管，忽视安全生产，不顾矿工生命安全，违法生产，得过且过，具有强烈的机会主义倾向。具体表现为：一是对安全生产工作不认真，主体责任不落实；二是部分矿产资源开发利用企业的安全生产工作力度存在层层衰减问题。

（二）乱采乱挖的隐蔽行为偏好

为追求产量和利润，部分矿产资源开发利用企业用复杂多样、具有很强迷惑性和隐蔽性的方式乱采乱挖,导致整治工作变得相当困难。具体表现为:一是以所谓"基建井"的名义开采。二是私营矿披着合法身份采矿的"挂靠井"外衣。也即一个合法矿与周边几个非法矿组成股份制矿产资源开发利用企业,非法矿挂靠在保留矿井上的假接替井、假风井、假排水井等,采用"一证多井"的形式进行伪装,形式上是合法矿。这种隐蔽式私挖滥采给自然环境造成巨大的污染与危害,破坏生态平衡,造成地表损坏,引发地质灾害等。

(三)铤而走险的急功近利行为追求

在巨大利益的刺激下,不少矿产资源开发利用企业会铤而走险,采取急功近利的行为。具体表现为:一是为获得更高暴利,生产成本和安全投入很低廉,导致非法或私营矿开采的成本比合法矿要低得多。二是基本上采用原始落后的开采方式,且设备相当简陋,劳动生产率极低,安全性相当差,不符合先进生产力发展的要求。三是破坏性开采,资源的有效开采利用度很低,资源浪费严重。总之,急功近利思想严重,致使乱挖滥采,回采率极低,导致资源严重浪费,可持续发展受到严重影响。

(四)"官矿勾结"的"寻租"行为激励

"官矿勾结"意味着促使矿产资源开发利用企业的"寻租"行为成为可能;"寻租"意味着矿产资源开发利用企业通过影响政府政策和决策行为以及制度变量来增加自身利益或使自己受益的行为;"寻租"成本意味着用于"寻租"活动的财富投入。巨大的利益空间诱惑导致部分矿产资源开发利用企业与官员"串谋",寻求利益背后的"保护伞",通过"寻租"行为获得不正当利益。具体表现为:一是不具备合法开采证件的矿产资源开发利用企业从官员那里获得生产便利;二是原本不能合法开采的矿产资源开发利用企业从官员那里取得合法开采的证件帮助;三是执法不力、执法不严、执法不到位,基础工作不扎实,给矿产资源开发利用企业开采提供便利。"官矿勾结"式"寻租"行为严重扰乱了矿产资源开发利用的均衡发展与生产秩序,不利于良好平等竞争环境的形成。

第五节　矿产资源开发利用中社区(村镇)的利益目标及其行为特征

一般而言，社区（村镇）不仅包括地理意义，而且还具有情感、归属、意识形态等社会学意义；属于具有地域性纽带的社会组织单位。或者说，社区（村镇）就是具有地域性的利益共同体。它有几个基本的构成要素，即地域性、公共联系纽带、持续亲密的亲属关系、归属感和一套社区（村镇）成员公认的行为规范和秩序。矿产资源开发利用中的社区（村镇）是介于政府与矿产资源开发利用企业之间的、参与矿产资源开发利益分割的、具有利益平衡性质、可接受政府授权的组织。它的领导成员由社区（村镇）成员选举产生，其主要功能是将社区（村镇）所有居民组织起来，实现自我管理、自我服务，主动进行社会参与和政治参与。

一　矿产资源开发利用中社区（村镇）的利益目标取向

鉴于资源禀赋的地域性特征，资源的开发利用必然会在空间上形成以矿产资源开发利用企业为地域中心的社区（村镇）及其利益目标。由于社区（村镇）为矿产资源开发利用企业提供了生产经营的场所和环境，社区（村镇）的自然条件、人文因素等对矿产资源开发利用企业的发展具有重要的意义；而矿产资源开发利用企业对社区（村镇）发展的影响也是诸多方面的。所以，社区（村镇）的利益要求除了包括矿产资源开发利用企业应提供财富创造和就业机会外，还包括社区（村镇）经济状况改善、品位提升、生态环境保护，以及企业长期生存发展维持等。具体而言，社区（村镇）的综合利益目标主要有以下几个方面：

（一）生态环境目标

鉴于资源的开发利用常常具有负的外部性，会对社区（村镇）的生态环境造成破坏，影响社区（村镇）居民的身心健康和生产生活，因而，在资源的开发利用过程中，作为一个整体，社区（村镇）会要求搞好绿化美化，处理好矿渣、清洁生产垃圾与污水，减少地质生态环境破坏，保持或美化生活环境，并提高社区（村镇）居民的公德意识、环保意识，使群众养成节约、环保、卫生的良好习惯。

（二）社会稳定目标

鉴于矿产资源开发所形成的社区（村镇），人员构成复杂，包括矿工（本地和外地的）及其家属子女、本地土著居民、各色矿产资源开发利用的利益相关者等，人员呈现多层次性；而且矿产资源开发常常处于乡村文化、城镇文化和其他文化习惯的交汇处，文化呈现多元化，社会稳定任务繁重。因而，在矿产资源开发利用中的社区（村镇）作为一个整体，会要求健全群防群治网络，完善安全防范体系，加强对流动人口的管理与服务，使社会秩序井然、广大社区（村镇）居民安居乐业；会要求健全民主法治，落实依法治国的基本方略，推进基层民主政治建设，健全基层民主自治组织，使广大社区（村镇）居民在基层社会事务中能够依法当家做主。

（三）公共服务目标

鉴于矿产资源开发使用了具有地域性禀赋特征的稀缺资源，且常常对社区（村镇）产生负的外部性，因而，在矿产资源开发利用中的社区（村镇）作为一个整体，会要求完善社区（村镇）公共服务设施，调整社区（村镇）公共资源配置，拓宽公共服务领域，改善公共服务质量，为社区（村镇）居民提供更好的服务，补偿社区（村镇）在矿产资源开发利用中的利益损失，改善社区（村镇）经济社会状况。

二　矿产资源开发利用中社区（村镇）的行为取向特征

（一）社区（村镇）的发展主义行为偏好

（1）社区（村镇）"经济第一"目标意识的逐步生成。一般来讲，在地方经济低度发展的条件下，一旦发现了可以迅速集聚财富的资源禀赋及其开发这一天然宝库之后，社区（村镇）的首要选择自然是经济发展第一。对于具有"理性"特征的社区（村镇）当地居民来说，一旦矿产资源开发利用能带来发家致富的新机遇，"挣钱"就会成为第一目标选择，而难以顾及其他社会、生态等问题。社区（村镇）会在地方政府（主要指县、乡级）以及社区（村镇）行政组织的引导下，开始谋划招商引资，开办矿产资源开发利用的相关产业，发展地方经济。

（2）社区（村镇）沉重代价中的强烈发展话语权。鉴于矿产资源开发导致社区（村镇）地方经济迅速繁荣的背后，付出了生态环保和可持续发展等极其沉重的代价，这些问题可能引起社区（村镇）当地居民和地方政府一定的注意力，导致社区（村镇）居民出现"在吃将来的饭，造子孙的孽"的忧虑；地方政府也会迫于职责要求和压力关注生态环境、资源退化与浪费等问题，关注矿产资源开发利用中最为表观化，且可能影响深远的选矿后剩余尾矿的处理问题。但相对于社区（村镇）经济发展的迫切需要，社区（村镇）居民发财致富的渴望而言，部分类似问题常常难以提到备受重视的议事日程；同时，由于其间常常存在着难以厘清的、复杂的利益交织和纠葛，也难以从根本上解决相关问题。因此，社区（村镇）常常会利用天时、地利、人和的比较优势，具有极其强烈的发展话语权诉求；特别是在社区（村镇）居民形成利益相融的条件下，发展话语权更是所向披靡。这不仅意味着话语权本身的话语优势会构成一种权力关系；而且在某种意义上，权力者可以通过自身的优势地位，产生和施加对他人（群体）的影响及控制，限制某些事件"浮出水面"。①

（二）社区（村镇）的权力利益争夺行为偏好

鉴于矿产资源开发常常会带来巨大的利润空间和利益诱惑，致使当地的社区（村镇）出现权力利益争夺的行为偏好，通过社区

---

① 张丙乾、李小云：《基于资源开发的农村社区权力运作探析》，《社会科学辑刊》2007 年第 5 期（总第 172 期）。

（村镇）非治理精英、治理精英或社区（村镇）干部等强势利益主体的权力利益争夺体现出社区（村镇）的行为选择偏好特征。

（1）社区（村镇）中的职权获得行为。"有职就有权"使拥有社区（村镇）公共权力职位的治理精英在追逐经济利益上占据明显的比较优势。① 在基层民主机制不健全的背景下，一些社区（村镇）干部甚至会肆无忌惮地将手中掌握的社区（村镇）公共权力当作攫取个人财富的"资本"。② 所以，社区（村镇）精英常常通过贿选等不正当的手段，利用社区（村镇）干部换届选举的机遇获得职权位置，存在职权获得行为偏好。

（2）社区（村镇）中的全面代理行为。由于社区（村镇）治理精英掌握着相应的公共权力资源，外来投资的矿产资源开发利用企业要在社区（村镇）开办矿产资源开发事宜，自然首先要通过社区（村镇）干部。一方面，要通过社区（村镇）干部的协助办理征地、营业执照等各种手续；需要通过与社区（村镇）干部的协商解决占用公共水资源和供电等事宜。另一方面，如果在土地征用等事情上由矿产资源开发利用企业自己与社区（村镇）千家万户居民直接交涉，无疑谈判成本巨大。因此，社区（村镇）干部自然而然地成为矿产资源开发利用企业与社区（村镇）居民以及社区（村镇）集体互动的中间人和代理人。因此，社区（村镇）治理精英会在矿产资源开发利用的相关事宜上展开全面代理行为，成为自然的、理想的矿产资源开发利益办理的代理人。

（3）社区（村镇）中的资源侵占控制行为。在社区（村镇）治理精英全面代理社区（村镇）居民处理矿产资源开发利益相关事宜的过程中，首先，鉴于所有事宜交涉常常均由主要社区（村镇）治理精英负责，社区（村镇）治理精英会利用信息的不对称性和低透明度，在涉及矿产资源开发利用企业征用农地（山地）、占用公

---

① 张丙乾、李小云、叶敬忠：《加速的变迁》，《农村经济》2007 年第 7 期。
② 《湖南郴州矿业乱象调查：官商黑势力结成利益链条》，《中国经济周刊》2007 年9 月 10 日。

共道路，或使用公共水资源等方面的协调赔偿问题上，存在牺牲社区（村镇）居民的公共利益，借权生财、捞取好处的内在利益动机和牟利条件。

其次，矿产资源开发利用企业进驻社区（村镇）后，若需就地解决劳动力供应问题，对于企业和雇工来说，通过社区（村镇）治理精英全面代理是双方的最优选择。而且在实际运作中，社区（村镇）治理精英会以集体名义而事实上以私人身份，全面代理矿产资源开发利用企业与社区（村镇）集体或个人的就业选择，全面控制和支配矿产资源开发利用企业对劳动力个人的具体录用。因此，通过社区（村镇）干部个人主宰劳动力资源配置权，有效地活化了其个人手中掌握的权力，导致了其权力资源运作的资本化。

因此，在某种意义上，权力意味着对资源占有的优势。社区（村镇）治理精英可以利用职务便利、信息优势、人脉关系；利用在社区（村镇）里建立起的个人绝对权威，占据社区（村镇）绝大多数适宜私人个体开发的资源；利用其在社区（村镇）的强大权势地位，轻而易举地取得矿山的开采控制权；依靠其坚实的权力基础，逐步利用社区（村镇）的资源优势，实现其财富积累。

（4）社区（村镇）中的权力利益网络化行为。在矿产资源开发利益的社区（村镇）权力运作中，事实上可以部分形成"权力的经济网络"。[①] 在经济发展是社区（村镇）的主流话语权的背景下，在地方政府和社区（村镇）不惜现实和潜在的生态环境威胁而大力"招商引资"的偏好驱动下，如果决定社区（村镇）内矿产资源开发非市场化配置运作的权力利益力量能超越社区（村镇）的地理边界，不论是职权获得行为，全面代理行为，还是资源侵占控制行为，都将是社区（村镇）公共权力利益经济化和网络化的具体行为体现：或由于上辈的庇佑，或由于家族与上级的交好，或由于家庭

_____

① 《湖南郴州矿业乱象调查：官商黑势力结成利益链条》，《中国经济周刊》2007 年 9 月 10 日。

雄厚的财力，或凭借具有向上联系、沟通的渠道等网络资源，帮助获得社区（村镇）的领导干部职位，得到代表社区（村镇）与矿产资源开发利用企业交涉资源相关事宜的优势机会，得到矿产资源开发利用的使用权。所以，如果矿产资源开发利益的非制度化配置过程明显，依靠明显的"权力本位"，权力者在占有资源、攫取经济利益上具有明显优势。这种权力利益的网络化行为以经济利益链条将社区（村镇）权力紧紧联结在一起，逐步结成一张"总体性"的权力网①，主导着社区（村镇）的矿产资源开发行为选择。

---

① 张丙乾、李小云：《基于资源开发的农村社区权力运作探析》，《社会科学辑刊》2007 年第 5 期（总第 172 期）。

第二章 矿产资源开发中的社区 (村镇)行为互动博弈特征

引言与摘要

本章系统分析了矿产资源开发利用中的社区（村镇）与相关利益主体之间的利益博弈关系的特征，包括社区（村镇）与相关利益主体之间的相互影响和作用。首先，分析了矿产资源开发利用企业与社区（村镇）间利益博弈的特征，包括矿产资源开发利用企业与社区（村镇）间利益关系的主要类型；矿产资源开发利用企业与社区（村镇）间利益博弈的复杂多维性。其次，分析了矿产资源开发利用中的政府与社区（村镇）间的矿产资源开发利益博弈的特征，包括政府与社区（村镇）间的利益互动关系；政府与社区（村镇）间利益博弈的客观性特征；政府与社区（村镇）间利益博弈的规范性特征；政府与社区（村镇）间利益博弈的现实特征；政府与社区（村镇）间利益博弈的阶段性特征。

第一节　矿产资源开发利用企业与社区(村镇)间利益博弈的特征

一　矿产资源开发利用企业与社区(村镇)间的相互作用

(一)矿产资源开发利用企业与社区(村镇)间利益关系的主要类型

根据相互间结合互动的紧密程度,按照尤玉平的研究视角①,矿产资源开发利用企业与社区(村镇)间利益关系的主要类型可分为合作型关系和非合作型关系两种。

(1)合作型关系。合作意味着矿产资源开发利用企业与社区(村镇)间在信息共享基础上的行动协同,或者存在契约约束的行为一致,使各方行为结果均达到最大化。具体而言,又包括以下两种类型:

一是社区(村镇)与矿产资源开发利用企业间的合作型博弈。该类型意味着二者间密切合作,在人、财、物上彼此大力支持,并实现信息共享。可分为:社区(村镇)型的合作博弈,以社区(村镇)为基础发展起来,以产权、情感等为约束纽带;矿产资源开发利用企业型的合作博弈,以矿产资源开发利用企业为基础发展起来,以就业和生活福利保障为约束纽带。单纯从利益互动的组织行为看,两者都是合作的。

二是非完整意义的社区(村镇)与矿产资源开发利用企业间的合作型博弈。在中国计划经济年代普遍存在,由于极其有限的社区(村镇)事务均由政府来承担,并不存在完整意义上的社区(村镇),因此,社区(村镇)与矿产资源开发利用企业间的合作属于合作性的但不完整。

———————

① 尤玉平:《矿产企业、社区与政府:组织行为的经济学比较研究》,硕士学位论文,华南农业大学,1999年,第24—25页。

（2）非合作型关系。非合作型意味着矿产资源开发利用企业与社区（村镇）间并不享有共同信息或具有约束力的契约。主要包括以下三种情形：

一是一强一弱型。意味着强矿产资源开发利用企业与弱社区（村镇）间，或强社区（村镇）与弱矿产资源开发利用企业间的互动。强大的矿产资源开发利用企业与弱小的社区（村镇）间，或强大的社区（村镇）与弱小的矿产资源开发利用企业间，在基础设施建设、公共秩序维持等方面，弱小者可从强大者那里"搭便车"。对弱小者而言是一种理性行为，但对二者间的互动关系而言，是一种非合作关系。

二是双弱型。作为利益主体，弱小的矿产资源开发利用企业与弱小的社区（村镇）之间按照各自的矿产资源开发利益，选择占优行为策略，在静态上容易形成一种类似"囚徒困境"的纳什均衡；简单有限次的重复博弈也难以改变这种状况。二者已形成非合作互动关系。

三是双强型。强大的矿产资源开发利用企业和强大的社区（村镇）之间的利益关系较为复杂，并受制于社区（村镇）内矿产资源开发利用企业数量的多寡。在强大矿产资源开发利用企业数量较少的情况下，容易与社区（村镇）通过谈判达成协议，产生非合作基础上的相互合作行为。

（二）矿产资源开发利用企业对社区（村镇）经济社会发展的双重作用

结合矿产资源开发利用企业与社区（村镇）间的基本关系类型，参照结构功能主义理论[1]，矿产资源开发利用企业对社区（村镇）的影响主要体现在以下三个方面：

（1）矿产资源开发利用企业通过就业机会、社区（村镇）投资等方式促进社区（村镇）的经济社会发展。鉴于经济责任是矿产资源

---

[1] 《结构功能主义》，百度百科，http://baike.baidu.com/view/431922.htm。

开发利用企业对所在社区（村镇）所承担的底线责任，也是某种程度上最为重要的责任①，因而，意味着矿产资源开发利用企业在从事矿产资源开发经营活动中，要尽量扩大对当地社区（村镇）的贡献。

一是招聘当地员工，为所在社区（村镇）创造出更多的就业机会。鉴于充分就业是社区（村镇）居民最强烈的愿意，因而招聘源自社区（村镇）当地的员工，一方面，有利于矿产资源开发利用企业在社区（村镇）中树立良好的形象；另一方面，自然会对社区（村镇）形成较强的人力资本投资，增强社区（村镇）的专业技能，加强社区（村镇）对矿产资源开发利用企业的依存程度。

二是进行社区（村镇）投资，使所在社区（村镇）成为投资的重要受益者。作为经济组织，矿产资源开发利用企业的主要功能是进行矿产资源开发交易活动。作为利益主体的社区（村镇）虽不是一个商业组织，但社区（村镇）居民通常是工作在矿产资源开发利用企业或其他组织（商业或非商业）的成员，在同等条件下进行社区（村镇）投资具有产业关联效应，有利于社区（村镇）的经济社会发展。

（2）矿产资源开发利用企业通过领导者和促进者的作用影响社区（村镇）商业精神的发展。矿产资源开发利用企业与社区（村镇）居民在就业和经济利益上的互动联系，容易将矿产资源开发利用企业的商业文化通过员工等对社区（村镇）产生影响，形成深受矿产资源开发利用企业商业文化价值影响的社区（村镇）商业文明，促进社区（村镇）的商业活力；形成重视商业活动的社会价值风尚和合法、诚实经营的商业底线。一是形成重视商业活动的社会价值风尚。良好的商业氛围依赖于社会对商业活动价值的充分肯定，而肯定最有效的形成办法就是让社会大众亲身感受商业活动对其自身的价值。矿产资源开发利用企业在社区（村镇）进行开发生产和经营活动，既为社区（村镇）提供了税收，也为社区（村镇）

①　矿产企业公民研究中心：《责任与底线：从 CSR 到 CC》，载《21 世纪商业评论》，http：//www. 21cbr. com/ html/cc/review/200908/04 – 4603. html。

解决了大量的就业问题。显然，为社区（村镇）商业活动的兴盛发达提供了肥沃的土壤，通过商业活动价值的感受，形成重视商业文明的社会风尚。二是形成合法、诚实经营的商业底线。矿产资源开发利用企业作为社会系统的组成部分，在矿产资源开发利用中，通过合法、诚实的经营，在获得法律权威的保护和相关利益主体信任的同时，也构成了矿产资源开发利用企业合法、诚实经营的法律底线；会对社区（村镇）产生潜移默化的影响（特别是通过矿产资源开发利用企业的员工），形成良好的商业底线。

（3）矿产资源开发利用企业对社区（村镇）的副作用。矿产资源开发利用企业的行为常常会对相对处于弱势地位的所在社区（村镇）产生负面影响。矿产资源开发利用企业的矿产资源开发活动会对所在社区（村镇）造成生态环境污染等危害。矿产资源开发利用企业在生产中大量排放的废水、废气、废物会对社区（村镇）的生产生活造成危害；产生的各种噪声，会对社区（村镇）居民构成威胁。如果造成的负面影响大，会招致社区（村镇）的反对，要求矿产资源开发利用企业为消除环境污染等负面影响支付费用。如果矿产资源开发利用企业不愿主动消除负面影响，就可能与社区（村镇）发生冲突，从而牵扯管理者的精力，影响矿产资源开发利用企业的经济价值创造。为此，需要矿产资源开发利用企业规范自身行为，努力处理好与社区（村镇）的利益关系。通过回报社会，对所在社区（村镇）承担力所能及的社会责任，扶持弱势群体、热心公益事业，赢得社区（村镇）社会的承认和支持，从而树立良好的社会形象，降低对社区（村镇）的负面影响，为矿产资源开发利用企业自身发展创造良好的外部竞争环境。

（三）社区（村镇）对矿产资源开发利用企业生存发展的主要作用

社区（村镇）与矿产资源开发利用企业在地理空间上的重合和需求拉动功能决定了社区（村镇）对矿产资源开发利用企业生存发展的影响主要体现在：一方面，社区（村镇）在社会治安、基础设施等方面的必要保障；另一方面，社区（村镇）居民的行为会对其经营运作起约束作用。

（1）社区（村镇）是矿产资源开发利用企业管理的重要对象。作为以营利为目的的复杂社会经济技术系统，矿产资源开发利用企业的运作效率不仅取决于自身的结构和内部利益联系，同时还取决于其与生存环境的互动。作为面向社会开放的社会组织，矿产资源开发利用企业必定处于特定的社会环境之中，在不同方面、不同程度上与许多利益相关者发生着联系、互动和影响；帮助或制约着其行为选择空间。因此，构成矿产资源开发利用企业"经营小环境"的所在社区（村镇）是重要的利益相关者。不仅在于作为一个地理意义上的组织，矿产资源开发利用企业必然处于特定的社区（村镇）之中；而且，在同社区（村镇）长期的利益博弈过程中会形成一定的正式制度与非正式制度。因此，需要矿产资源开发利用企业在自觉的利益基础上对社区（村镇）关系进行管理，并成为矿产资源开发利用企业的重要对象。

（2）社区（村镇）对矿产资源开发利用企业的价值创造产生作用。一是社区（村镇）的人文素质会影响矿产资源开发利用企业员工的素质。社区（村镇）的人文素质高，意味着矿产资源开发利用企业能从社区（村镇）中招聘到高素质的员工，并吸引其他地区的高素质人才来矿产资源开发利用企业工作，从而促进矿产资源开发利用企业的价值创造能力提升。二是社区（村镇）的人文环境会影响矿产资源开发利用企业的价值创造。如果社区（村镇）的人文环境差，意味着社区（村镇）的犯罪率和腐败程度较高，矿产资源开发利用企业需要为对付犯罪和腐败付出更多的成本和劳动，从而提高价值创造成本，降低矿产资源开发利用企业的发展能力。三是社区（村镇）的消费水平和平均工资水平会影响矿产资源开发利用企业员工的薪酬水平，从而影响矿产资源开发利用企业的价值分配。一般来说，社区（村镇）经济越发达，矿产资源开发利用企业的工资支付平均水平越高。

（3）社区（村镇）对矿产资源开发利用企业的创新产生影响。一是社区（村镇）是矿产资源开发利用企业创新重要的"学习实验室"。Kanter（1999）认为①，社区（村镇）（居民）作为矿产资源开发利用企业产品的信息早期传播者或实际使用者，能对矿产资源开发利用企业的新想法、新产品、新工艺进行信息扩散或反馈，从而为创新或大规模生产提供必要的支持。二是社区（村镇）是矿产资源开发利用企业创新目标的重要启发校正者。社区（村镇）可以帮助矿产资源开发利用企业在参与所在地的社会项目过程中发现问题，在很大程度上挖掘经济问题（机会）。通过类似 Bell Atlantic 公司位于美国新泽西州的 Union 市（Union City, New Jersey），在 1991年开创的矿产资源开发利用企业社区（村镇）创新研发管理商业模式②，矿产资源开发利用企业向社区（村镇）提供产品信息，获取反馈意见，从而作为改进提升的重要依据。

（4）社区（村镇）负有对矿产资源开发利用企业的支持与监督职责。鉴于矿产资源开发利用企业总是存在于社会环境之中，必定要耗费社会公共资源或对社会公共环境产生影响。矿产资源开发利用企业在生产中大量排放废水、废气、废物，产生各种噪声，会对所在社区（村镇）产生重大影响。如果矿产资源开发利用企业的运转得不到环境资源的支持，或者如果社区（村镇）不能接受矿产资源开发利用企业给社会公共环境所带来的负面影响，那么矿产资源开发利用企业就难以生存和发展。因而，社区（村镇）的环境支持显然有助于公司的健康发展，会对矿产资源开发利用企业的某些行为进行监督，对矿产资源开发利用企业起支持与监督的作用。

（5）社区（村镇）对矿产资源开发利用企业是一种有效的外部治理机制。社区（村镇）为矿产资源开发利用企业提供极为重要的资源和资本。对于矿产资源开发利用企业而言，社区（村镇）是一

---

① Kanter, Rosabeth Moss, "From Spare Change to Real Change: The Social Sector as Beta Site for Business Innovation", *Harvard Business Review*, May – June 1999: 122 – 132.

② Ibid.

种有效的外部治理机制,可以弥补正式合约治理机制的不足:一是社区(村镇)对矿产资源开发利用企业的长期收益大于其短期收益,会约束矿产资源开发利用企业的行为,产生被排斥或被逐出所在社区(村镇)的威慑。二是社区(村镇)的透明度相对较高,信息不对称程度较低,是一种有效率的约束机制。社区(村镇)成员间一般相互了解、彼此熟悉,信息传播速度快、范围广,会对矿产资源开发利用企业形成一种行为规范压力。三是社区(村镇)价值观念等会影响矿产资源开发利用企业的行为选择。社区(村镇)成员的行为、价值观念等因素会影响矿产资源开发利用企业员工的行为。通常来说,社区(村镇)成员的行为不符合社区(村镇)的集体价值准则,得不到认可时,就会感受到一种无形的压力,使其行为自觉服从社区(村镇)的集体利益要求。

(四)矿产资源开发利用企业与社区(村镇)间的相互影响制约

借鉴美国著名社会学家、结构—功能主义理论奠基人 T. 帕森斯的观点①,矿产资源开发利用企业作为典型的、具有内在结构和外在功能的经济系统,与社区(村镇)间的互动作用关系特征在于:

(1)矿产资源开发利用企业与社区(村镇)间的相互作用是矿产资源开发利益分割中的两个基本主体。一是矿产资源开发利用企业在本质上是一个以追求利益最大化为目标的经济组织,经济属性是其本质属性。因此,矿产资源开发利用企业的生存发展活动会紧密围绕利润创造这个核心。但作为矿产资源开发社会系统的一个组成部分,矿产资源开发利用企业行为选择并不是孤立的,会与社区(村镇)利益相关者产生互动,其经营绩效会与社区(村镇)产生重大的互动影响。

二是社区(村镇)是在空间地理上作为一定规范和制度结合而成的,具有共同利益或受共同因素影响的社会群体,会与矿产资源

① 《帕森斯·T》,互动百科,http://www.hudong.com/wiki/% E5% B8% 95% E6% A3% AE% E6%96% AF% EF% BC%8CT。

开发利用企业之间利用各自资源的特性，在"双赢"的基础上进行广泛的、多层次的交流，产生复杂的法律、经济和社会关系。

三是矿产资源开发利用企业与社区（村镇）间的相互作用关系受到外界条件的影响，并构成矿产资源开发利益分割中的两个基本要素。嵌入性理论认为①，矿产资源开发利用企业的行为选择嵌入于矿产资源开发社会关系之中，无论内部还是外部行为都并不完全是通过正式的交易规范而达成的，矿产资源开发利用企业可通过善于利用社会关系网络获得社会资源和社会地位；而社会资本理论强调了社会网络是一种社会资本②，因此，矿产资源开发利用企业与社区（村镇）间的相互作用良好是一种理性选择行为。在此，社区（村镇）作为社会资本的重要载体，成为矿产资源开发利用企业网络的重要组成部分。

（2）矿产资源开发利用企业与社区（村镇）间相互作用的客观必然性。一是参照契约论的观点③，矿产资源开发利用企业本质上是包括社区（村镇）在内各个利益主体的契约体，那么，矿产资源开发利用企业与社区（村镇）间的相互作用、利益相互尊重就成为矿产资源开发管理的应有之义。二是按照交易费用理论的观点④，矿产资源开发利用企业与社区（村镇）利益互动关系的管理优化可以减少矿产资源开发利用的交易成本，通过二者间更紧密的契合可降低矿产资源开发利用企业的行为成本。三是参照能力论的观点⑤，矿产资源开发利用企业本质上是一个能力集合体，建立、维护良好的矿产资源开发利用企业与社区（村镇）之间的互动关系能力是其

---

① ［美］马克·格兰诺维特：《经济行动与社会结构：嵌入性问题》，社会科学文献出版社 2007 年版。

② 吴江、黄晶：《社会资本理论剖析》，《理论学刊》2004 年第 5 期。

③ 李传军：《利益相关者的共同治理机制》，《矿产企业改革与管理》2009 年第 8 期。

④ 李亚兵、陶建标、乔鹏亮：《制造矿产企业物流外包风险及控制研究进展》，《商业时代》2008 年第 36 期。

⑤ 闵明雄：《能力相关性与建筑设计矿产企业多元化研究》，《现代商贸工业》2008 年第 7 期。

体系中的重要组成部分。四是按照价值均衡论的观点①，矿产资源开发利用企业是各利益相关者为了追求矿产资源开发利益、价值创造和价值最大化而结成的一种开放式的网络系统，矿产资源开发利用企业与社区（村镇）等相互之间只有达到价值均衡，才能实现稳定的联结。所以，矿产资源开发利用企业的社会存在性决定了其活动不能与社会利益相冲突，必须通过社区（村镇）获取和积累良好的社会资本，以实现稳定连贯，保障获取商业利润。

（3）矿产资源开发利用企业与社区（村镇）间相互作用小结。二者间的相互作用体现在利用各自资源的特性，在"双赢"的基础上进行的广泛的、多层次的交流及其深远的影响。

表 2 - 1　矿产资源开发利用企业和社区（村镇）间的相互作用

社区（村镇）对矿产资源开发利用企业的作用	矿产资源开发利用企业对社区（村镇）的作用
更好的矿产资源开发利用企业声誉与形象	工作机会、工作经验和技能培训
社会的"经营认可"	社区（村镇）投资，发展基础设施
共享社区（村镇）当地的知识与劳动力	商业技能
更高的安全系数	为来自社区（村镇）的员工提供独特的技能
更好的社会经济环境和基础设施	商业活动的领导者和促进者
吸引并保持高水准的独特商业氛围	
高质量的经营场所、供应商、服务商和可能的消费者	
矿产资源开发利用企业创新"学习实验室"	

---

① 许慧：《基于相关者利益均衡的矿产企业财务管理目标》，《当代经济》2007 年第 19 期。

二 矿产资源开发利用企业与社区（村镇）间利益博弈的复杂多维性

从现实看，矿产资源开发利用企业与所在社区（村镇）并不构成严格意义上的利益共同体，达到谁也离不开谁的状态，但二者之间存在着千丝万缕的联系，常常会围绕矿产资源开发利益展开博弈。同时，作为两个在地理上重合的利益主体，矿产资源开发利用企业与社区（村镇）都必须遵守法律对其行为选择的底线要求，这构成了二者间利益博弈关系的基础。在此基础上，因各自的特殊属性和其他因素的影响，矿产资源开发利用企业与社区（村镇）间形成了多方面的复杂关系。

（一）矿产资源开发利用企业与社区（村镇）间利益博弈的复杂性

（1）矿产资源开发利用企业与社区（村镇）间的利益关系函数。参照矿产资源开发利用企业与社区（村镇）间的双因子模型[①]可知，作为社区（村镇）的重要组成部分，矿产资源开发利用企业享受社区（村镇）提供的种种条件，也对社区（村镇）产生种种影响，并构成利益关系的复杂性。

一是矿产资源开发利用企业与社区（村镇）间存在着政治、文化、经济与法律等层面的多维度双向互动交流，并对各自的行为选择和利益绩效产生影响。二是矿产资源开发利用企业与社区（村镇）间存在着基于行为选择的函数关系。即矿产资源开发利用企业与社区（村镇）间的利益关系受到矿产资源开发利用企业（E）、社区（村镇）（C）和其他因素（O）三个因素的影响。其中，矿产资源开发利用企业因素主要包括生命周期、类型；社区（村镇）因素主要包括类型和成熟程度；其他因素包括政府、法律和偶然事件等因素。这些因素共同构成矿产资源开发利用企业与社区（村镇）利益关系的三维函数：$y = f$（E、C、O），y 表示二者间利益关系的

---

① 王欢苗：《企业社区关系管理研究》，硕士学位论文，辽宁大学，2009 年。

矿产资源开发利用企业管理绩效，f 表示其间的函数关系。

（2）矿产资源开发利用企业与社区（村镇）间利益博弈复杂性的表现。一是矿产资源开发利用企业与社区（村镇）二者间的利益博弈均衡决定着矿产资源开发利用企业与社区（村镇）的行为选择；并且，以各自的利益行为方式制约、影响着其间利益博弈的均衡结构。

二是矿产资源开发利用企业与社区（村镇）二者间的利益博弈受到法律约束。矿产资源开发利用企业须无条件地遵守其对社区（村镇）的法律义务，并形成自身与社区（村镇）间利益博弈的法律利益；而社区（村镇）则会因法律约束获得利益（主要是环境利益）；同时，矿产资源开发利用企业或社区（村镇）均可通过巧妙地利用法律规则达到获取法律利益的目的，从而在二者间的利益博弈中获得优势。

三是矿产资源开发利用企业与社区（村镇）二者间的利益博弈存在经济利益基础。二者间存在着双向的矿产资源开发利益交流，因而存在着利益的矛盾和合作的基础，从而有可能通过利益博弈达到共赢。

四是矿产资源开发利用企业通过与社区（村镇）间的利益博弈可获取与社区（村镇）有关的社会资本，而且在相当程度上是单向的。

五是二者间的利益博弈形成的法律利益、经济利益和社会资本共同构成了矿产资源开发利用企业竞争优势的重要来源，也是社区（村镇）行为选择的动力基础。

（二）矿产资源开发利用企业与社区（村镇）间利益博弈的法律性

现代社会是法治社会，不同利益主体之间的关系在很大程度上都上升为法律关系，由法律进行调节，因此，法律在很大程度上构成了矿产资源开发利用企业与社区（村镇）间行为选择的底线标准，并以国家强制力保证实施。使二者间的利益博弈在很大程度上体现为矿产资源开发利用企业遵守法律规定而免受的惩罚，决定了二者间的法律关系在很大程度上是单向的。同时，为了鼓励矿产资源开发利用企业的捐赠活动，鉴于普遍规定了特定的捐赠行为可以享受税收减免的优惠，因此，通过巧妙设计的捐赠，矿产资源开发利用企业可以获取良好声誉与税收优惠的双重好处，实现与获得捐赠实惠的社区（村镇）和谐共赢，充分利用了两者间利益博弈的法律性优势。

（1）矿产资源开发利用企业承担保护社区（村镇）环境的法律义务。矿产资源开发利用企业作为所在社区（村镇）的嵌入者，对社区（村镇）的义务主要体现在环境义务方面。原因在于：矿产资源开发利用企业的环境义务（责任）的主体是包括社区（村镇）在内的整个社会。如《中华人民共和国大气污染防治法》[①] 第三十一条规定，"在人口集中地区存放煤炭、煤矿石、煤渣、煤灰、砂石、灰土等物料，必须采取防燃、防尘措施，防止污染大气"；《中华人民共和国环境噪声污染防治法》[②] 第二十五条规定，"产生环境噪声污染的工业矿产资源开发利用企业，应当采取有效措施，减轻噪声对周围生活环境的影响"；《中华人民共和国固体废物污染环境防治法》[③] 第二十二条规定，"在国务院和国务院有关主管部门及省、自治区、直辖市人民政府划定的自然保护区、风景名胜区、生活饮用水源地和其他需要特别保护的区域内，禁止建设工业固体废物集中储存、处置设施、场所和生活垃圾填埋场"。此外，《中华人民共和国环境保护法》、《中华人民共和国水法》等也有类似的规定。

（2）矿产资源开发利用企业对社区（村镇）的捐赠通常受到法律保护。矿产资源开发利用企业作为社会的嵌入者，对社区（村

---

① 《中华人民共和国大气污染防治法》，中国标准信息网，http：//www. chinaios. com/HJBH－flfg/14164599326. htm。

② 《中华人民共和国环境噪声污染防治法》，中国标准信息网，http：//www. chinaios. com /HJBH－flfg /14164599326. htm。

③ 《中华人民共和国固体废物污染环境防治法》，中国标准信息网，http：//www. chinaios. com /HJBH－flfg/14164599326. htm。

镇）的捐赠行为虽然在表面上损害了股东等相关主体的利益，但实际上对于促进矿产资源开发利用企业与社区（村镇）的长远发展都是非常有益的，因此，世界各国都予以保护，并开始立法对其进行鼓励。"现代条件要求公司认识到，并且履行其作为经营所在地的一员，所应承担的社会责任和私人责任"。① 在中国，按照《矿产资源开发利用企业所得税暂行条例》、《矿产资源开发利用企业所得税暂行条例实施细则》的规定②，纳税人用于公益、救济性的捐赠，在年度应税所得额 3% 以内的部分，准予扣除。另外，矿产资源开发利用企业与社区（村镇）间的行为互动部分具有较强的外部性（如生态环境污染）；同时，二者间协调的交易成本很高。因此，依据霍布斯定理③关于"建立法律以使私人协议失败造成的损害达到最小"的观点，矿产资源开发利用企业与社区（村镇）之间的法律关系构建有利于明确二者间的责任，减少交易成本，促进矿产资源开发利用的效率和利益的均衡发展。

（三）矿产资源开发利用企业与社区（村镇）间利益博弈的经济性

矿产资源开发利用企业总是存在于一定的社区（村镇）之中的，这种地理上的重合决定二者之间的经济利益关系是多维的。

（1）矿产资源开发利用企业与社区（村镇）之间的人员交流。矿产资源开发利用企业总是存在于一定的地理环境之中，出于各种成本（雇佣成本、交通成本等）的考虑，一般来讲，矿产资源开发利用企业与社区（村镇）之间总是存在高强度的人员交流。一是矿产资源开发利用企业的普通员工一般都在当地社区（村镇）雇用。既有利于节省生活成本（如交通成本），也有利于节省监督成本

---

① 《强化公司社会责任的法理思考与立法建议》，法律教育网，http://www.chinalawedu.com/news/21604/21630/21652/2007/4/zh75231512451347002480 - 0.htm。

② 《矿产企业所得税暂行条例》，中国会计视野，http://law.esnai.com/law_show.aspx? LawID = 163。

③ 史晋川：《法律经济学评述》，《经济社会体制比较》2003 年第 2 期。

（既包括挑选的低成本，也包括"兔子不吃窝边草"的外部监督机制）；同时，鉴于就业问题是社区（村镇）的共同行动和基本目标；收入和就业是社区（村镇）居民最为关心的问题，因而，也是矿产资源开发利用企业进行社区（村镇）关系管理的一个非常重要的方面。二是矿产资源开发利用企业的高级管理人员一般都在所在社区（村镇）居住。既有助于改善社区（村镇）的人口结构，提高社区（村镇）成员的素质，增强矿产资源开发利用企业对社区（村镇）之间的归属感和社区（村镇）对矿产资源开发利用企业的了解，也促进了矿产资源开发利用企业高级管理人员关注社区（村镇）关系管理。

（2）矿产资源开发利用企业与社区（村镇）之间的生产性要素交流。鉴于矿产资源开发利用企业的矿产资源开发活动要与外界发生大量的交易和经济联系，在同等情况下，由于社区（村镇）存在着成本优势，以及与矿产资源开发利用企业之间事实上存在着重复利益博弈机制，使矿产资源开发利用企业一般更愿意从所在社区（村镇）范围进行购买，形成二者之间的生产性要素交流。这种要素交流是"双赢"的，矿产资源开发利用企业在保证质量、节省成本的同时，也提高了所在社区（村镇）的就业和收入。

（3）社区（村镇）影响矿产资源开发利用企业产品的销售。对于矿产资源开发利用企业而言，社区（村镇）还在相当程度上是以消费者的身份存在的。一是社区（村镇）是矿产资源开发利用企业的直接服务对象。如一些矿产资源开发利用企业的经营行为主要是为社区（村镇）周边服务的，社区（村镇）直接决定了其销售业绩。二是社区（村镇）评价对矿产资源开发利用企业声誉影响极大，从而间接影响产品销售。因此，对于许多矿产资源开发利用企业产品，虽然作为消费者的社区（村镇）居民的绝对数量并不大（或所占比例不高），但对于其他消费者而言，社区（村镇）内的消费者通常将被视为矿产资源开发利用企业的"内部人"，其对产品的评价——尤其是新产品——将直接影响外部消费决策。三是由于矿产资源开发利用企业与社区（村镇）之间事实上存在重复博弈机制，决定了二者间的产品销售互动影响将是直接而深远的。

（4）矿产资源开发利用企业对社区（村镇）的慈善活动。矿产资源开发利用企业对社区（村镇）的慈善活动主要有现金捐赠、志愿行为、实物捐赠及非商业性的奖学金项目四种方式，在增进社区（村镇）经济利益的同时，对矿产资源开发利用企业竞争力而言，矿产资源开发利用企业对社区（村镇）的慈善活动营销，可以带来好的社会形象；可以直接或间接地为矿产资源开发利用企业带来效益。

（5）矿产资源开发利用企业与社区（村镇）间的生态意识交流。生态意识，特别是生态价值意识、生态责任意识对矿产资源开发利用企业与社区（村镇）间的利益博弈均衡有着重要的影响。生态价值意识，即生态价值观念，是指对地球生态环境的价值评价、价值取向。生态能否有效地得以保护，关键取决于能否意识到自己对生态保护的责任和由此所决定的实际参与保护程度。因此，生态责任意识的交流提升，既能减少矿产资源开发利用企业副产品的产生，大大提高开发利用效率，取得更高的经济效益；同时，又能减少污染物的产生，减轻对生态环境的压力，自然能获得社区（村镇）民众的认同。另外，社区（村镇）的生态意识偏好显然为矿产资源开发利用企业的行为选择提供了约束，激励各种污染问题的解决，形成更大的潜在收益。

（四）矿产资源开发利用企业与社区（村镇）间利益博弈的文化性

矿产资源开发利用企业与社区（村镇）间存在大量人员交流，经济利益互动，与其相对应，二者之间存在着大量的文化交流。

（1）社区（村镇）文化对矿产资源开发利用企业的行为选择有着极为重要的影响。一是矿产资源开发利用企业作为一个开放的社会系统、作为社区（村镇）的嵌入者，与社区（村镇）存在着全方位的交流关系；社区（村镇）文化不可避免地对矿产资源开发利用企业产生极为重要的影响。特别是，大多数矿产资源开发利用企业员工常常都居住于社区（村镇）之中，其在工作之外所受的社区（村镇）影响而形成的文化特质不可避免地会被带到矿产资源开发利用企业之中，并成为矿产资源开发利用企业文化的一个重要先天性因素。二是和任何文化一样，社区（村镇）文化本身是在所处区域长时间发展的历史产物，本身具有历史合理性。而矿产资源开发利用企业作为该区域的社会存在者，必然要适应这种文化要求。因此，虽然社区（村镇）文化对于矿产资源开发利用企业文化而言，通常都会存在不同程度的冲突，但它有利于推动矿产资源开发利用企业员工之间、与社区（村镇）居民之间的预期、信任和合作，促进各种利益的沟通与协调，增加矿产资源开发利用企业内部凝聚力、改善人际关系网络以及蕴含其中的潜在资源，使矿产资源开发利用企业的知识转移和知识共享成为可能，并最终构成矿产资源开发利用企业的竞争优势。

（2）矿产资源开发利用企业文化也影响着社区（村镇）的行为选择。矿产资源开发利用企业员工在矿产资源开发利用中，共同的社区（村镇）生活工作背景容易形成相互认可的文化习惯。通过在特定区域的集中居住，成为社区（村镇）文化的重要组成部分。如社区（村镇）居民不论是否真的隶属于矿产资源开发利用企业员工，在提到自己所属的社区（村镇）时都习惯地称其为"咱厂"或"我们厂"，有一种自豪感和归属感。很显然，这种得到普遍参与的感觉能够有效地塑造对社区（村镇）的认同，并能够强烈地唤起对社区（村镇）的记忆和感情，影响着社区（村镇）的行为选择。

（3）矿产资源开发利用企业与社区（村镇）间的社会文化交流与社会资本互动融合。参照著名学者福山的观点，信任可将文化与社会资本联系起来，社会资本建立在信任基础上，而信任以文化为基础，因而，文化交流是社会资本的深层决定条件。在矿产资源开发利用企业与社区（村镇）的利益互动中，特定的文化传统塑造了二者之间特定的信任关系，造就了不同的社会资本，进而决定了矿产资源开发利用中各相关利益主体的格局和总体开发状况。反过来，矿产资源开发利用企业与社区（村镇）间的利益互动所产生的社会伦理又会反作用于社会资本，巩固原有的文化传统，进一步影响二者间的互动和矿产资源开发。作为社会资本的文化在矿产资源开发利用企业与社区（村镇）间的互动中所具有的功能主要体现在：一是提供共同观念，增进社会整合度。矿产资源开发利用企业与社区（村镇）间的互动存在于一定的社会结构中，是社会成员间利益关系的互动，这种互动之所以存在，是因为存在着共同承认的价值观念与意识体系。二是提供行为框架，稳定行为预期。彼此信任以及对行为后果的可预见性是矿产资源开发利用企业与社区（村镇）间行为和决策的基础，而这依赖于制度的保障，其中非正式的约束，特别是由文化、价值提供的一系列行为规范与习俗规则尤为重要。三是限制机会主义，保证合作效率。矿产资源开发利用企业与社区（村镇）间互动中普遍认同的习俗、价值、规范等文化因素以及附属其上的非正式惩罚可以引导个体行为，限制机会主义倾向。

（五）矿产资源开发利用企业与社区（村镇）间利益博弈的主体多元性

面对矿产资源开发利用的公共性，矿产资源开发利用企业与社区（村镇）间既可以相互照顾，也可以相互竞争。为了更好地理解其间的利益博弈，有必要把社区（村镇）中的利益主体分为精英分子和普通村（居）民，以及行政组织，从而矿产资源开发利用企业与社区（村镇）间的利益博弈呈现多层次性的特征。

（1）矿产资源开发利用企业与社区（村镇）中精英分子间的利益博弈关系。鉴于个人能力和（或）经济能力存在差异，社区（村镇）中精英分子常常都会以不同的方式参与资源的开发活动，或通过向大的矿产资源开发利用企业（老板）交纳一定量的开采出来的矿产品，从而与矿产资源开发利用企业形成不同形式的利益博弈合作共同体；或通过依靠自己相对强大的经济实力直接承包开采，从而与矿产资源开发利用企业形成不同形式的利益博弈竞争关系。因此，矿产资源开发利用企业与社区（村镇）中的精英分子间常常会形成不同形式的利益博弈关系。

（2）矿产资源开发利用企业与社区（村镇）中普通村（居）民间的利益博弈关系。鉴于社区（村镇）村（居）民拥有对资源土地的承包权，而土地是其生活的最低线；矿产资源开发会对地表造成不同程度的破坏，造成矿产资源开发利用企业与村（居）民之间的矛盾。由于社区（村镇）村（居）民常常以一户为经营单位，在与作为法人实体的矿产资源开发利用企业之间进行利益博弈的过程中处于劣势。而且，又有社区（村镇）行政组织挡在村（居）民的前面，若存在基层不民主的社区（村镇），村（居）民多数时候只能表现自己的无助，其根本利益无法得到有效的保障，因此，矿产资源开发利用企业与社区（村镇）中普通村（居）民间的利益博弈关系常常呈失衡状态，社区（村镇）居民要想得到利益的均衡补偿是一件遥不可及的事。

（3）矿产资源开发利用企业与社区（村镇）中行政组织间的利益博弈关系。矿产资源开发利用企业的利益在于通过矿产资源开发获得收入和利润，上缴税金获得社会地位和政府保护，实现自身利益最大化目标。社区（村镇）行政组织间是代表辖区居民，直接与矿产资源开发管理部门和矿产资源开发利用企业等利益主体对话，协调各方面的利益关系的自制性利益主体，其与矿产资源开发利用企业间的利益关系可以合作：诸如为矿产资源开发利用企业提供用电安装等生产便利、协调少投资，协调雇员招聘等；其与矿产资源开发利用企业间的利益关系可以竞争：如以社区（村镇）居民的利益为旗号，代表社区（村镇）要求矿产资源开发利用企业较少污染、对环境的破坏给予补偿等。而且，鉴于其内部存在信息不对称的特征，社区（村镇）行政组织的行为或许是不透明的，大多数人不知情，因而具有极大的机会主义活动空间。因此，矿产资源开发利用企业与社区（村镇）中的行政组织间的利益互动关系具有合作、竞争性。

（六）矿产资源开发利用企业与社区（村镇）间利益博弈的阶段性

（1）中国矿产资源开发利用企业没有进行社区（村镇）关系管理的传统。在计划经济时期，矿产资源开发利用企业作为政府的附属物，无条件地承担政府所指派或摊派的一切社会责任，"矿产资源开发利用企业形成社区（村镇）小社会"是一个相当普遍的社会现象。与之相对应，也不可能存在具有市场经济条件意义的矿产资源开发利用企业与社区（村镇）间的利益博弈关系，二者间的利益关系管理处在一个原始的阶段。

（2）中国社会现阶段的社会矛盾对矿产资源开发利用企业与社区（村镇）的关系管理构成现实压力。国际上的普遍经验表明，人均 GDP 1000—3000 美元是社会"矛盾凸显期"[①]，中国 2005 年人均 GDP 已超过 1700 美元[②]。因此，伴随着中国经济结构的重大变化，社会结构也出现重大调整，社会深层次矛盾日益凸显，不仅导致一大批矿产资源开发利用企业由"单位人"变为社区（村镇）"社会人"；同时，社区（村镇）居民的物质文化生活需求呈现多样化趋势；矿产资源开发利用企业与社区（村镇）间利益博弈突出。在矿产资源开发利用中，同样面临着"拉美模式"或"欧美模式"的抉择，如果处理得好，就会进入"黄金发展期"；如果处理不好，就会加剧"矛盾凸显期"，从而对社区（村镇）社会稳定造成巨大压力，对矿产资源开发利用企业的生存发展造成严重影响。由此，矿产资源开发利用企业与社区（村镇）间的利益互动关系管理、社区（村镇）建设在某种程度上已被摆到矿产资源开发利用的战略地位。在此背景下，休戚相关的矿产资源开发利用企业与社区（村镇）间

---

① 冯文全、李勇：《"思想自由，兼容并包"与构建和谐社会》，《怀化学院学报》2007 年第 8 期。

② 《按 2005 年平均汇率计算中国人均 GDP 为 1700 美元》，中国新闻网，http：//finance. sina. com. cn/g/ 20060125/ 12072305960. shtml。

的利益博弈已发展到新的阶段，如何调整二者的发展战略、协调好二者间的利益关系、整合并有效利用资源，达到矿产资源开发利用企业发展、社区（村镇）稳定的和谐局面，是当前必须深入探讨的课题。

第二节 矿产资源开发利用中政府与社区（村镇）间利益博弈的特征

一 矿产资源开发利用中政府与社区（村镇）间的利益互动关系

（一）矿产资源开发利用中政府与社区（村镇）间利益互动的基本类型

作为矿产资源开发利用的基础平台，社区（村镇）不仅具有自治功能，而且是政府提供公共服务功能①的依托。因而，社区（村镇）功能的发挥既可以依靠社区（村镇）及其居民的力量，又可以依靠政府的力量推动。所以，政府与社区（村镇）间的利益互动模式可以概括为三种主要类型。

（1）政府主导社区（村镇）型。其特点是政府涉入社区（村镇）社会生活的方方面面，通过具体和微观的管理和干预，形成"大政府、小社会"。社区（村镇）成员的就业、住房、福利、教育等职能都由成员所在单位来解决承担，社区（村镇）只不过是居民所属单位以外的辅助性组织；自治组织功能不发达的居民区（或村落），虽具有"群众性自治组织"的法律地位，但更多扮演的是政府功能的角色，独立性和自治性都受到很大限制，政府事务和自治事务没有区分开。该种利益互动模式出现于新中国成立后至经济体

---

① 王攀：《社区建设，政府当好"协助员"即可》，http：//opinion. southcn. com/southcn/content/2007 - 10/12/content_ 4257587. htm。

制改革前。

（2）政府与社区（村镇）合作型。随着劳动、住房、医疗、养老、福利等一系列制度的市场化改革，社会逐渐由"单位制"向"非单位制"过渡，单位承担的社会职能向社会化转移，社区（村镇）合作型治理相伴而生。这种政府推动与社区（村镇）自治相结合的利益互动模式特征在于：治理主体由政府扩大到社区（村镇）内的自治组织和民间组织。政府通过授权将原来由自己承担的社会职能交由社区（村镇）；同时，社区（村镇）的职能也逐渐加强，其自治能力在社区（村镇）发展中得到提高；社区（村镇）发展投入以政府投入为主，社会组织投入为辅，并且投入渠道逐步增多；社区（村镇）居民参与社区（村镇）公共事务决策的热情普遍提高，参与范围更加广泛。因此，政府与社区（村镇）间的利益关系发生重大变化，由过去的领导与控制向指导、协调与合作的方向发展。该种利益互动模式出现于经济体制改革后。

（3）社区（村镇）居民自治型。该种利益互动模式以社会为导向，主要以社区（村镇）居民为核心，社区（村镇）内各种组织、机构共同参与社区（村镇）事务的管理，实行"纯粹"的民主自治管理，因而能够更大地调动社区（村镇）内居民广泛参与公共事务的积极性，促进居民对社区（村镇）的认同感、归属感，使居民真正成为社区（村镇）的主人；有利于促进基层民主建设，提高居民的政治参与，是一种理想的治理模式。①

（二）矿产资源开发利用中政府对社区（村镇）的作用

在矿产资源开发利用过程中，作为"守夜人"的政府，在社区（村镇）的管理发展中起着主导作用。

（1）政府对社区（村镇）发展的作用。政府在社区（村镇）发展中发挥主导作用。这是由于各级政府是社会管理中最具控制力

---

① 王静、张蓉、庄龙玉：《民间组织在城市社区治理中的作用——政府与民间组织互动关系分析》，《中国农业大学学报》（社会科学版）2006 年第 1 期。

的政权组织①，能有效地运用行政、经济和法律手段，准确而有效地引导社区（村镇）发展的方向，合理运用场地、设备和资源，限制任何偏离社区（村镇）发展总目标的组织和个人行为，保障社区（村镇）的健康发展。其具体表现在：一是通过制定规划和政策，对社区（村镇）发展提供管理、组织协调；二是发起和组织基础设施建设，对社区（村镇）发展进行建设引导、行为规范；三是对社区（村镇）发展投入人力、物力、财力。

（2）政府对社区（村镇）自治组织的作用。政府促进社区（村镇）自治组织功能的提升。社区（村镇）自治组织是其发展的重要基础，是居民参与公共事务和公共管理的平台场所。政府对社区（村镇）自治组织的作用表现在：一是构建社区（村镇）的网络结构。通过保证成员组成的广泛代表性，使其能够成为社区（村镇）发展的主体组织，发挥规划、协调和监督等职能。二是培养专业性社区（村镇）工作者。通过推进专业教育与实务发展，培育大批政治素质好、热心为社区（村镇）群众服务的工作者，协调社会关系，促进社会稳定和社会进步。三是作为社区（村镇）利益的协调者和控制者。逐渐由过去的直接管理，向总体规划协调的间接调控方式过渡，引导和监管社区（村镇）的发展方向和目标。

（3）政府在社区（村镇）发展中的角色综合。鉴于中国转型期的社区（村镇）发展属于典型的政府主导模式，必须强调和坚持政府的主导作用，准确定位政府行为与社区（村镇）行为的互动关系，避免社区（村镇）发展中的"政府失灵"现象，明确政府的角色定位。使政府作为社区（村镇）发展的宣传员和倡导者、指导员和规划者、协调者、秩序的控制者。

（三）矿产资源开发利用中社区（村镇）对政府的平台作用

矿产资源开发中的社区（村镇）是指聚居在一定地域范围内的

---

① 王莹、沈晓峰：《论我国城市社区管理中政府的功能定位》，《北京农业职业学院学报》2007 年第 6 期。

涉及矿产资源开发利用的利益共同体。社区（村镇）管理意味着在党和政府的主导下，依靠自身力量，利用社区（村镇）资源，强化社区（村镇）功能，解决社区（村镇）问题，促进社区（村镇）健康发展。因此，矿产资源开发中的社区（村镇）对政府的平台作用表现在以下几方面：

（1）社区（村镇）是政府实现矿产资源开发管理服务的社会基层平台。作为在矿产资源开发利用中满足居民生活需求，加强社会管理，维护社会稳定，发展基层民主，促进社会进步等方面都发挥积极作用的社区（村镇），是政府管理基层的平台、服务社区（村镇）社会的平台。通过在社区（村镇）宣传党和政府的方针、政策和法规，反映居民的意见和要求，维护居民合法权益、教育居民履行依法应尽的义务，保护矿产资源开发利用的健康进行。

（2）社区（村镇）是承接矿产资源开发公共事务管理的需要。伴随着向市场经济体制的转轨，改革的结构性调整，"单位人"向"社会人"转变，更多的职能将由社区（村镇）来承担，导致更多的矿产资源开发事务公共职能将由社区（村镇）作为承担平台。

（3）社区（村镇）是培养公民意识的最佳途径，促进政府矿产资源开发管理转型的重要平台。伴随着向市场经济转型，由单位人到社会人的身份转变后，亟须促进公民意识发展，促进新型社会管理体系的逐步构建。因而，积极推进社区（村镇）居民自治组织建设，完善居民自治制度；充分利用社区（村镇）居民的自治组织实现自我管理，便成为促进政府矿产资源开发管理转型的重要平台。

（四）矿产资源开发利用中政府与社区（村镇）间利益博弈的主要目标对象

鉴于社区（村镇）是矿产资源开发利用的地理空间基础，属于社会建设与管理的重心[①]；因而，构建和谐社区（村镇）是政府责

---

① 《创新社区党建 构建和谐社区（探索与思考）》，搜狐新闻，http：//news. so-hu. com/20080514/n256835288. shtml。

任的一个重要基础组成部分。政府必须保护社区（村镇）的公共利益，为构建矿产资源开发利益和谐发展奠定坚实的基础。因此，政府与社区（村镇）间的矿产资源开发利益博弈主要围绕的对象有以下几点：

（1）逐步形成社区（村镇）自治或基层社会群众的自我管理。鉴于自我管理的本质在于群众对社会公共事务的参与，因而参与可分为社区（村镇）内自治服务的参与，即居民以民主选举、决策、管理、监督为基础的自我服务、自我管理和自我教育。同时，以社区（村镇）内的自治组织作为基层政治与国家政治的连接点，使社区（村镇）居民能在矿产资源开发利用中根据法律权利对政府提出意见和建议，通过各种途径对政府矿产资源开发管理决策进行参与、监督和制约。最终，构建以居民为主体，依法实行自我教育、自我服务、自我管理的具有自主性和能动性的新型社区（村镇）。

（2）通过社区（村镇）发展形成政府管理矿产资源开发利用的新方式。鉴于基层是产生公共问题，需要政府公共职能的最基本领域之一，社区（村镇）的发展实际上是政府推动矿产资源开发，以自身职能的重新定位和职能输出方式改革为目标而进行的社会管理改革；是政府发动的以自己为改革对象、以形成新型社区（村镇）为改革保障的改革。① 所以，政府与社区（村镇）间的矿产资源开发利益博弈，既是社区（村镇）自我管理、自我教育和自我服务目标实现，同时，也是政府新型社会管理方式的表达，新型社区（村镇）的形成。因此，政府在社区（村镇）发展中所应做的是：作为社区（村镇）发展的发动者、规划者和推动者，在营造其发展基本条件的同时，又必须直接介入、积极推动和加强基层民主政治建设，促进社区（村镇）参与矿产资源开发目标的实现，逐步调整自己的职能和行政方式，最终逐步形成自治的新的矿产资源开发治理

① 周红云：《社会管理体制改革当秉持何种理念》，http://news.xinhuanet.com/legal/2010-04/01/c_1212478.htm。

模式。通过政府与社区（村镇）间的矿产资源开发利益博弈最终达到一系列目标：民主法制健全、基本社保均衡、公共服务完善、社会安全稳定、生活环境良好、邻里互助友爱。

二　矿产资源开发利用中政府与社区（村镇）间利益博弈的客观性特征

（一）矿产资源开发利用中政府与社区（村镇）间利益博弈的委托—代理特征

（1）政府与社区（村镇）间利益博弈的委托—代理关系形成。在社会分工日益专业化的形势下，委托—代理关系不仅仅限于经济领域，管理领域也同样适用。再加上委托—代理机制本身涉及利益分配、授权、分权以及权力的监督等问题，所以，政府与社区（村镇）间的利益关系同样可以放在委托—代理机制下研究。此外，从理论上讲，政府只有提供满意的公共物品，其合法性才有相应的基础。为满足社区（村镇）不断增长的利益需求以取得管理的合法性认同，政府的矿产资源开发管理存在几乎包揽社区（村镇）事务的偏好；但由于政府财力有限，会偏离社区（村镇）福利最大化目标。如果按照"小政府、大社会"的原则，政府逐渐向有限角色转变，会要求政府将一部分权力下放给社区（村镇），委托社区（村镇）进行治理。这样，政府与社区（村镇）之间就形成了委托—代理关系。借鉴王中昭等的研究①，中国原有的社区（村镇）治理结构属于以垂直分工为特征的组织管理体系。通过对政府及其职能部门权力层次的设计，在政府与社区（村镇）不同角色之间形成一种上下级关系。在政府职能转变的背景下，通过组织分工，社区（村镇）与政府会形成一种新型的委托—代理合作关系：其间不再是以前的命令与控制的关系，而是一种以分工为基础的契约关系，形成一种内部市场关系。

---

① 王中昭、陈喜强、曾宪友：《社区政府与社区组织的委托代理关系模型》，《统计与决策》2006 年 2 月（下）。

（2）政府与社区（村镇）间利益博弈的委托—代理关系特征。在矿产资源开发利用中，政府与具有自我管理、自我教育、自我服务、自我监督特征的社区（村镇）之间的代理合作关系体现在：一是信息不对称性。即社区（村镇）在具体执行政府交办的事务时，拥有更多的隐蔽信息，处于信息优势地位。二是契约关系。即政府期望通过社区（村镇）实现基层社会的有效管理。社区（村镇）则借助于这种安排，获得相应的身份，获得基层社会管理的资源。这种契约规定政府与社区（村镇）间的责、权、利界限。三是结构利益。即作为委托人的政府通过与社区（村镇）交换的方式来实现合作关系，并从工作的过程、结果等方面激励社区（村镇）尽心尽责，努力达到社会效益的最大化；而作为代理人的社区（村镇）据此选择自己的努力行为以求得自身利益最大化。二者间的关系是一种既具有强烈的自我激励愿望，又具有监督机制特征的委托—代理模式。四是组织化依赖与利益自主平衡。鉴于社区（村镇）必须得到政府的认可和必要的支持，事实上形成了政府对社区（村镇）在行政上的身份治理，体现政府的控制和分配，以及社区（村镇）对政府的"组织化依赖"。同时，作为自治组织的社区（村镇）也有其利益和自主性要求，因而又具有契约治理的特征，需要政府给予最大可能的自由空间。导致以分工为基础的契约关系中，政府与社区（村镇）各自角色的确立和身份扮演的平衡。因此，政府与社区（村镇）之间的利益博弈存在委托—代理特征，是以分工为基础的契约关系，共同参与矿产资源开发利益管理。

（二）矿产资源开发利用中政府与社区（村镇）间利益博弈的民间性

鉴于社区（村镇）发展的基本方向和目标是居民自治，使社区（村镇）居民积极行动起来，自己处理社区（村镇）的共同事务，决定自己的利益，共同管理好家园。从某种意义上说，没有社区（村镇）居民的广泛参与，自治就无法正常运转。而社区（村镇）民间组织就是自治的重要组织载体，成为居民参与社区（村镇）发展的"桥梁"，呈现民间性特征。

（1）社区（村镇）民间组织的内涵具有民间性。按照《中共中央办公厅、国务院办公厅关于进一步加强民间组织管理工作的通知》的定义①，社区（村镇）民间组织是由民间力量主办的，为社区（村镇）居民提供服务，不以营利为目的的社会组织。因而，其具有明显的民间性。

（2）社区（村镇）民间组织在政府与社区（村镇）间利益博弈中的作用。社区（村镇）民间组织的作用能够从宏观和微观两个层面得到充分体现。从宏观层面来看，民间组织能够提高社区（村镇）内的组织化程度，形成分工合理的治理体系，提高整个社区（村镇）的运行效能。从微观层面来看，民间组织在保护自然环境、提高居民素质、维护公民权利、完善各种社会制度和规则等方面能够发挥政府组织不可替代的作用。因此，社区（村镇）民间组织在政府与社区（村镇）间的矿产资源开发利益博弈中的作用可归纳为以下几方面：

一是社区（村镇）民间组织作为推进社区（村镇）公益事业发展的主要力量，是政府与社区（村镇）间利益博弈中的主角之一。社区（村镇）公益事业的发展需要有完善的公益设施和丰富多彩的公益活动。政府为公益事业的发展做出规划，为公益事业的发展提供支持。而增强社区（村镇）居民的公益心，具体开展公益活动要靠社区（村镇）民间组织，尤其是社区（村镇）公益性民间组织的公益行为。因此，从这个意义上说，社区（村镇）民间组织成为社区（村镇）公益事业发展的主要力量。

二是社区（村镇）民间组织作为居民参与公共事务的组织形式，是政府与社区（村镇）间利益博弈的有效平台。民间组织顺应社会潮流，可以把松散的居民组织起来，有效地参与社区（村镇）

---

① 中央办公厅、国务院办公厅：《关于进一步加强民间组织管理工作的通知》，http://www.chinalawedu.com/news/1200/22598/22602/22667/2006/3/zh917715332973600213 65 – 0.htm。

发展；同时，培育提高居民的参与意识，参与直选投票、监督、反馈信息和个人意见的提出等；是居民参与社区（村镇）公共事务决策和公共事务处理的有效渠道。

三是社区（村镇）民间组织作为社区（村镇）社会资源整合的有效驱动器，增加了政府与社区（村镇）间利益博弈的力量。社区（村镇）内存在着丰富的社会资源，诸如，离退休人员、剩余劳动力、企事业单位、居民的小额闲置资金等有形资源，还有居民的慈善心、公益心等无形资源。社区（村镇）民间组织作为政府和社区（村镇）居民之间的中介组织，可以合理利用，并整合这些资源，成为社区（村镇）资源整合的有效驱动器。从而促进政府与社区（村镇）间的矿产资源开发利益博弈态势发展。

三　矿产资源开发利用中政府与社区（村镇）间利益博弈的规范性特征

（一）矿产资源开发利用中政府与社区（村镇）间利益博弈的和谐追求

（1）和谐社区（村镇）的新理念。和谐社区（村镇）意味着基于法律框架和道德约束，以人为中心的人、自然与社区（村镇）的协调统一。其精神理念在于互相帮助、互相照顾、奉献爱心，以提升居民的道德意识，增强居民对社区（村镇）的归属感和认同感，化解各种矛盾和冲突。

（2）政府与社区（村镇）间利益博弈的目标一致性和谐。鉴于现代历史背景下的政府与社区（村镇）间的关系是一种服务与合作的信任关系，而不再是传统意义上的命令与服从的对抗关系，因而意味着二者间利益关系的一致性倡导和促进，即强调政府行使矿产资源开发管理职权的目的不再仅仅是为了"管理"，而在于能更有效地为社区（村镇）提供最好的服务；要求公共服务意识的树立，要求把手中的职权看作是为社区（村镇）服务的职责，把社区（村镇）及其居民当作行政的主人或参与者。因此，二者之间是一种和谐的新型关系。

（3）政府与社区（村镇）间利益博弈的均衡机制追求。尽管和谐社区（村镇）追求的是利益关系的一致性，但与政府利益关系的冲突与矛盾在现实中却总是不可避免的。因此，需要法律和制度作用的发挥，以平衡利益冲突的可能，以协调政府利益与社区（村镇）利益之间的均衡发展。

（二）矿产资源开发利用中政府与社区（村镇）间利益博弈的适调性

社区（村镇）发展中的政府行为或者说"社区（村镇）行政管理"是客观存在的，在市场机制还不完备，社区（村镇）自我组织、自我管理能力还很薄弱的条件下，政府更是起着管理主导作用。但政府角色发挥不当易导致政府行为"失灵"，不利于社区（村镇）的发展。只有通过重新调适，才能相互协调、相互促进、共同发展。因此，政府行为与社区（村镇）行为之间存在着适调性问题。

（1）政府与社区（村镇）间的发展适调关系。政府在管理社区（村镇）的稳定社会、联系居民中起着极其重要的作用；社区（村镇）发展无疑是政府行为的基础，是贯彻政府工作指导思想，实现政府职能的有力手段和有效途径。因此，二者间存在类似亲情的适调关系。一是社区（村镇）发展以加强政府基层政权建设的需要为前提进行适调。社区（村镇）发展实质上是按照基层政权建设工作的思路，社区（村镇）基层政权中的政府行为，要从政府职能的整体去研究考虑，必须围绕健全、完善、发挥政府职能去进行工作适调。二是社区（村镇）发展以适应"小政府、大社会"的需要去适调。按照建立中国社会主义市场经济体制的客观要求，"小政府、大社会"作为一个发展方向，需要调动基层组织和群众的积极性，走社会化的路子。社区（村镇）为政府转变矿产资源开发职能找到了可行的载体形式，也为推动具有中国特色的社区（村镇）发展找到了一条新路子。因此，社区（村镇）发展与政府行为是一致的，共同形成"你中有我、我中有你"的血肉交融。

（2）政府与社区（村镇）间的功能适调关系。中国各级政府是经济社会发展的重要管理层，社区（村镇）发展直接关系到政府矿产资源开发管理功能的增强。社区（村镇）发展与政府行为在功能上存在着密切的适调关系。一是促进社会发展的功能适调关系。社区（村镇）发展属于"小政府、大社会"的有效载体，承担着政府在矿产资源开发利用中大量的"很多不该管、管不了、管不好"的事，为社区（村镇）居民提供多层次、全方位服务。也即通过依靠社区（村镇）的力量，促进社区（村镇）经济社会的协调发展，进而促进整个社会的和谐发展。二是促进社会稳定的功能适调关系。社区（村镇）发展在促进矿产资源开发利益发展的同时，还具有稳定社会的功能。政府行为的稳定功能主要是着眼于矿产资源开发大局，而社区（村镇）发展的稳定功能则是着眼于微观稳定的落实，通过社区（村镇）居民和相关利益主体的相互作用，协调社区（村镇）内关系，缓解矛盾，解决矿产资源开发问题，维持社会稳定，促进整个社会关系的协调和社会秩序的稳定。很明显，社区（村镇）发展所提供的稳定功能是政府创造良好的社会环境不可缺少的有力手段，也是政府行为的稳定功能在基层社区（村镇）的延伸和补充。

四　矿产资源开发利用中政府与社区（村镇）间利益博弈的现实特征

（一）矿产资源开发利用中政府与社区（村镇）间利益博弈的行政化

政府与社区（村镇）间的矿产资源开发利益博弈关系具有行政化特征。根据朱健刚的研究[1]，政府权威渗入社区（村镇）的合法性路径在于：通过正式的行政权力秩序构建，通过社区（村镇）或其他社会中介组织构成的正式或非正式管理，社区（村镇）的行政化色彩仍然相当浓厚。而且，根据向德平的研究[2]，政府对社区

---

[1] 朱健刚：《城市街区的权力变迁：强国家与强社会模式——对一个街区权力结构的分析》，《战略与管理》1997年第4期。

[2] 向德平：《社区组织行政化：表现、原因及对策分析》，《学海》2006年第3期。

（村镇）管理的组织设置功能、自治章程、工作制度及人事决定、经费收支、运行方式、考核机制等均具有行政化的特征。因此，毫无疑问，政府与社区（村镇）间的矿产资源开发利益博弈表现出典型的行政化特征。

（1）组织设置功能行政化。社区（村镇）的综合治理、计划生育、最低生活保障、民间纠纷调解、宣传教育、迎接考核评比、收款收费、人口普查等主要工作，均由政府各职能部门或派出机构指派管理。

（2）自治章程、工作制度及人事决定行政化。社区（村镇）的自治章程、公约和工作职责等规章制度由上级民政部门制定，分发给各社区（村镇）遵照执行，一般没有经过居民会议或居民代表会议的讨论、通过。

（3）经费收支行政化。尽管社区（村镇）的工作经费来源有三部分：政府财政拨款、社区（村镇）物业收入和社区（村镇）自筹等，但主要来源是政府财政补助。物业收入一般没有或不高，社会捐助收入很少且不稳定，造成"端谁的饭碗归谁管"的行政化。

（4）运行方式、考核机制行政化。社区（村镇）的服务功能不强，与居民之间的沟通和交流渠道不多不畅；居民对社区（村镇）事务的参与程度和支持程度不高；采用行政化的运行方式。

（二）矿产资源开发利用中政府与社区（村镇）间利益博弈的管制性

政府与社区（村镇）间的矿产资源开发利益博弈关系存在着管制特征，不仅存在范围管制，还存在着管制的内在理由。根据康晓光和韩恒的观点①，在国家和社会的关系上，国家不再全面控制经济活动，也不再干预公民的个人和家庭生活，但仍然控制着"政治领域"和"公共领域"。允许享有有限的结社自由，允许某些类型

---

① 康晓光、韩恒：《分类控制：当前中国大陆国家与社会关系研究》，《开放时代》2008 年第 2 期。

的社会组织存在，但不允许完全独立于国家之外，更不允许挑战政府权威。而根据孙春晨和李茹的研究①，公共领域与私人领域不会绝对分割，国家在控制公共领域时会不可避免地影响公民私人领域中的权利，甚至可能产生以维护公共领域的名义控制公民的私人领域。因此，地方政府与社区（村镇）间的矿产资源开发利益博弈存在管制性。

（1）公职人员、党员参与社区（村镇）的生态环境等利益维权受限。革除公职的危险虽然不一定立即或者必然能够实施，但仅仅采用威胁的手段，就可以约束公职人员的行为，也无须验证该约束的合法性。

（2）普通社区（村镇）居民维权可能"坐牢"。如果社区（村镇）居民出现激进行为，即使是出于维护社区（村镇）正当权利和利益的需要，由于利益诉求机制和保护机制的不完善、对公权力运用的监督约束机制不完善，相关政府机构就会以该行为激进为理由直接制裁。因而，即使仅仅带有威胁性质，也足以产生约束管制效果。

（3）社区（村镇）居民表达自由受约束。部分地方政府的权力利用存在行为异化，在其权限能力范围之内，通过封锁消息、禁止采访、没收资料、警告被采访人，以及对网络信息的屏蔽等手段，对胡乱表达的行为进行管制或威胁。

五 矿产资源开发利用中政府与社区（村镇）间利益博弈的阶段性特征

（一）矿产资源开发利用中政府与社区（村镇）间利益博弈的初始阶段

在社区（村镇）发展的起步阶段，鉴于政府主要是社区（村镇）发展的政策制定者、规划者，也是启动者和倡导者，因而，该阶段的特征在于：

---

① 孙春晨、李茹：《公共领域与媒体伦理》，http：//theory. people. com. cn/ GB/ 40764/127623/141212/141213/8542865. html。

（1）开发政策资源的博弈。鉴于社区（村镇）发展离不开政府的政策支持，尤其在起步阶段，更需要政府通过制定一系列政策法规提供健康的环境。① 因此，政府与社区（村镇）间的政策资源利益博弈特点表现在：一是政府可通过立法确立社区（村镇）的法律地位，促进其健康发展。二是政府为加速社区（村镇）发展，为失业和下岗职工创造再就业机会，提供诸如减免税收、优先办理营业执照、贷款倾斜等优惠政策，满足社区（村镇）处理特殊问题上的需求。可见，政府政策在初始阶段具有举足轻重的地位，直接关系到社区（村镇）事业的发展。

（2）规划资源的博弈。政府掌握着财政，有能力组织人力及物力开展社区（村镇）发展的调查研究以及信息收集工作，针对存在的问题，政府可以科学规划调整和优化。但鉴于政府一般立足于城市或地区的总体、全面发展，立足点高于社区（村镇）会导致与其间的利益冲突博弈。通过结合社区（村镇）特点，政府制定出基于全局的发展规划和实施方案，有利于社区（村镇）发展方向、发展思路与地区总体的定位、文化相一致；但也会导致社区（村镇）发展规划"被迫"服从经济社会总体发展规划。

（3）意识资源的博弈。基于社区（村镇）具有纯官方性质的历史惯性，社区（村镇）居民参与的主动性较差，随着政府职能的变迁，居民参与治理的热情和能力普遍提高；因此，政府与社区（村镇）存在着意识资源的博弈。政府作为社区（村镇）发展的启动者、倡导者，通过增加社区（村镇）居民参政议政的渠道，促进责任意识和参与意识。

（4）权力资源的博弈。根据民政部的《全国社区（村镇）发展实验区工作实施方案》，明确提出社区（村镇）的主体结构及其职能划分：社区（村镇）党组织作为领导者、社区（村镇）居民代表

---

① 丁传宗：《政府主导下的新加坡社区建设：经验与借鉴》，《中共福建省委党校学报》2008 年第 9 期。

大会和议事会作为决策者、社区（村镇）行政组织作为执行者、社区（村镇）非营利组织作为服务者、社区（村镇）内企事业单位作为支持者，共同构成社区（村镇）权力资源博弈的利益主体，可与政府展开多元化的矿产资源开发利益博弈。

（5）组织资源的博弈。组织结构设计、组织能力培养、组织制度完善可以提高社区（村镇）的自治能力[1]，因此，政府与社区（村镇）间的组织资源博弈表现在：一是在民主建设上，选举制度的合理制定。鉴于目前社区（村镇）行政成员的选举在很大程度上流于形式，很多地方普遍实行推荐选举，甚至实行等额选举[2]；因此，政府与社区（村镇）会在宪法和相关法律的框架下，结合社区（村镇）的实际情况，对科学合理的选举制度建立展开博弈。二是在组织能力培养上，社区（村镇）工作者队伍的合理建设。政府与社区（村镇）会在社区（村镇）队伍年轻化、知识化、专业化建设上展开博弈。三是在制度完善上，政府与社区（村镇）会在社区（村镇）财务制度符合法律的要求上展开博弈。

（二）矿产资源开发利用中政府与社区（村镇）间利益博弈的中期阶段

在社区（村镇）发展的中期阶段，鉴于政府主要是社区（村镇）发展的整合者和推动提升者，因而，该阶段的特征在于：

（1）具体问题的协助博弈。社区（村镇）的人力、物力、财力有限，政府可协助社区（村镇）解决发展难题，特别是就业问题。

（2）多维组织系统的合作博弈。鉴于社区（村镇）内利益主体多元化的存在，为将社区（村镇）内党政组织、企事业单位组织、社会团体三类组织主体的行为选择统一调动起来，为整个社区（村镇）的利益和目标共同努力，政府担当起协调者的角色，理顺社区（村镇）中的各利益关系。

---

① 谈志林、张黎黎：《我国台湾地区社改运动与内地社区再造的制度分析》，《浙江大学学报》（人文社会科学版）2007 年第 2 期。

② 李凡：《关于中国选举制度的改革》，上海交通大学出版社 2005 年版。

（三）矿产资源开发利用中政府与社区（村镇）间利益博弈的成熟阶段

在社区（村镇）发展的成熟阶段，鉴于政府主要是社区（村镇）发展的财力支撑者和监督者，因而，该阶段的特征在于：

（1）财力资源的博弈。鉴于社区（村镇）顺利地开展办公场所和硬件设施建设，需要政府最初的启动资金投入；需要政府多方筹措人力、物力、财力等资源，为社区（村镇）提供力所能及的帮助，促进社区（村镇）的健康发展。因此，政府与社区（村镇）间存在财力资源的博弈。

（2）监督博弈。鉴于在社区（村镇）发展成熟阶段，许多重要环节都需要政府监督，此时政府的监督者角色显得尤为重要。因而，政府与社区（村镇）间的矿产资源开发利益博弈表现在：一是社区（村镇）选举程序的合法性监督。合法的选举制度不仅能增强社区（村镇）的合法性，还能增强社区（村镇）居民参与的积极性和社区（村镇）的凝聚力。二是社区（村镇）代表大会、理事会等决策层的局部决策与区域整体决策的协调发展监督，社会整体利益的维护。尽管高度自治可以使公共事务民主、透明、高效，但同时也会导致各种意见相互妥协的局限性，以及更大范围内的整体公共事务不协调。因此，政府会站在更高、更远的角度上维持社区（村镇）公共事务的整体健康发展，从而与社区（村镇）的局部发展存在监督博弈。三是监督维护社区（村镇）居民利益。鉴于政策的有效执行需要社区（村镇）行政组织及各相关主体的密切配合，因此，要求政府进行合法、合理的监督，保证居民权益。

第三章 矿产资源开发中的社区（村镇）行为博弈失衡

引言与摘要

本章系统分析了矿产资源开发利用中的社区（村镇）与相关利益主体之间的利益博弈失衡特征。首先，分析了矿产资源开发利用企业与社区（村镇）间利益博弈的失衡，包括矿产资源开发利用企业与社区（村镇）间利益博弈失衡表现的主体差异性；矿产资源开发利用企业与社区（村镇）间的利益博弈失衡特征。其次，分析了政府与社区（村镇）间利益博弈的失衡，包括政府与社区（村镇）间利益博弈中的角色行为失衡，政府与社区（村镇）间利益博弈的互动关系失衡。

第一节 矿产资源开发利用企业与社区（村镇）间利益博弈的失衡

在矿产资源开发利用中，仍存在着不少矿产资源开发利用企业与社区（村镇）间关系处理不当的问题，二者间存在利益博弈的失衡现象。

一　矿产资源开发利用企业与社区（村镇）间利益博弈失衡表现的主体差异性

（一）矿产资源开发利用利益博弈失衡的社区（村镇）表现

（1）社区（村镇）自身定位不准确，对矿产资源开发利用企业要求过高。社区（村镇）常常认为矿产资源开发利用企业落在自己的地域范围内，占了社区（村镇）土地，获得了社区（村镇）范围内的资源；又是营利性经济组织，所以，矿产资源开发利用企业就应该承担社区（村镇）的所有利益负担，导致许多矿产资源开发利用企业在不知不觉中被社会"义务"所拖垮，甚至倒闭。社区（村镇）应该知道矿产资源开发利用企业只是社区（村镇）多元利益主体中的一分子，而且要生存、盈利，不可能包办社区（村镇）里的所有负担。社区（村镇）与矿产资源开发利用企业在同一地位上，相互依存、相互促进，而不是严重不平等的依赖关系。

（2）社区（村镇）某些成员素质低下，破坏矿产资源开发利用企业生产经营活动。社区（村镇）有的居民盗窃矿产资源开发利用企业生产资料、敲诈勒索矿产资源开发利用企业。正所谓家贼难防，这些在家门口的"隐形杀手"恶意地破坏了矿产资源开发利用企业的正常生产经营；严重破坏了矿产资源开发利用企业与社区（村镇）间的利益关系平衡。

（3）社区（村镇）自我封闭，把矿产资源开发利用企业当作"替罪羊"。社区（村镇）自我封闭，抵制矿产资源开发利用企业的进驻。一是一些涉及矿产资源开发利用企业切身利益的事情，反而把矿产资源开发利用企业排斥在外。二是社区（村镇）成员与矿产资源开发利用企业之间存在一定距离，总是认为外来矿产资源开发利用企业进驻之前，生态环境等一切都是最好的，矿产资源开发利用企业带来了种种的社会经济问题，没有一分为二看待矿产资源开发利用企业与社区（村镇）间的利益关系问题。

（4）社区（村镇）里存在急功近利的思想，对矿产资源开发利用企业揠苗助长。社区（村镇）一开始可能知道矿产资源开发利用企业的进驻能够带来很多好处，因而不切实际地希望矿产资源开发利用企业会带来翻天覆地的变化。如果矿产资源开发利用企业没有做到，就会埋怨矿产资源开发利用企业，甚至会报复矿产资源开发利用企业。事实上，矿产资源开发利用企业的生存、发展是需要过程的，而且给社区（村镇）带来的利益是长期的；应该给矿产资源开发利用企业一个发展的时间、发展的空间，不能指望矿产资源开发利用企业给社区（村镇）的发展起到立竿见影的效果。因此，社区（村镇）应注意避免急躁，二者间的利益关系是双向的。

（二）矿产资源开发利用利益博弈失衡的矿产资源开发利用企业表现

矿产资源开发利用企业漠视社区（村镇）的地位作用，破坏与社区（村镇）间的互动关系。一些矿产资源开发利用企业只抓生产，没有注意与社区（村镇）搞好关系，有些甚至破坏社区（村镇）关系，认为我矿产资源开发利用企业与你社区（村镇）没有什么直接利益关系，我做什么是自己的事，导致矿产资源开发利用企业与社区（村镇）间利益博弈的失衡。在矿产资源开发利用企业角度主要表现在：

（1）矿产资源开发利用企业只顾经济效益，不注重生态环境效益和社会效益。很多矿产资源开发利用企业为了矿产资源开发利用的收入和利润而不顾社会效益和环境效益，在社区（村镇）乱排废水、废气、废渣，造成环境污染。这样的事件屡禁不仅只能招致社区（村镇）的反对，还有可能对簿公堂，其生产经营自然难以顺利。

（2）矿产资源开发利用企业不能充当和谐社区（村镇）建设中的物质提供载体。构建和谐社区（村镇）不仅仅需要社会稳定，更要有生产力的发展和丰富的物质财富。社区（村镇）只有最大限度地减少贫困数量、减轻贫困程度，才能有效地医治社会疾病和消除社会裂痕。矿产资源开发利用企业作为社区（村镇）的基本利益单位和市场经营主体，需要成为促进社区（村镇）生产力协调发展和创造社会财富的物质载体，积极参与和推进和谐社区（村镇）建设，发挥和谐社会建设的生力军作用，在矿产资源开发利用中，要不断进行制度、体制创新，增强盈利能力和"造血"能力，逐步积累物质财富，促进收入再分配和再调节，努力创造更多的社会财富，为构建安居乐业、生活富裕、安定有序的和谐社区（村镇）提供经济和物质支撑。

（3）矿产资源开发利用企业不能充当和谐社区（村镇）建设中的就业提供载体。矿产资源开发利用企业是解决下岗、失业人员就业和转移农村富余劳动力、维护社会稳定的重要就业载体。构建和谐社会的基本要求是社会稳定，而稳定的关键是解决民生就业问题，社区（村镇）的无业人员多了，整天无所事事，又没有经济来源，为了生存只能铤而走险，民事、刑事案件也相应增加，因此，要尽可能实现就业、最大限度地降低失业率，使具备劳动能力的人找到工作，有收入保障，这是建设和谐社区（村镇）的重要环节。而矿产资源开发利用企业就业门槛相对较低，在矿产资源开发利用中，容易形成巨大的劳动力需求，可为缓解社会就业压力，改善就业结构提供巨大空间，是社区（村镇）就业的"蓄水池"。从而实现矿产资源开发利用企业和社区（村镇）发展的良性互动。

（4）矿产资源开发利用企业不能充当和谐社区（村镇）建设中的社会生活载体。矿产资源开发利用企业作为构建和谐社区（村镇）的重要组成部分，是社区（村镇）赖以生存的重要生活载体。一是矿产资源开发利用企业的生存发展状况和盈利能力决定了其来自社区（村镇）员工的生活水平和生活质量；二是大部分矿产资源开发利用企业员工的生活时间是在矿产资源开发利用企业中度过，矿产资源开发利用企业又是人们交往和工作的主要活动空间；因而，矿产资源开发利用企业的工作环境、生活环境和文化氛围影响着员工的身心健康，从而充当和谐社区（村镇）建设中的社会生活载体。所以，营造良好的矿产资源开发利用企业文化氛围，建设融洽的人际关系，充满友爱、精诚团结、蓬勃向上的和谐群体，也是建设和谐社区（村镇）的重要环节。有利于促进人与人和谐相处、人与矿产资源开发利用企业和谐提高、矿产资源开发利用企业和社区（村镇）的协调发展。同时，社区（村镇）文化不是一朝一夕就形成的，需要时间与空间的不断融合。矿产资源开发利用企业只是其中的一分子，只有注意自己的行为不破坏原有的平衡，尊重原有的社区（村镇）文化，积极地参与其中，才有可能融入社区（村镇），达到矿产资源开发利用企业与社区（村镇）间的"双赢"。

（5）矿产资源开发利用企业不能担当和谐社区（村镇）建设中的生产转型载体。矿产资源开发利用企业作为体制、机制和管理、科技创新的主体，只有把注重经济效益与提高社会生态环保效益有机结合起来，转变传统的"高投入、高消耗、低产出"的粗放型开发资源的行为方式，积极创建节约型矿产资源开发利用企业，才能逐步成为保护环境、促进矿产资源开发利用企业与社区（村镇）和谐发展的重要生产载体，为彻底扭转二者间的利益博弈失衡奠定基础。

二 矿产资源开发利用企业与社区（村镇）间的利益博弈失衡特征

（一）矿产资源开发利用企业与社区（村镇）间的利益分割失衡特征

（1）矿产资源开发利用企业与社区（村镇）间的利益均衡管理难。矿产资源开发利益关系调整可提供的法律依据不足，影响了资源利益均衡的管理。在中国，土地分国家所有和集体所有，资源不分地域和矿种一律为国家所有。中华人民共和国《资源法》第 3 条规定①，"资源属于国家所有，由国务院行使国家对资源的所有权。地表或者地下的资源的国家所有权，不因其所依附的土地的所有权或者使用权的不同而改变"。但由于资源和土地资源是自然地理体

---

① 国务院：《中华人民共和国资源法实施细则》，http://www.dayi888.com/show.asp? id=210。

中紧密联系的两种资源，所以，为开发利用这两种资源而设置于其上的矿业权和土地权利不可避免地存在着冲突。矿业权出让中政府与社区（村镇）村（居）民集体之间不仅存在着矿业权与相关土地权利利益的调整，也存在着资源所有权与使用权之间的关系调整。由于在法律上协调这两种权利冲突方的规范严重不足，普遍采用利益调整来调节这类冲突，但其中作为经济关系反映的产权问题在法律上还无法解决，产生了矿产资源开发利用企业与社区（村镇）间的利益均衡管理难等诸多的矛盾。因此，对于矿业权与这些矿业用土地权利及其相邻土地权利的效力冲突如何协调，应尽快从法律上予以明确，只有这样才能真正实现国土资源整体利益的合理分配和综合管理。

（2）矿产资源开发利用企业与社区（村镇）间的利益分配结构模糊，社区（村镇）利益充分实现难。一是中国资源税费中，资源类税收是大头，名为中央、地方共享税，但全部为地方所有，导致地方积极性过高；而一些地方由于征收成本高而放弃征收。二是对于各级地方政府如何利用资源收益，进一步的利益分配没有明确规定。特别是在与社区（村镇）村（居）民土地关系密切的矿权出让收益方面，不仅对社区（村镇）利益照顾少，而且还要社区（村镇）村（居）民承担矿产资源开发后造成的土地生态环境破坏后果。三是目前国家的资源利益主要是资源补偿费的部分，但根据局部性的资源补偿费专项研究①，发现征收管理存在矿补费截留；地方财政部门参与截留；截留矿补费乱支滥用；矿补费收入混乱及串户等不规范问题，间接影响社区（村镇）利益的充分实现。

（3）矿产资源开发利用企业的税费名目混乱，社区（村镇）利益保证难。在法律不健全和利益分配不合理的情况下，目前的矿产

---

① 《屡查屡犯的背后看资源补偿费征收管理》，中华人民共和国财政部，http：//ha. mof. gov. cn/ lanmudaohang/jianguanshixiang/200907/t20090716_ 182729. html。

资源开发利益分割的种类和名称比较混乱而不能体现税费的社区
（村镇）利益指向。如"资源补偿费"、"探矿权和采矿权使用费"
是国家凭借资源本身所有权而向开发和使用资源的单位和个人取得
的一部分收入，应属于"租"范畴，却是以费的形式出现。"资源
税"在现行的法规规定中实际上是因矿产资源开发条件差异而征收
的一种调节性级差收入，属于"租"的范畴，却定义为具有无偿
性、固定性和强制性特点的税。

（4）矿产资源开发利用企业与社区（村镇）间的收支覆盖面模
糊，社区（村镇）生态良性循环难。矿产资源开发存在许多外部性
问题，但矿产资源开发利益常常并没有把涉及社区（村镇）切身利
益的资源环境补偿价值完全考虑在内，导致矿产资源开发利用企业
与社区（村镇）间的利益分割模糊。没有逐步把矿山治理与复垦等
责任部分全部转嫁给采矿权中的投资性价值补偿，严重损害了社区
（村镇）的利益，使矿产资源开发利益不能在分割管理方面形成良
好循环。应逐步从利润回报较高的矿产资源开发利用企业收取的税
收中拿一部分来进行社区（村镇）生态保护环境治理。另外，对于
资源补偿费的收益，除用于地质勘查项目外，应建立起"收之于矿
山，用之于矿"的良性循环。

（5）矿产资源开发利用企业与地方政府间的利益模糊，导致社
区（村镇）的合理利益得到难。在矿产资源开发利用企业与地方政
府的利益共同体驱动下，社区（村镇）的合理利益实现严重受阻。
由于地方政府缺乏财政税收的来源，常常把手伸向在经济发展过程
中最值钱和最值得培育的资源禀赋，于是和相关矿产资源开发利用
企业联合起来，对当地的资源进行开发。矿产资源开发利用企业进
入社区（村镇），忽视社区（村镇）利益，不与当地社区（村镇）
居民进行直接接触，而通过社区（村镇）行政组织，村支部和村委
会进行私下交易。同时，由于社区（村镇）居民的农民特性约束，
社区（村镇）的话语权无法得到有力保障，在利益分配时甚至根本
不把当地居民考虑在内。

（二）矿产资源开发利用企业与社区（村镇）间利益博弈失衡的地位非平等性

（1）矿产资源开发利用企业与社区（村镇）间利益博弈主体地位的不对等。矿产资源开发利用企业与社区（村镇）间利益博弈的主体之间不是一种平等的利益关系，导致处于弱势地位的社区（村镇）利益受损。

一是由于历史、制度的原因，作为一个整体，社区（村镇）是明显的弱势主体，矿产资源开发收益微薄，政治表达路径和能力有限，常常只有利益受损，几乎没有任何受益，是矿产资源开发利用企业与社区（村镇）间利益博弈矛盾显性化的"引擎者"，或称为"无奈的抗争者"。矿产资源开发利用企业是明显的强势主体，拥有强大的财富创造资源，收益高，是与社区（村镇）矛盾的"直接制造者"和社区（村镇）居民的"直接对立面"，或称为矿产资源开发利益的"最大受益者"。

二是社区（村镇）组织承载着尤为繁重的与矿产资源开发利用企业利益互动矛盾的协调化解压力。社区（村镇）组织承载着包括社区（村镇）居民的利益诉求压力、社区（村镇）的生态环境整治压力、社区（村镇）的社会负重发展压力等重担，甚至成为社区（村镇）居民不满情绪的"直接宣泄对象"和上级政府政策制定过错的"实际代过者"，是矿产资源开发利用企业与社区（村镇）间利益博弈矛盾的"实际协调者、化解者"。很明显，在矿产资源开发利用企业与社区（村镇）间的利益博弈中，社区（村镇）居民所得到的利益无疑与其所承受的损失是不对称的，在与矿产资源开发利用企业的博弈中，社区（村镇）居民的力量是明显单薄的，其话语权也得不到法律上的有力保障。

（2）矿产资源开发利用企业与社区（村镇）间利益博弈主体信息获得拥有的不对称。矿产资源开发利用企业在信息方面具有优势。不仅表现在矿产资源开发生产工艺信息的拥有上、生态环境污染处理技术的信息拥有上，更表现在矿产资源开发导致的生态环境污染的处理效果信息上。而社区（村镇）对矿产资源开发导致的生态环境污染信息的拥有相对较少，但对矿产资源开发利用的生态环境信息感受最为直接、最为真实、感官性最强。其中，社区（村镇）行政组织处在矿产资源开发利用企业与社区（村镇）间利益博弈矛盾的中心，所得到的生态环境资源信息最多、最全面。因此，矿产资源开发利用企业与社区（村镇）间的利益博弈是在严重的信息不对称下进行的。

（3）政府和矿产资源开发利用企业合作的显示性偏好效应损害社区（村镇）利益。矿产资源开发利用中存在政府和矿产资源开发利用企业间的合作偏好。由于目前中国的政治管理体制还存在一些弊端，使地方政府很难做到中立，并且易与矿产资源开发利用企业产生合作，并成为利益共同体。[①] 同时，社区（村镇）基层民主建设的不完善，常常会导致社区（村镇）行政组织利用其信息不对称的优势地位与矿产资源开发利用企业合谋，导致其利益地位左右摇摆，损害社区（村镇）居民的切身利益。所以，强大的地方政府和具有信息不对称的优势地位的社区（村镇）行政组织与矿产资源开发利用企业的合作偏好，使社区（村镇）居民很可能无法进入矿产资源开发利益博弈局势而被排除在外，导致矿产资源开发利用企业与社区（村镇）间的利益博弈地位的严重失衡，社区（村镇）的切身利益严重受损。

所以，在矿产资源开发利用中，矿产资源开发利用企业与社区（村镇）之间的博弈是最多的，也是矿产资源开发利用中矛盾最多的，只有理顺其间的利益关系，构建合理的利益分配均衡，才能从根本上解决矿产资源开发利用企业与社区（村镇）间的利益和谐发展问题。

---

① 周纪昌：《中国农村环境关系失衡的博弈分析》，《重庆工商大学学报》（西部论坛）2007 年第 6 期。

第二节 矿产资源开发利用中政府与社区 （村镇） 间利益博弈的失衡

一 矿产资源开发利用中政府与社区（村镇）间利益博弈中的角色行为失衡

（一）矿产资源开发利用中政府与社区（村镇）间利益博弈中的政府"越位"

与社区（村镇）间利益博弈中的政府角色和行为关系"越位"，意味着政府在矿产资源开发利用中的行政过程超越了其本来的职能与权限，属于超职责、超权限的行政过程。主要表现在：行政因素向社区（村镇）弥漫式渗透，使自组织力量和机制难以发挥作用；政府包揽社区（村镇）事务及其导致的所有成本；社区（村镇）运行行政化，政府成为其唯一资源来源；社区（村镇）居民没有形成自组织的认同感和责任感；政府的无限责任诱发社区（村镇）的道德风险，阻碍了社区（村镇）自组织的培育，以及内资源的聚集。

（1）行政依附。政府习惯于计划经济时代的传统做法，自觉或不自觉地将社区（村镇）作为附属单位或下属单位，直接干预其自主权力。将政府职能部门与社区（村镇）间的指导与协助、服务与监督关系，变成领导与被领导、命令与服从的行政隶属关系。

（2）职能包揽。政府包揽过多应由社区（村镇）所承担的职能。在社区（村镇）发展中，政府对社会事务的管理和推动具有义不容辞的责任，但并不等于说要由政府部门直接从事那些事务性工作；将指导责任变成领导责任，直接任命或调动社区（村镇）成员，布置任务，直接管理社区（村镇）日常活动，摊派各种费用等。

（3）过度投入。政府未能贯彻"费随事转"的原则，造成在财政上对社区（村镇）的某些"过度投入"，导致政府有限财力的过度性投入负担。

（二）矿产资源开发利用中政府与社区（村镇）间利益博弈中的政府"缺位"

与社区（村镇）间利益博弈中的政府角色和行为关系的"缺位"，意味着政府对社区（村镇）间的行政实践未能扮演好自己应有的管理者角色，未能履行好自己应尽的职责。

（1）规划指导"缺位"。政府对社区（村镇）未能扮演好自己应有的社会管理者角色。一是对社区（村镇）发展的总体性规划不到位。在社区（村镇）发展的政策制定、宏观规划、财政资助、组织协调等方面缺乏深入有效的研究，致使社区（村镇）发育不全，整合社会的能力严重不足。二是对社区（村镇）的自治性组织指导不到位。缺乏对社区（村镇）内各种社会组织政策上的指导和监督，缺乏对其行为的引导和规范。三是对社区（村镇）政策上的指导不到位。基层政府应为社区（村镇）中的各种利益主体行为提供政策指导及必要的帮助，在社会日益多元化的过程中承担政治责任。

（2）人才培育"缺位"。对社区（村镇）的业务指导和培训力度不大。社区（村镇）需要综合运用社会工作专业知识和方法，为有需要的利益主体提供专业化社会服务，帮助其预防、缓解和解决矿产资源开发利用的社会问题、恢复和发展社区（村镇）的社会功能。但实际操作中，政府更多的是重视社区（村镇）工作人员的领导服从性，而忽视有关的知识、技能培训。而且，大多数的基层政府及其官员不懂得、不习惯或不善于对社区（村镇）居民的行为选择进行政策上的指导。

（3）组织培育"缺位"。一是对社区（村镇）非政府组织的培育不到位。政府在矿产资源开发管理中对社区（村镇）的重要角色在于：培育、指导和监督社会中介服务组织、社会工作机构等第三部门组织得以良好运行，但现实情况是政府习惯于直接包办代替社会事务。二是政府对介入社区（村镇）发展的专业性社会团体和社会工作机构的"资助性投入"不到位。非政府专业性社会团体和社会工作机构对于化解社区（村镇）内部利益冲突、纠正越轨行为、帮助弱势群体自主自强、维护社会稳定，促进社区（村镇）发展，有极其重要的作用。而目前，政府财政中缺乏资助这些公益性非营利机构的专门预算，最多仅有一些数量微弱的临时性投入。不仅数量减少，而且投入的任意性很大，缺乏制度性机制的规范与约束。三是政府对社区（村镇）的中介服务机构、专业化社会工作机构等第三部门社会组织的培育还不到位。一些政府官员已习惯于"以政代社"，直接包办许多社会事务，而不懂得自己的重要职责之一在于培育。

（三）矿产资源开发利用中政府与社区（村镇）间利益博弈中的社区（村镇）自治组织者角色缺位

根据有关法律规定，社区（村镇）是自治组织。但事实上，社区（村镇）一直是按照政府指令开展基层社会管理工作的。即使在社区（村镇）发展中重构的委员会，多数由户代表象征性选举产生；即使是在直接选举的地方，也都采取先选后聘的办法，功能上没有实质性的改进。由于角色的模糊，社区（村镇）无法担当起其自治组织者的责任，社区（村镇）的自治功能难以有效体现。政府是"老板"，社区（村镇）居民是管理对象，已经习惯的角色定位和工作方式没有发生根本性改变。而且，长期以来，社区（村镇）工作一直都是依附于基层政府行政体系下运作的，无法在公民意识不断增强的社区（村镇）居民中产生认同感和归属感，因此，社区（村镇）的政治参与率低，社区（村镇）发展缺乏最基本的活力，导致与政府利益博弈中的弱势。

二　矿产资源开发利用中政府与社区（村镇）间利益博弈的互动关系失衡

（一）矿产资源开发利用中政府与社区（村镇）间利益博弈关系的"模糊"

（1）政府与社区（村镇）间的矿产资源开发利益博弈具有"共生"关系。随着社会主义市场经济体制的建立和发展，以及中国政治体制改革的不断深入，从"单位制"解体所剥离出来的政府职能和社会职能开始归还给社会，导致社区（村镇）在矿产资源开发利用中的职能和作用日益凸显。但长期的计划经济体制和政府的全能管制形成的社区（村镇）治理和发展中特殊的政府主导、自上而下的发展机制，使政府与社区（村镇）的利益博弈具有上下级关系的特征，导致社区（村镇）的管理体制具有垂直分工的特征，以及形成行政一体化的外制型模式；使社区（村镇）与政府的矿产资源开发管理具有"共生"的关系特征，社区（村镇）往往在矿产资源开发利用中外化为基层政府的"组织"，二者间组织关系的处理，存在着明显的"政社（区）不分"。

（2）政府与社区（村镇）间的矿产资源开发利益博弈具有不明确的责权利关系。在社区（村镇）的发展中，随着大量的政府管理职能逐步转移，社区（村镇）逐渐被湮没在政府交办的各种事务中。政府为了完成其矿产资源开发管理工作任务和实现业绩，利用自己所掌握的资源，控制社区（村镇）的人事任免、经济分配和工作任务等权力，将其改造为自己的"派出机关"，并将大量琐碎的行政事务交给社区（村镇）执行。尽管法律上规定社区（村镇）属于居民自治组织，事实上社区（村镇）却是履行政府行政管理职能，而与居民实际需要相脱离。人们用数字形象地描述社区（村镇）权责和功能错位的状况，"日常工作内容中有 80% 是为政府办事，10% 是为社会工作，只有 10% 在为居民服务"。[1] 因此，原本属于自治的社区（村镇）被行政化、科层化，政府与社区（村镇）之间的责权利关系越来越模糊。

（二）矿产资源开发利用中政府与社区（村镇）间利益博弈关系的"错位"

政府与社区（村镇）间利益博弈关系的"错位"意味着政府混淆了工作的主次和轻重，特别是在社区（村镇）发展中既当"裁判

---

① 袁方成：《实现政府管理与社区自治有效衔接的社区治理机制创新研究》，http：//mzzt. mca. gov. cn/article/hxsqyth/zxlw/200810/20081000020676. shtml。

员"又做"运动员"；主要表现在重管理、轻服务现象相当普遍；社区（村镇）的职能错位等。

（1）政府与社区（村镇）间的发展职能错位，负担沉重。按照法律规定，社区（村镇）职能可以概括为：政策宣传与维护居民权益、教育引导居民开展各种活动、推进公共服务、纠纷调解与综合治理、协助地方政府、民意表达六大方面。但社区（村镇）的工作已经超出法律所赋予的职能范畴。政府及其他职能部门以种种名义，不断地把自己的职能延伸到社区（村镇），使其成为部门的基层，随意下达工作任务和考核指标。工作范围严重膨胀。概括起来，社区（村镇）工作存在如下"四多"：工作任务多、检查评比多、台账要求多、代收费用多。

（2）政府与社区（村镇）间的利益关系错位，权小责大。社区（村镇）工作包罗万象，但事实上并没有相应行使职责的权力，权责分离现象严重。如政府将收费工作任务指派给社区（村镇），在某些收费没有依据或国家政策明令禁止的情况下，社区（村镇）代收费用不仅难度大，也造成了社区（村镇）与单位、与居民之间的矛盾、冲突，甚至影响对社区（村镇）的认同感、信任感。由于事权不明，关系错位，社区（村镇）将大量时间、资源、精力用于完成行政任务，承担大量无力承担的责任，对社区（村镇）自治带来很大阻力。

（3）政府与社区（村镇）间的性质定位错位，行政化严重。法律上明确规定包含在社区（村镇）中的社区（村镇）是基层居民群众的自治组织。但现实中的自主性和自立性逐渐丧失。一方面，随着管理重心下移，已经成为基层政府的下属单位，并成为政府的"手"或"腿"；另一方面，社区（村镇）自治功能、权力缺失现象严重，包括人事权、日常决策权等的缺失，以及财政权的不独立。

（三）矿产资源开发利用中政府与社区（村镇）间利益博弈关系的互动方式单一

目前，中国社区（村镇）管理手段仍以强制性的行政方式为主。政府及其派出机构对社区（村镇）发展的公共事务实行单一向度的垄断性和强制性管理程度高，通过对其组织和资源的控制来达到治理目的，而对于作为被管理对象的社区（村镇）来说，主要是接受和服从。

众所周知，政府与社区（村镇）间的矿产资源开发利益博弈关系、互动治理，强调的是上下互动的管理过程，通过合作与协调、伙伴关系的确立认同和共同的目标等方式，实现对社区（村镇）公共事务的管理，达到矿产资源开发利益在二者间的均衡发展、协调共赢。二者间的管理者与被管理者的关系应是建立在市场原则、公共利益和认同之上的合作关系；其管理机制所依靠的主要不是政府的权威，而是合作网络的权威，其内容是多元的、相互的，而不是单一的和自上而下的。所以，政府与社区（村镇）间在矿产资源开发利用中所体现出的主体关系存在着互动方式单一的失衡。这就要求政府特别是基层政府改变其一贯垂直型的科层制工作模式，以适应社区（村镇）以横向联系为主的网络化结构；意味着政府如果要实现其社区（村镇）管理的目标，必须和当地社区（村镇）的各种组织，特别是强调自主自理的第三域组织，相互信任、相互支持、相互合作，而不仅仅是依靠单一的行政手段。

第四章 矿产资源开发中的社区（村镇）行为博弈失衡效应

引言与摘要

本章系统分析了矿产资源开发利用中的社区（村镇）与相关利益主体之间的利益博弈失衡效应。首先，分析了矿产资源开发利用企业与社区（村镇）间利益博弈失衡的效应，包括矿产资源开发利用企业与社区（村镇）间利益博弈效应的正负二重性；矿产资源开发利用企业与社区（村镇）间利益博弈的生态环境价值效应；矿产资源开发利用企业与社区（村镇）间利益博弈的生产损失效应；矿产资源开发利用企业与社区（村镇）间利益博弈的生活质量受损效应；矿产资源开发利用企业与社区（村镇）间利益博弈的生命健康负效应。其次，分析了政府与社区（村镇）间利益博弈失衡的效应。包括政府与社区（村镇）间利益博弈失衡的行为效应；政府与社区（村镇）间利益博弈失衡的社会效应；政府与社区（村镇）间利益博弈失衡的心理效应。

第一节　矿产资源开发利用企业与社区
（村镇）间利益博弈失衡的效应

按照迪尔凯姆的观点①，矿产资源开发利用企业与社区（村镇）间的相互合作可以为利益结构的稳定提供基础，构成迪尔凯姆所讲的"有机团结"；而其间的相互竞争可能使矿产资源开发利益的分配向实力强大的矿产资源开发利用企业一方倾斜。但利益主体实力相差悬殊的矿产资源开发利用企业与社区（村镇）间的利益博弈失衡可能带来社会不公正的结果。尽管两者间的利益博弈可使资源的开发效率提高，但如果矿产资源开发利用企业与不对等的社区（村镇）争夺利益，那么，矿产资源开发利用企业的效率追求很可能导致整体效率的下降，使社区（村镇）的生态环境等利益受损。因此，矿产资源开发利用企业与社区（村镇）间的利益博弈严重失衡会导致种种效应。

一　矿产资源开发利用企业与社区（村镇）间利益博弈效应的正负二重性

矿产资源开发利用企业与社区（村镇）间的利益博弈必定会给所在区域的经济社会发展带来正负二重性的效应。

（一）矿产资源开发利用企业的资源开发行为必定给所在社区（村镇）的经济社会发展带来正效应

一是矿产资源开发利用企业的矿产资源开发增加了所在社区（村镇）的就业机会，尤其是农民的就业机会。通过把相当一部分的农村劳动力转移出来，完成由农民向产业工人的转变，促进农民的就业问题解决。二是矿产资源开发利用企业的矿产资源开发能够带动社区（村镇）相关产业的发展，如加工业、运输业等配套产

---

① 仝平清：《社会资本视野中的乡村社区发展》，《河北学刊》2009 年第 1 期。

业。三是矿产资源开发利用企业的矿产资源开发能带动所在社区（村镇）的人流、商流、物流发展，活跃地方经济，促进矿产资源开发良性循环。四是矿产资源开发利用企业的发展能够改善社区（村镇）基础设施薄弱的状况，改善投资环境，为日后经济社会的全面发展创造条件。五是矿产资源开发利用企业上缴国家的各种税、费，通过各种财政机制，流入所在地方财政，直接给社区（村镇）的经济社会发展提供资金。

（二）矿产资源开发利用企业的资源开发行为必定给所在社区（村镇）的经济社会发展带来负效应

矿产资源开发利用企业的矿产资源开发会给所在社区（村镇）带来生态环境污染等外部不经济，即负外部性。意味着矿产资源开发利用企业的活动导致社区（村镇）等其他利益主体或社会整体蒙受额外的经济损失。矿产资源开发利用的负外部性主要体现为对生态环境的破坏。资源勘探、开发过程中固体废弃物堆放占用大量土地，地表土壤和植被遭到破坏，水土流失较为严重，引发地质灾害，破坏土地资源，污染大气，耗费和污染水资源。

二　矿产资源开发利用企业与社区（村镇）间利益博弈的生态环境价值效应

在经济利益的驱动下，一些矿产资源开发利用企业盲目开发，不计后果；加上矿产资源开发会产生外部效应的特殊性，在污染损害较重时，生态环境往往无法恢复而导致一种连续性的损失，因此，矿产资源开发利用企业的矿产资源开发对社区（村镇）形成的生态环境损失具体应包括三个部分：生态环境经济价值损失；生态环境价值损害；生态环境污染后的恢复代价。

（一）矿产资源开发利用企业的资源开发行为导致社区（村镇）的生态环境经济价值损失

矿产资源开发利用的生态环境经济价值损失作为法律认可的一种实质性损害，已成为法律救济的对象。如社区（村镇）的农田被污染导致的农作物绝收。但在具体的司法实践中，由于法制水平及社区（村镇）受害利益主体的法律知识有限等原因，现实中针对矿产资源开发利用企业的主张利益补偿很少提起，最多只会对农作物的损害赔偿，而不会产生对社区（村镇）土地使用价值降低的赔偿请求。

（二）矿产资源开发利用企业的资源开发行为导致社区（村镇）的生态环境价值损害

通常法律认可的损失是那些可被认识、感知，进而可被界定的、被量化的，最后又能被社会的某种规范或标准认可的，如可以用货币来衡量的损失，因而，生态环境价值不是传统意义的财产。虽然生态环境的功能已经得到多方面的揭示，如调节功能、承载功能、生产功能、信息功能等，但目前只能在知识残缺不全的情况下计算生态环境价值损失，可以采用波斯纳提出的"影子价格法"等间接计量的方法。所以，在矿产资源开发利用企业与社区（村镇）间的利益博弈实践中，矿产资源开发利用企业的矿产资源开发导致的生态环境效益确实存在，必须有所考量。

（三）矿产资源开发利用企业的资源开发行为导致社区（村镇）的生态环境污染后的恢复代价

生态环境污染发生后，治理污染和恢复受到破坏的环境费用支出是必然发生的。既然生态环境污染是行为主体造成的，根据"污染者负担原则"，行为主体当然有义务采取措施尽可能地减轻其不良影响并恢复环境的原有状况。因此，矿产资源开发利用企业的矿产资源开发导致社区（村镇）的生态环境污染后的恢复费用也应纳入生态环境损害赔偿的范围。

三　矿产资源开发利用企业与社区（村镇）间利益博弈的生产损失效应

（一）矿产资源开发利用企业对社区（村镇）形成的生产损失项目

鉴于生态环境首先应满足社区（村镇）的生存需求，社区（村镇）（居民）的生存离不开所在土地的产出和支撑，因而，矿产资源开发利用企业的矿产资源开发产生的生态环境污染等外部效应，不仅影响所在社区（村镇）周围居（村）民的身体健康，而且还破坏周围的土壤、河流、地下水，排放的大气废弃物极易导致酸雨的产生。所以，社区（村镇）农业生态环境资源破坏的后果就是影响村（居）民的农业生产和日常生活。具体受到污染影响的主要项目是：粮食、蔬菜、渔业、林木和经济作物等。

（二）矿产资源开发利用企业对社区（村镇）形成的生产损失的程度

一是影响社区（村镇）经济水平的程度取决于其依赖农业生产的程度。二是矿产资源开发利用企业的污染影响范围不只是其所征用的范围，其废弃物的影响范围超出了污染矿产资源开发利用企业的边界，侵入社区（村镇）村民的农田和水域。三是污染侵入过程是潜在的，需要经过一段时间的破坏，社区（村镇）村民才能发现对生产的危害，如水被严重污染，不能用于灌溉，不仅会影响粮食收成，还会破坏地下水的水质。四是污染损失估计是一个复杂的过程。在司法诉讼中，社区（村镇）村民的估计不仅需要考虑收入和成本的多少，还需要考虑自己劳动力投入的成本。

（三）矿产资源开发利用企业对社区（村镇）形成的生产损失后续效应

社区（村镇）的生产损失也会产生影响社区（村镇）居民生活方式的间接效应。一是本来粮食和蔬菜可以自给自足，社区（村镇）的生产受到损失后，现在却要向市场购买，村民不能适应；二是本来自己偶尔去买些蔬菜的时候，价格低，社区（村镇）的生产受到损失后，大家都去购买的时候，价格出奇的高，村民不能接受；三是本来靠副业可以维持家庭的日常开支或者还有节余的，现在进入入不敷出的倒挂状态；四是本来可以安心从事熟悉的劳动方式，现在却无所适从，需要重新寻找谋生的方式。所以，社区（村镇）村民清楚地意识到，这一切的后果不是自己造成的，而是矿产资源开发利用企业的生态环境污染造成的。

四 矿产资源开发利用企业与社区（村镇）间利益博弈的生活质量受损效应

矿产资源开发利用企业与社区（村镇）间的利益博弈失衡会导致社区（村镇）村民的生活受到严重的影响，质量下降，主要表现为：生活舒适性下降，居住质量下降，生命风险提高。

（一）矿产资源开发利用中社区（村镇）的生活环境舒适性下降

主要表现在：河流功能消退，地下水破坏，空气质量下降，噪声污染。矿产资源开发利用企业的污染会导致污水直排到河流中，不仅使河流的水质下降，鱼虾绝迹，而且丧失游泳、捕鱼捉虾等农闲活动机会。河流水域污染同样也会影响地下水，影响基本生活用水。矿产资源开发利用企业的废气排放污染会影响社区（村镇）的大气环境。导致过去最引以为豪的清秀环境，青山伴绿水，自喻为可以"罐装出口"的空气，并不富裕但怡然自得的生活逐步丧失。

（二）矿产资源开发利用中社区（村镇）的居住质量下降

环境舒适度的下降必然导致社区（村镇）居民的居住质量下降，导致有能力的居民外迁，原有住宅价值贬低。有能力居民的外迁破坏了原有的社区（村镇）社会生态平衡，使一些生活服务的供给出现不足。为了逃避瘟疫般的污染，担心化学气体严重影响孩子的精神、身体和学习，家长希望能够搬离或者转学；有钱的远迁他乡，没有钱有力气的到外地去打工，剩下的只是些既没有钱又没有力气的老弱病残。

（三）矿产资源开发利用中社区（村镇）的生命风险增大

看到过去熟悉的作物和生态环境出现不正常的形态，易产生恐惧心理。树木的枯萎死掉、河中鱼虾的形态怪异残疾甚至绝迹，加上对癌症的恐惧，意味着社区（村镇）的生命风险增大。

五 矿产资源开发利用企业与社区（村镇）间利益博弈的生命健康负效应

矿产资源开发利用企业与社区（村镇）间利益博弈的失衡可能导致癌症；胎儿非正常死亡，婴儿畸形；难闻又刺鼻、刺眼的废气，咳嗽、感冒、皮肤病等生命健康效应，主要表现在：

（一）矿产资源开发利用中社区（村镇）居民本人的命运

现在的医疗条件已经可以清楚判定癌症。癌症不是社区（村镇）居民避讳的话题。源自矿产资源开发利用企业的矿产资源开发形成的生态污染，进而导致癌症等负效应；如果表现在社区（村镇）里的恶性肿瘤发病率竟比平均发病高十几倍，毕竟是最让社区（村镇）居民恐怖的字眼；而且，一个家庭中的某个成员患上癌症就意味着大笔的医疗开支以及死神的降临，命运的改变。

（二）矿产资源开发利用中社区（村镇）居民后代的命运

社区（村镇）村民对于孩子的健康最为关心。癌症虽恐怖，但毕竟是少数成年人的遭遇，但孩子是无辜的，是最明显的弱者，是矿产资源开发利用企业与社区（村镇）间利益博弈失衡的牺牲品，没有任何的理由让他们承担污染的损失；他们受到污染损害容易激起村民和社会的共鸣，以及社会的强烈震撼。同时，死胎问题特别是畸形儿童的出现，意味着彻底打破相应家庭已经创建起来的小康生活，让该家庭永远处于悲惨艰难的氛围之中。另外，废弃物的排放可能导致社区（村镇）村民出现头昏脑胀、腹痛、恶心、呕吐、胸闷、感冒、咳嗽和皮肤病等现象；特别是奇怪的疱疹、眼睛经常流泪视力下降、声音特别哑等在很多孩子身上出现。

（三）矿产资源开发利用中社区（村镇）居民心理的不平衡

面对污染矿产资源开发利用企业的蓬勃发迹，而自己的生活日益艰难，身体不适的感知，居民会产生不平衡心理。不仅要日夜忍受发臭的水，污染的空气，以及以"违法"名义对社区（村镇）进行的"严厉制裁"；还要看着矿产资源开发利用企业的兴旺发达，发迹老板们开着奔驰、宝马从面前疾驰而过，以及员工的富裕生活。

六　矿产资源开发利用企业与社区（村镇）间利益博弈的行为过激效应

矿产资源开发利用企业与社区（村镇）间利益博弈的失衡可能

导致堵门、上访、禁产等行为过激效应。

（一）社区（村镇）堵门上访的内在原因

一是社区（村镇）与矿产资源开发利用企业相比，处于博弈劣势地位，矿产资源开发利用企业可对社区（村镇）的要求置之不理，导致社区（村镇）对矿产资源开发利用企业封堵大门，或对政府堵门，不准其正常运转，从而引起重视。二是上访后问题因有领导批示，易得到解决，落实速度会较快。三是问题解决的成本低，与矿产资源开发利用企业打官司要交诉讼费、调解费等相比，社区（村镇）上访除了车费，其他几乎没有什么成本。四是矿产资源开发领域中调整社区（村镇）与矿产资源开发利用企业间利益关系的法律法规需进一步完善，有的虽已立法，但形同虚设，没有得到有效的执行；或具体职能部门的责任、权力不明确，相互"踢皮球"。五是源于社区（村镇）的部分居民法律意识相对淡薄，不会正确运用法律来保护自己，习惯通过行政手段找领导解决问题。六是源于具体执法部门的工作作风存在问题，存在"门难进、脸难看、事难办"的现象，严重伤害了社区（村镇）居民的感情。七是相关单位的法律宣传和服务不到位，社区（村镇）居民不知道该如何依法维权。上述因素共同作用，造成矿产资源开发利用企业与社区（村镇）间利益博弈失衡的行为过激效应，社区（村镇）居民不愿走合理合法的渠道解决问题，直接上访，导致领导重视，基层干部害怕，问题快速解决，成本低廉。

（二）社区（村镇）对矿产资源开发利用企业的堵门禁产及其损失

社区（村镇）对矿产资源开发利用企业的堵门禁产事件，大部分皆属群体性集体上访，是因为牵扯到社区（村镇）的群体利益而引发的，例如，矿产资源开发利用企业的征地拆迁、对社区（村镇）的生态环境污染等问题的上访等，一般参加人数众多，社会影响较大，严重影响矿产资源开发利用企业的正常生产经营。一是矿产资源开发利用企业停产涉及人员就业。由于对劳动技能要求不高，矿产资源开发利用企业吸纳就业的能力比较强，提供了大量就业岗位。但随着堵门禁产的影响，矿产资源开发利用企业处于停产半停产状态，影响和制约着矿产资源开发利用企业的就业需求。二是对矿产资源开发及财政收入的影响。就矿产资源开发利用企业本身来说，停产会影响产值和税收，影响财政收入。三是对矿产资源开发利用企业生产成本的影响。堵门禁产的不确定性，导致矿产资源开发利用企业提前加大库存量，提高预见性，生产成本因停产和供应紧张相应提高。四是对其他相关产业的影响。因产业间存在关联效应，不论是前向还是后向关联，都会受到矿产资源开发利用企业堵门禁产的负面影响。如对运输业的冲击。因部分矿产资源开发利用企业停产半停产，可能会导致供求紧张，致使交通货运不能正常营运。另外，对第三产业影响很大。汽车维修、住宿餐饮业等受限；此外，还影响社区（村镇）的正常生活秩序，影响社会大局的稳定。

七　矿产资源开发利用企业与社区（村镇）间利益博弈的信誉损失效应

（一）矿产资源开发利用企业在社区（村镇）中的公众形象和利益受损

社区（村镇）意味着矿产资源开发利用企业所处的区域。矿产资源开发利用企业应与社区（村镇）所在地的政府、社团组织以及全体居民等之间保持睦邻关系，不仅是其存在的自然根基，也是其发展的社会根基。因此，矿产资源开发利用企业与社区（村镇）间的利益博弈关系还体现在区域关系、地方关系、邻里关系；是利益主体在地域上互邻，利益上相关的一种公众关系；直接影响着两者的生存环境和公众形象。所以，如果忽略了矿产资源开发利用企业与社区（村镇）间的关系运作，就会使矿产资源开发利用企业形象受损、利益受损，陷入莫名其妙的困境：邻居投诉噪声扰民、办不了暂住证、结婚证等使其员工不安心工作，一些地方甚至出现当地居民堵住大门不准车辆进出的极端案例，这些麻烦都会给矿产资源开发利用企业带来原本可以避免的损失。

（二）矿产资源开发利用企业治理污染的努力被社区（村镇）误解

矿产资源开发利用企业在社区（村镇）可表现得非常强悍，但由于双方的信息沟通机制不畅和利益矛盾存在，加上在生产中会产生一定的废气、废水、废渣等负效应，常常导致社区（村镇）居民并不认可矿产资源开发利用企业在环保上的努力，有时可能还阻碍其治污计划的实施。比如按照"环评大纲"的要求投资，进行了环保配套设施的建设，但村民对这些行动并不感兴趣。村民只会用自己的标准衡量，不管"三废"是否达标，只要树木不枯死，菜地、粮田能播种，果树能结果实，就算达到环保标准。

第二节 矿产资源开发利用中政府与社区（村镇）间利益博弈失衡的效应

面对政府与社区（村镇）的行为选择，两者间的利益博弈失衡关系会造成以下不利的后果。

一 矿产资源开发利用中政府与社区（村镇）间利益博弈失衡的行为效应

（一）矿产资源开发利用中政府与社区（村镇）间利益博弈失衡的社区（村镇）行为效应

（1）社区（村镇）与政府利益博弈失衡的主要行为特征。一是为了弥补制度缺陷和政府行为带来的损失，社区（村镇）常常以非对抗性的行为与基层政府进行博弈，以维护自身的生存权益，以一种隐忍的方式对抗强势国家的管理行为；二是其行为策略常常游走在"合法"与"非法"的边缘之间，有时直接向基层政府提出利益诉求，有时则无声地对抗基层政府的管理行为，以维护自己道德认知的公正底线；三是采取的策略是极其隐忍、迂回和柔韧的，尽管这种行为难以形成对抗性的维权活动的效果，却可以使强势国家的管理失去效力，并能向其"讨要"更多的利益，弥补自身在资源开发中的利益损失，争取更多的社会生存空间。

（2）采取违规搭建行为争取社区（村镇）权利。违规搭建是社区（村镇）居民争取矿产资源开发利益的诉求方式之一。由于地方政府在矿产资源开发利用中，获取了相当部分的增值收益，社区（村镇）居民认为其权益没能得到足够补偿，向矿产资源开发要收益的意识仍然残留在其观念之中。因此，最大限度地使用自身可以利用的土地空间，获取矿产资源开发收益，就成为社区（村镇）常住居民利益诉求方式的主要手段。由于建筑物和苗木赔付可以带来大笔收入，居民常常违反管理规定，违章改建、加建房屋，并大量突击种植苗木，使社区（村镇）发展缺乏统一规划，无视政府的警告和监管。在许多社区（村镇）中，失地农民的这种行为是非常普遍的，其逻辑也是非常简单的。潜藏的土地观念和生存的社会公正观念，常常使政府外在的管理规则失去获得认同的基础，社区（村镇）居民往往联合在一起对抗基层政府的管理行为。

（3）佑护外来群体与经济收益保护。佑护外来群体是社区（村镇）居民维护自身利益的一种有效方式。社区（村镇）常常拥有相当规模的外来人群（主要是矿工阶层），而且往往成分比较复杂，素质参差不齐，潜在的违法犯罪分子也不在少数，成为社区（村镇）治安的隐患，导致常住居民持厌恶态度。然而，由于外来人群不仅是社区（村镇）房屋的承租人，而且其聚集也意味着相应产业的发展和就业机会，因此，在一定意义上，成为社区（村镇）部分居民的"衣食父母"和福利。因此，社区（村镇）居民常常利用自身的关系资源，佑护外来群体，对抗政府对外来群体的管理行为，如对计划生育检查，"扫黄打非"等，帮助通风报信逃脱。借鉴蓝宇蕴的研究①，在整体生存策略得以保证的前提下，为适应内外环境的巨大变化，也为谋得生存而必需的内在与外在的社会整合，建构了具有社区（村镇）自己特点的市场保护机制。

事实上，社区（村镇）居民的佑护行为，正是自身在面对矿产资源开发市场的不确定性时所形成的一种特殊保护机制。由于"社会嵌入"关系的影响，基层政府的矿产资源开发管理，需要社区（村镇）居民的配合，鉴于不愿意过分压迫社区（村镇）居民的生存空间，以免带来"麻烦"，使这种保护机制获得了"合法"地位。因此，社区（村镇）居民影响基层政府管理选择的非理性行为，实质上具有自身特定的经济价值。尽管基层政府的行为有利于社区（村镇）社会治安的好转，但会影响社区（村镇）居民的经济收益。所以，生存的第一要义，会影响对社会正义的判断与同情，导致社区（村镇）对基层政府管理行为的抵制，以维护自己生存的权益。

（4）规避管理规则、谋求公共服务。为最大限度地获得矿产资源开发增值的收益，基层政府往往逃避提供公共服务的职责，由社区（村镇）自身提供公共服务。这种不平等的待遇，常常诱发社区（村镇）居民无声的抗议，并通过选择特定的方式，抗议政府的逃避和忽视行为。其中一种重要的方式就是逃避基层政府的管理规则，谋求由政府提供公共服务。通过诸如故意乱倒垃圾、乱排污水，无视政府的种种规定，造成社区（村镇）内卫生状况恶化；使政府不得不招聘保洁员，组织专门的垃圾和污水处理工作。尽管社区（村镇）居民的这种行为被认定为素质低下，但事实上，引起这种冲突的原因不是社区（村镇）居民素质的影响，而是利益观念的差异，甚至是基层管理者的不作为或腐败造成的。

（5）适度遵从合作博弈。适度地遵从管理规则，与政府合作，也是社区（村镇）居民维护自身利益的一种有效形式。在中国特有

---

① 蓝宇蕴：《都市里的村庄：一个"新村社共同体"的实地研究》，生活·读书·新知三联书店 2005 年版。

的政治文化和"威权管理"体制背景下，社区（村镇）居民在很大程度上只有依赖基层官僚，才能获得政府福利，权利与权力之间的不对称性，使其反抗行为非常容易为政府所"收买"；基层政府的些许让步，或者赋予本该拥有的权益，就会接受现有的制度安排和利益分配。因此，社区（村镇）维权的需求是非常有限的，并不寻求与政府进行对抗，因为对抗的成本过于高昂。

另外，对于政府而言，随着改革开放，社区（村镇）的发展对政府治理带来了新的挑战和外部约束，必须依靠社区（村镇）居民的支持。随着大的政治环境的变化，中央提倡建设和谐社会，提倡关注民生，以民为本，这使部分威权的社区（村镇）的管理方式丧失了政治支持；而且，上级政府考核方式的变迁，也约束了基层政府对社区（村镇）的管理行为。随着政府对干部绩效的考核更多地取决于民众的评判，不得不考虑社区（村镇）居民的态度。根据李学的研究①，"街头官僚的工作环境要求发展出能够在服务的质量、数量和特定的目标不确定的条件下供给满意的服务机制"。

因此，社区（村镇）居民与基层政府的这种相互依赖性，为社区（村镇）居民获得了行动的空间。"事实上，组织对环境的依赖性使外部限制和对组织行为的控制成为可能，甚至是不可避免的。"② 在潜在地约束强势政府的同时，社区（村镇）居民也以之为契机，可以向基层政府提出自己的利益诉求。社区（村镇）居民往往利用血缘和互助关系，帮助基层政府解决一些不宜采取官方行动的"棘手"问题，如协助基层政府制止上访行为和排除可能影响稳定的争端行为。在长时期的互动过程中，基层政府也意识到满足居民部分需求的必要性和潜在的收益，愿意采取一些措施，获得社区

---

① 李学：《公平观念与城市化过渡社区中居民的利益博弈——以 X 市 PN 社区为例的实证分析》，《公共管理学报》2008 年第 4 期。

② 《非理性绩效考评、组织依附与目标置换——一个地方政府微观失范行为的分析框架》，公共管治的理论和实践学术研讨会，http://www.ppirc.org/html/46/n - 2946.html。

（村镇）居民的认同和信任。

（二）矿产资源开发利用中政府与社区（村镇）间利益博弈失衡的政府行为效应

矿产资源开发利用中的社区（村镇）管理体制，存在国家行政权和社区（村镇）自治权两种权力，具体表现为：一是自上而下的国家权力，表现为在党的政治领导下的社区（村镇）行政管理权；二是蕴含于社区（村镇）社会之中的自治权。虽然政府与社区（村镇）间的利益关系从根本上讲是一致的，但两者间在其利益实现过程中并没有建立起规范化的约束机制，存在政府行为效应，主要表现在：

（1）政府自身利益实现的行政化。由于社区（村镇）与政府间缺乏明确的职能界定，不可避免地导致职责不明和经济利益的混乱，产生政府利益实现的行政化。政府组织在其矿产资源开发利益实现中，会利用其权力强势，通过自己对社区（村镇）的管理采取行政性命令干预手段，行使矿产资源开发利益的强制分配，忽视以产权关系规范利益分配。常常没有作为社区（村镇）利益的联合，体现广大社区（村镇）居民的利益与要求，而是作为政府权力和利益的代表管理社区（村镇），干预利益分配；或以命令手段，或巧立各种名目，以实现有利于自己的利益分配。

（2）政府对社区（村镇）的经济干预性。社区（村镇）作为自治组织，理应承担起民主管理社区（村镇）社会生活的职责，然而却依托政府组织，以其行政优势行使着经济社会管理的权力。由于社区（村镇）权力的虚拟，作为行政权力代表又与政府组织合二为一，因而，政府组织就"合理"地承担起社区（村镇）权力行使者的职责，以权力直接干预社区（村镇）的人事制度和利益分配；特别是在矿产资源开发初期，各项制度不规范的条件下更是如此。本应由社区（村镇）获得的各项矿产资源开发利益和收入，极易成为各级行政组织的主要收入来源，导致社区（村镇）管理的不规范性，以及其利益受行政干预的顺从性和盲目性。

（3）政府利益实现的非规范性。一是政府对社区（村镇）农民的直接利益剥夺。作为国家权力在社区（村镇）中的代表，受过去传统管理方式的影响和社区（村镇）管理体制的限制，政府强烈的利益实现冲动就必不可免地落在社区（村镇）农民的头上，以其行政权力进行矿产资源开发利益的重新分配。二是政府与社区（村镇）所办企业的分配关系混乱。社区（村镇）所办矿产资源开发利用企业除交纳直接税和间接税外，其税后利润所得甚至于经营资产常常都不同程度地受到政府的干预和分成，其资产可能并没有受到有效的保护。三是政府与私营企业的分配关系混乱。除交纳税金和管理费外，私营矿产资源开发利用企业的收益可能以直接或间接的形式转移到地方政府，或"捐赠"政府公益事业。

二　矿产资源开发利用中政府与社区（村镇）间利益博弈失衡的社会效应

（一）矿产资源开发利用中政府与社区（村镇）间利益博弈失衡的财富效应

（1）社区（村镇）资源浪费严重。征地是国家行使的行政行为，具有强制性。为了矿产资源开发导致很多土地征而不用，在一些不具备投资条件或投资环境比较差的地区，政府出于政绩等原因招商引资，兴建矿产资源开发利用企业，造成社区（村镇）的土地资源配置效率严重低下；有的甚至由于后续资金匮乏，造成社区（村镇）的大量耕地抛荒浪费。而在一些投资环境较好的社区（村镇），政府在引资过程中也往往凭借征地的低廉成本降低投资门槛，滥用优惠政策，导致社区（村镇）的土地利用的集约度低，并为产业结构的升级设置障碍。同时，土地资源配置效率低，扰乱土地市场秩序。

（2）社区（村镇）居民利益受损。在欠规范的征地过程中，受到矿产资源开发利益驱使，地方政府有扩大征地的内在冲动，土地配置形式并不完全按照市场经济运行机制进行，其中的价格机制、供求机制和竞争机制并没有起到应有的作用，导致作为弱势群体的社区（村镇）农民利益损失较大。由于征地是政府强制行为，被征地社区（村镇）农民的利益得不到充分保障，不能从基于矿产资源开发利用的土地增值中分享利益，难以维持生活水平，甚至丧失生活来源。

（二）矿产资源开发利用中政府与社区（村镇）间利益博弈失衡的稳定效应

（1）社区（村镇）面对生态利益受损的无能为力。政府与社区（村镇）间的矿产资源开发利益博弈失衡会导致社区（村镇）受到政府冷落或压制，面对"保护伞"下有恃无恐、推卸责任的矿产资源开发利用企业，社区（村镇）无能为力。政府具有法定的义不容辞的保护社区（村镇）的责任和义务。但如果政府机构检测不出矿产资源开发利用企业非法排污，不论是客观条件所限，或是主观故意，不仅会导致所有的污染矿产资源开发利用企业都声称对环保工作非常重视，环保设施相当完善，在国家、省、市、县环保部门的历次检查中，都是检测合格；还会导致对社区（村镇）提出环保监测报告是不真实的，可诬蔑其为主观臆测，没有任何事实根据，与事实不符。最终导致社区（村镇）面对财大气粗的污染企业如此颠倒黑白，推卸责任，无能为力。

（2）社区（村镇）社会稳定受损。政府引导矿产资源开发旨在加快经济建设步伐，促进包括社区（村镇）在内的社会经济发展。利益冲突是人类社会实际生活中普遍存在的社会现象，矿产资源开发利用中的利益冲突问题也难以避免。但利益冲突问题如得不到合理解决，负面影响就会随之产生，政府与社区（村镇）间的关系就会紧张，危害社会稳定。矿产资源开发涉及的土地是社区（村镇）农民生存之根本，离开土地意味着生产资料和社会保障物质的丢失。如果"先征后让"和"低征高让"的征地方式，使土地被征用后的出让价格与土地征用时给予的补偿费之间的差价巨大，在很大程度上会激发社区（村镇）的不满情绪。一些被征土地的社区（村镇）农民陷入了种田无地、就业无岗、低保无份的境地，使所谓的

"三无"人口增加，成为新的社会不稳定的因素。另外，矿产资源开发利用的生态环保问题，不仅影响社区（村镇）的生存条件、经济社会发展，还常常危及生命健康。因此，面对矿产资源开发利用中政府与社区（村镇）间的矿产资源开发利益博弈失衡，如果不能解决社区（村镇）的无能为力，会导致社区（村镇）集体和居民得不到公平对待，政府公信力降低，干群关系紧张，危害社会稳定。

（三）矿产资源开发利用中政府与社区（村镇）间利益博弈失衡的发展效应

（1）社区（村镇）缺乏自我发展的能力。鉴于大部分社区（村镇）的公共服务运作支出既未纳入财政预算系列，也未归入民政或其他事业费中。社区（村镇）服务设施的兴建和服务活动的运作大多依赖自筹筹集资金。而相当多的社区（村镇）经济实力较弱乃至财政困难，势必影响其长远发展。因此，政府与社区（村镇）间利益博弈失衡会导致社区（村镇）服务资金来源比较困难，缺乏自我发展的能力。

（2）社区（村镇）缺乏独立动作能力。鉴于目前大多数社区（村镇）的公共服务机构不是独立的法人组织，有的一般隶属于基层政府部门，有的即使具有法人地位，但仍和政府有着千丝万缕的联系。因此，其行为是对政府负责，而不是对社区（村镇）居民负责；社区（村镇）服务机构政社未分，缺乏独立动作能力。所以，会导致社区（村镇）缺乏独立运作能力；为保持收支平衡，许多社区（村镇）服务机构存在扩大营利性经营，缩小非营利经营项目的倾向。

（3）社区（村镇）的志愿服务者队伍匮乏。社区（村镇）服务具有鲜明的群众性特征。可以说，居民群众的参与规模和参与程度是衡量社区（村镇）服务发展水平的一个重要指标。为了有效地组织、带动居民群众参与社区（村镇）服务，志愿者协会便是骨干力量。由于政府与社区（村镇）间的矿产资源开发利益博弈失衡，导致错误地认为，社区（村镇）服务只是政府的事情，政府要交给谁办就谁办，自己要么花钱买服务，要么坐享无偿服务。因此，对社区（村镇）服务的关心程度不够，参与意识不足。目前绝大多数社区（村镇）的志愿者队伍匮乏，且以老年居民为主，影响社区（村镇）长远发展。

三 矿产资源开发利用中政府与社区（村镇）间利益博弈失衡的心理效应

（一）矿产资源开发利用利益博弈失衡导致社区（村镇）居民对政府不满，对政府公信力的丧失

政府公信力①意味着政府通过自身行为获取社会公众信任、拥护和支持的一种能力。对拥有强制力量的政府，公众惩罚的手段之一就是撤回对政府的信任、拥护和支持。

（1）政府与社区（村镇）间的矿产资源开发利益博弈失衡存在导致政策缺乏稳定连续性的可能。鉴于矿产资源开发利用的政府政策，在利益的驱动下具有目标和时间偏好，因而易于缺乏连续性；如果政府与社区（村镇）间利益博弈失衡，缺乏社区（村镇）制约，政府行政决策随意性较大，朝令夕改，极不负责，缺乏稳定性，必然导致政府公信力的丧失。

（2）政府与社区（村镇）间的矿产资源开发利益博弈失衡存在导致政策缺乏公开透明性的可能。由于政府权力存在多层委托—代理关系，因而其间存在客观的信息不对称；同时，政府在作为"公共人"的同时，还是"经济人"，特别是当政府参与社区（村镇）管理，却没有像企业一样的法定代表人承担责任时，其间就存在信息不对称的内在动机；加上部门的繁杂，更容易导致政策透明性的缺乏。因而，政府矿产资源开发管理行为若缺乏公开性，未形成完善的公示公信制度和社区（村镇）民众听证制度，会使民众陷入无知的状态中，给政府开发工作披上了一层神秘面纱，引发社区（村

---

① 《政府公信力浅说》，信用中国，http://www.ccn86.com/news/comment/20070910/24546.shtml。

镇）民众对政府工作的种种猜疑，产生对政府开发的不信任，导致政府公信力的丧失。

（3）政府与社区（村镇）间的矿产资源开发利益博弈失衡存在导致政策缺乏公正合理性的可能。鉴于行使公共权力的政府，具有自己独立的财税和政绩导向等特殊利益，又易于与强势利益集团结盟，加上执行机制绝对尽美完善的不可能性，可能导致矿产资源开发政策偏离公正合理性的轨道。如政府选择可信服的资产或环保评估机构的缺失，会导致矿产资源开发政策缺乏公正合理性的猜测，产生社区（村镇）对政府政策的不信任，引发政府公信力的丧失。

（二）矿产资源开发利用中政府在社区（村镇）中的公信力缺失导致心理危害

政府公信力是一切社会公信力的基础。政府公信力建立在最大的社会公权力之上，社会公权力的执行则需要公信力的支撑。"要使企业和个体诚实守信，政府首先要做到诚信。"① 因此，政府公信力的提高对矿产资源开发利用中的利益主体行为具有引导和示范意义，政府的公信力丧失也会带来严重危害。

（1）政府公信力缺失会破坏矿产资源开发利用的社会契约基础。鉴于政府契约处于整个社会契约体系中的核心与支柱地位，是社会公信力体系的制度保障。因此，矿产资源开发利用的政府契约出现问题，会给矿产资源开发相关的契约一种不健康的指示作用，造成"上梁不正下梁歪"的局面，给矿产资源开发利用中的社区（村镇），以及利益相关企业和个人发生契约缺失现象，提供不良的参照系和错误的信息导向，破坏矿产资源开发利用的契约基础。

（2）政府公信力缺失导致矿产资源开发行政运作成本提高。政府公信力作为社会公众对政府的一种印象和评价，是政府形象的核心要素，是政府服务于民、取信于民的基础。因此，政府开发资源

---

① 九三学社：《地方政府正面临严重信用危机》，http：//msn. ynet. com/view. jsp? oid = 7967512。

公信力的下降，会严重妨碍政府与社区（村镇）等相关利益主体间的良好互动，损害政府权威，使政府的矿产资源开发行政行为难以得到社区（村镇）公众的理解和配合；或导致政府不得不动用各种手段，投入人财物扩充力量，实现其矿产资源开发目标，增加政府运作成本；同时，政府又必须以强制方式提高自己的财政汲取能力，解决行为膨胀带来的困难；另外，强制行政的粗暴行为方式，会极大损害开发社区（村镇）相关参与主体的利益，导致不满和不配合，进一步加剧政府公信力的下降，使政府信用资源丧失殆尽。

（3）政府公信力缺失影响政府矿产资源开发政策的推行及实施效果。作为政策制定者，要保证政府制度和政策实施，必须得到社区（村镇）等市场主体的信赖、认可和遵守。公信力高的政府必然能够有效推行自己制定的制度，能够有效地实施自身制定的政策；公信力低的政府会失去社区（村镇）等信赖，导致制度和政策变成一纸空文。没有人会做一个不讲信用的政府要求做的事情①，可见，政府公信力高低和政府矿产资源开发政策的实施呈正向相关关系，影响政策的推行及实施效果。

（4）政府公信力缺失引发矿产资源开发交易成本的增加。市场经济是法治经济，更是契约经济和信用经济。所以，矿产资源开发必须坚持信用原则和契约精神，放弃诚实守信的信用原则，就等于放弃矿产资源开发目标下的市场经济原则自身。如果社区（村镇）可以不按契约运转，并且在较大范围内受到政府的干预，就不会成为完全的矿产资源开发市场参与主体，必然导致交易成本的增加。

（5）政府公信力缺失危害矿产资源开发秩序的和谐。和谐社会意味着民主法治、公平正义、诚信友爱、人与自然和谐相处。政府公信力是整个社会诚信的"领头羊"，在引导社会诚信方面具有得天独厚的优势，对于在社区（村镇）构建和谐的矿产资源开发秩序

---

① 《政府信用危机表现特征及政府失信危害》，新浪网博客，http://blog. si-na. com. cn/s/blog_ 5ff9f0320100fhv4. html。

中起着关键作用。因此，政府公信力建设应该在社区（村镇）中树立表率和模范；如果政府公信力低，会导致社区（村镇）与政府间的不和谐，最后是整个矿产资源开发秩序的不和谐。

（6）政府公信力缺失加剧矿产资源开发利用的社会道德风险。政府失信于社区（村镇），会加剧社会问题出现的概率。矿产资源开发利用中的政府公信力出现问题，会导致政府的不作为和政府约束力的削减，在社区（村镇）出现社会道德的沦丧，矿产资源开发利用中一些基本、公认的道德观由于守约成本的关系，可能被一些自私的道德观取代。这样整个矿产资源开发会处在很大的道德风险之中，不利于兼并重组，也不利于政府公信力的建立，使政府公信力缺失与社会道德风险加剧，两者陷入恶性循环之中；加剧矿产资源开发利用的社会道德风险。在实际运转中却完全超脱于社区（村镇）的社会环境、独立于社区（村镇）的社会需求。

第五章　矿产资源开发中的社区（村镇）行为博弈失衡动因

引言与摘要

本章系统分析了矿产资源开发利用中的社区（村镇）与相关利益主体之间的利益博弈失衡动因。首先，分析了矿产资源开发利用企业与社区（村镇）间利益博弈失衡的原因，包括矿产资源开发利用企业与社区（村镇）间相互作用的机理；矿产资源开发利用企业与社区（村镇）间利益博弈失衡的内在动力；矿产资源开发利用企业与社区（村镇）间利益博弈失衡的力量悬殊；矿产资源开发利用企业与社区（村镇）间利益博弈失衡的凝聚力差距；矿产资源开发利用企业与社区（村镇）间利益博弈失衡的纠纷解决机制缺位；矿产资源开发利用企业与社区（村镇）间利益博弈失衡的信息机制不畅。其次，分析了政府与社区（村镇）间利益博弈失衡的原因，包括政府与社区（村镇）间利益博弈失衡的内在矛盾；政府与社区（村镇）间利益博弈失衡的理念和法律约束滞后；政府与社区（村镇）间利益博弈失衡的体制性原因。

第一节　矿产资源开发利用企业与社区 （村镇）间利益博弈失衡的原因

一　矿产资源开发利用企业与社区（村镇）间相互作用的机理

矿产资源开发利用企业与社区（村镇）作为矿产资源开发利用中的两个独立的利益主体，矿产资源开发利用企业是社区（村镇）的嵌入者，而社区（村镇）是矿产资源开发利用企业重要的一种外部治理机制，两者间存在广泛的法律、经济和文化资本等方面的互动交流，其相互之间的交流机制及其作用规律构成了相互作用机理，影响两者间的利益博弈均衡发展。具体而言，矿产资源开发利用企业与社区（村镇）的相互作用是在特定的环境（如政府、法律等）中发生的，受到环境的重要影响；两者间的相互关系处理受制于各自的目标、意图和力量；两者的相互作用结果受制于各自的结构体系及相应的能力；两者的相互作用受制于双向反馈体系。

（一）矿产资源开发利用企业与社区（村镇）间的利益博弈受制于政府法律环境

鉴于矿产资源开发利用企业与社区（村镇）间的相互作用是在特定的环境（如政府、法律等）中发生的，因而，环境在相当程度上直接决定了两者间的利益博弈均衡结构。主要的环境影响特征在于：

（1）政府会把矿产资源开发利用企业与社区（村镇）间的利益博弈纳入管理范围。相比于矿产资源开发利用企业和社区（村镇），政府在社会生活的影响力更大；同时，在很大程度上，矿产资源开发利用企业与社区（村镇）均是政府矿产资源开发管理职能的作用对象。

（2）政府的行为选择偏好可能影响到矿产资源开发利用企业与社区（村镇）间的利益博弈结构。矿产资源开发对政府承担的社会责任角色的期待，决定了政府需要矿产资源开发利用企业的社会参与来帮助其摆脱困境，减轻政府来自社区（村镇）社会等的压力，如减少缓解失业、治理污染和投资社区（村镇）公用事业等，因此，矿产资源开发利用企业承担一部分有利于政府实施矿产资源开发宏观政策的社会责任，相应地会获得政府对其社会参与行为的积极认同，在制定和实施矿产资源开发政策上存在向其倾斜的利益偏好，对其发展给予支持，从而可能影响到矿产资源开发利用企业与社区（村镇）间的利益博弈结构。

（3）政府对矿产资源开发利用企业和社区（村镇）间的作用力可能较大。从不完全契约的角度出发，鉴于现实中的有限理性和机会主义的存在，以及未来的不确定性，导致矿产资源开发利用企业或社区（村镇）与政府间利益互动常常表现出天然的不完全。因此，相比于法律而言，矿产资源开发利用企业与政府、社区（村镇）与政府之间契约的不完全性，需要沟通与协调的领域也自然更多。

（二）矿产资源开发利用企业与社区（村镇）间的利益博弈受制于目标选择和力量对比

鉴于矿产资源开发利用企业与社区（村镇）间的本质关系属于利益关系，由于两者具有地理上重合的特点，决定了其相互之间的利益博弈是长期的。因此，从总体上讲，两者间的利益博弈是长期利益与短期利益的统一。也就是说，目标是各自的长期利益，意图是各自的短期利益，而力量则是各自的现实力量及其拥有的资源。由于两者是不同的利益主体，具有各自不同的目标、意图和力量，两者间的利益博弈关系受制于各自的目标、意图和力量的对比。

（1）矿产资源开发利用企业与社区（村镇）间利益博弈的目标、意图和力量差异。一是矿产资源开发利用企业与社区（村镇）两者间利益博弈的目标差异。在目标层次上，矿产资源开发利用企业的目标是实现利益最大化，其最终表现是经济利益；而社区（村镇）的目标虽然同样是利益最大化，但最终的表现包括高就业率、低污染率及高美誉度［和谐社区（村镇）］等，从而必然导致两者间的行为选择冲突，如低污染率的社区（村镇）与高经济利益的矿产资源开发利用企业在很大程度上是存在行为取向冲突的。

二是矿产资源开发利用企业与社区（村镇）两者间利益博弈的意图差异。在意图层次上，矿产资源开发利用企业对生命周期的预期和社区（村镇）内部利益的分化将不可避免地导致各自不同程度的短期行为；正如西蒙所言，矿产资源开发利用企业和社区（村镇）均是有限理性的，这将不同程度地导致其间的行为意图与目标追求的背离。

三是矿产资源开发利用企业与社区（村镇）间利益博弈的力量差异。在力量层次上，从理论上讲，矿产资源开发利用企业作为一个层级化的组织机构，其组织力量是相当强的；而社区（村镇）在本质上来讲，自治是其生命所在，其组织力一般要低于矿产资源开发利用企业。但鉴于矿产资源开发利用企业与社区（村镇）内部利益主体组成的多元化，矿产资源开发利用企业与社区（村镇）力量的差异呈现非常复杂的状态，直接导致两者间的相互作用在时间维度上的动态性。

（2）矿产资源开发利用企业与社区（村镇）间的利益博弈受制于子系统力量的对比。鉴于矿产资源开发利用企业是各个利益相关者的契约结构，社区（村镇）也是由不同利益主体构成的有机整体，其运作机制同样受制于各个利益主体之间的相互博弈。对于矿产资源开发利用企业而言，其内部治理结构中利益主体的强势地位特征直接决定了其利益目标、战略意图和力量大小；对于社区（村镇）而言，其内部不同的利益主体［居民、社区（村镇）政府、非政府组织等］各自的力量对比也同样决定了其目标、意图和力量。所以，矿产资源开发利用企业与社区（村镇）间相互作用的结果与各自的体系结构及相应的能力紧密相连，两者间的利益博弈均衡受制于子系统力量的对比。

（3）矿产资源开发利用企业与社区（村镇）间的利益博弈受制

于反馈评估。由于矿产资源开发利用企业与社区（村镇）之间的利益博弈是长期的，各自必然存在评价、反馈体系，会对其各自的目标、意图和力量重新做出评估。因此，两者间的利益博弈过程存在反馈体系的"双向系统"（Two - Way）。通过该双向系统的反馈评估，不仅使其能够对偶然事件迅速做出反应，并将其体现在两者间的利益博弈中，而且，该体系的存在也是两者间进行权变管理，达到利益和谐的重要内容。

因此，矿产资源开发利用企业与社区（村镇）之间利用各自资源的特性，在"双赢"的基础上进行广泛的、多层次的交流互动，产生了复杂的法律、经济和社会关系，同时这些关系又受到外界条件的影响，构成了两者间利益博弈的过程及均衡结构形态。

二 矿产资源开发利用企业与社区（村镇）间利益博弈失衡的内在动力

作为一个本质上以追求利益最大化为目的的经济组织，在社会化矿产资源开发利用企业出现的早期，受当时亚当·斯密的"看不见的手"经济理论的影响，普遍认为企业的责任就是为股东赚钱，"天下熙熙，皆为利来；天下攘攘，皆为利往"，企业在承担其他类型的社会责任方面并不积极。因此，从根本上讲，矿产资源开发利用企业与社区（村镇）间利益博弈的出现与兴起是矿产资源开发利用企业追求经济利益和法律利益的产物，同时也不排除它是矿产资源开发利用企业家精神自我实现过程的结果。

（一）矿产资源开发利用企业与社区（村镇）间利益博弈失衡的经济驱动力

作为社会经济组织，矿产资源开发利用企业的本质特征是追求利益最大化，并成为其与社区（村镇）利益博弈的基点。同时，由于矿产资源开发利用企业与社区（村镇）具有地理上的天然重合性，决定了双方间的博弈是重复的，导致两者间的利益博弈必须考虑到短期利益与长期利益的统一。参照边燕杰、丘海雄的实证研究结果①，社区（村镇）的社会资本对于矿产资源开发利用企业的绩效具有显著作用；矿产资源开发利用企业与社区（村镇）间的关系管理主要有：获取异质的要素、获得员工的忠诚、提升产品和矿产资源开发利用企业的形象、通过社区（村镇）影响政府决策四种直接或间接的经济利益，因此，可以认为，经济驱动力的不适当驾驭存在导致矿产资源开发利用企业与社区（村镇）间利益博弈失衡的可能。

（1）获取异质要素的过程可能导致矿产资源开发利用企业与社区（村镇）间的利益博弈失衡。正如不同的矿产资源开发利用企业具有异质性一样，社区（村镇）更是在要素禀性上异质于矿产资源开发利用企业。社区（村镇）对于矿产资源开发利用企业获取异质要素的作用主要体现在：一是要素贡献。如环境资源及人力资本、社会资本、文化资本等。二是区位优势。它是社区（村镇）拥有的自然禀赋，具有不可复制性，矿产资源开发利用企业最先享受到的就是社区（村镇）的区位贡献。三是制度。社区（村镇）通过体制创新和优惠政策，为矿产资源开发利用企业的发展提供各方面的便利。但由于矿产资源开发利用企业与社区（村镇）间，以及各自内部的多元利益主体之间的利益诉求和行为特点存在差异，因而，易导致两者间的利益博弈偏离多元均衡的可能。

（2）获得员工的忠诚过程可能导致矿产资源开发利用企业与社区（村镇）间的利益博弈失衡。员工作为在社区（村镇）中生活的一员，其在矿产资源开发利用企业工作和需求的满足程度，在很大程度上决定其在社区（村镇）中生活的心理满足感，并因此会对矿产资源开发利用企业贡献更多的忠诚。但员工忠诚度的获得过程会受制于其自身自主性、个性化、多样化和创新精神等特点；受到其认知程度、利益目标诉求和自我实现程度、透明公平管理机制的完

---

① 边燕杰、丘海雄：《矿产企业的社会资本及其功效》，《中国社会科学》2000 年第 2 期。

善度、文化氛围与领导人格魅力的凝聚力，以及沟通的有效性等制约，其间的复杂性极易导致利益偏差，从而导致两者间的利益博弈偏离多元均衡的可能。

（3）提升产品和矿产资源开发利用企业的形象可能导致矿产资源开发利用企业与社区（村镇）间的利益博弈失衡。从根本上讲，矿产资源开发利用企业的效益来源于其（产品）为需求者等利益相关主体创造的价值。因此，矿产资源开发利用企业的形象是极为重要的，好的形象意味着可以赚取额外的"形象租金"。而社区（村镇）既是除了员工以外，离矿产资源开发利用企业最近的群体，又是距离需求者等利益相关主体最近的群体，甚至在某种程度上是客户的一部分。因此，社区（村镇）的评价对于矿产资源开发利用企业的产品和形象是极为重要的。同时，许多现代矿产资源开发利用企业的竞争已超越产品层面进入品牌层面。因此，矿产资源开发利用企业所处社区（村镇）的评价，甚至社区（村镇）本身，在某种程度上已成了矿产资源开发利用企业形象的重要载体。但矿产资源开发利用企业的外部性极易损害社区（村镇）利益，从而导致两者间的利益博弈偏离多元均衡的可能。

（4）通过社区（村镇）影响政府决策可能导致矿产资源开发利用企业与社区（村镇）间利益博弈失衡。矿产资源开发利用企业与社区（村镇）的复杂关系决定了矿产资源开发利用企业可利用社区（村镇），将自身的利益诉求转化为社区（村镇）的行为诉求，从而在更大范围内获得认可和支持。如果矿产资源开发利用企业能够成功地影响社区（村镇），使其接受自己的诉求，那么，社区（村镇）在利用政府的强大力量为其谋福利的同时，也会帮助实现矿产资源开发利用企业的利益。如可口可乐公司的伍德鲁夫制定的"当地主义"战略①，通过缓解所在区域的就业压力和推动经济发展，也轻

---

① 《可口可乐之父伍德鲁夫：史上最伟大的推销员》，农业部信息中心，http：//information. zgp pny. com/ info26877. shtml。

松赢得了当地人的认可和接受，从而打破了政策壁垒。但处于强势地位的矿产资源开发利用企业与更强势的政府间的结盟偏好，极易在通过社区（村镇）影响政府决策的过程中损害社区（村镇）自身的利益，陷入矿产资源开发利用企业编制的陷阱和圈套，导致社区（村镇）在与矿产资源开发利用企业的利益博弈中"败北"。

（二）矿产资源开发利用企业与社区（村镇）间利益博弈失衡的法律约束力

（1）矿产资源开发利用企业的利益诉求行为需要法律约束。和任何社会组织一样，遵守法律是矿产资源开发利用企业的基本义务，很难想象，追求利益最大化的矿产资源开发利用企业，如果失去法律约束力，会与所在社区（村镇）处于整体的、健康的利益博弈关系中。因而，包括对社区（村镇）责任承担在内的许多社会责任已上升为法律层次，强迫矿产资源开发利用企业必须遵守。例如，2005年10月修订的《公司法》在认可股东价值最大化追求的同时，强化了社会责任。新《公司法》第五条明确要求必须"承担社会责任"。《上市公司行为准则》专设第六章"利益相关者"规定，"上市公司应尊重银行及其他债权人、职工、消费者、供应商、社区（村镇）等利益相关者的合法权利"；"上市公司在保持公司持续发展、实现股东利益最大化的同时，应关注所在社区（村镇）的福利、环境保护、公益事业等问题，重视公司的社会责任"。此外，《中华人民共和国大气污染防治法》、《中华人民共和国环境噪声污染防治法》、《中华人民共和国固体废物污染环境防治法》、《中华人民共和国环境保护法》、《中华人民共和国水法》等具体的部门法律也有相关的规定。

（2）法律约束力薄弱导致矿产资源开发利用企业与社区（村镇）间的利益博弈失衡。按照诺思的外部性理论，当矿产资源开发利用企业的行为所引起的自身成本不等于社会成本，自身收益不等于社会收益时，将存在外部性。因此，在市场机制条件下的矿产资源开发利用中，鉴于矿产资源开发利用企业的利益最大化行为原则，会时刻通过成本与收益原则分析自身的行为取向，导致作为理性经济人的矿产资源开发利用企业不会自觉地去解决负外部性问题。如污染环境是具有负外部性的典型事例，矿产资源开发利用企业的环境侵权是其为实现终极目标所附带的副（负）产品；因为对矿产资源开发利用企业来说，大部分治污成本属于外部成本，没有主动支付这部分成本的动力；而且矿产资源开发利用企业在排污过程中的私人成本常常小于社会成本，造成增加产量和排放污染的内在利益动机。而未加治理的污染，会侵害所在社区（村镇）的人身、财产以及其他环境权益，造成环境侵权。因此，法律约束力薄弱，会形成矿产资源开发利用企业的外部性行为放大，导致矿产资源开发利用企业与社区（村镇）间的利益博弈失衡。

（三）矿产资源开发利用企业与社区（村镇）间利益博弈失衡的内在对抗力

矿产资源开发利用企业与社区（村镇）间的冲突最主要表现在道德价值观和社会成本问题方面。

（1）矿产资源开发利用企业与社区（村镇）间存在道德体系冲突。一般认为矿产资源开发利用企业信仰个人主义道德观；而社区（村镇）作为自治组织，信仰集体主义道德观，两者间存在一定的冲突。所以，矿产资源开发利用企业与社区（村镇）间的利益关系从本质上说是对抗性的。而且，矿产资源开发利用企业在获取更多基于个人主义道德观基础的利益最大化时，常常采取各种手段侵犯社区（村镇）等利益相关者的利益，导致矿产资源开发利用企业与社区（村镇）间利益博弈的失衡。

（2）矿产资源开发利用企业与社区（村镇）间存在社会成本问题冲突。社会成本的形成总是与不适当的行为选择有关，如果矿产资源开发利用企业的决策与行为是以自身的效用或股东的经济利益为出发点和判别标准，那么对社区（村镇）等的社会责任的问题就不会进入其管理层的视野，从而社会成本问题就不可避免。导致矿产资源开发利用企业竭尽全力通过资本的有效利用在为自身谋利的同时，却给社区（村镇）等利益相关主体造成了为数巨大的费用和损失；导致把本应内化的成本予以外化转嫁给社区（村镇）等，并造成一系列的社会问题，如生态污染环境等，给社区（村镇）居民和政府目标带来压力。

三　矿产资源开发利用企业与社区（村镇）间利益博弈失衡的力量悬殊

矿产资源开发利用企业与社区（村镇）间的利益博弈是在一定的社会环境中展开的。社会环境可以影响利益博弈的生成形式、趋势和结果。按照一般均衡分析，利益博弈的结果与双方的实力密切相关；而衡量实力的指标通常是经济、地位和权力。

（一）矿产资源开发利用企业与社区（村镇）间利益博弈失衡的经济差距

（1）矿产资源开发利用企业是一种基于契约的资源聚集场所，其最核心的资源就是经济资源。矿产资源开发利用企业与社区（村镇）之间的经济差距是巨大的。单个矿产资源开发利用企业的平均总投资、累计实现的总产值，以及利润税收至少都在数万元。相对而言，社区（村镇）的经济水平差得很多。社区（村镇）居民的人均收入与矿产资源开发利用企业常常甚至不在一个数量级；而且需要将纯收入中的大部分用于日常的开支，如子女教育费、医药费和种子、农药和花费、人情往来等。而且社区（村镇）居民想要组织起来需要很高的成本。因而，面对矿产资源开发利用企业的存在而派生的生态环境污染纠纷等，要承担巨额的交涉费用是有很大难度的。

（2）矿产资源开发利用企业拥有巨大的经济优势，在与社区（村镇）间利益博弈中，可以调动很多的力量。矿产资源开发利用企业在评估污染损失的时候，可以影响评估机构的独立性；如果遇到个别社区（村镇）居民"闹事"，可以指使社会中的"混混"干扰环境维权者的生活；如果遇到社区（村镇）居民起诉，可以雇用优秀的律师。

（二）矿产资源开发利用企业与社区（村镇）间利益博弈失衡的政治地位差距

（1）矿产资源开发利用企业与社区（村镇）间的政治地位差距主要表现在与地方政府的互动距离。一般而言，距离权力中心越近的社会主体在社会分层体系中地位越高。如果权力的产生方式是自上而下的，那么决定其与地方政府距离远近的主要因素是政绩贡献和经济利益。如果权力的产生方式是自下而上的，那么决定其与地方政府距离远近的因素还有人口。在地方政府是由上级政府推荐产生的背景下，矿产资源开发利用企业与社区（村镇）间的政治地位差距主要表现在矿产资源开发利用企业对政绩的贡献和与地方政府的经济利益关系，具有明显优势。

（2）矿产资源开发利用企业与社区（村镇）间的政治地位差距表现。一是矿产资源开发利用企业能为地方政府提供举足轻重的利税、就业和经济总量。特别是在资源禀赋优势明显的区域，为地方财政提供的税利能占地方财政收入的较高比例，甚至举足轻重。

二是矿产资源开发利用企业之所以受到地方政府的青睐，还有更深的经济利益关系。如，属于"招商引资"的重点项目，涉及地方的信誉和品牌；属于合作项目，而且部分还可能是由地方政府出资组建成立的。政府参股，既影响政府对矿产资源开发利用企业的管理，又影响矿产资源开发利用企业的行为。由于两者在以经济发展为中心的战略上具有本质的一致性，因此，矿产资源开发利用企业得到地方政府的重点保护是自然的事情。因此，矿产资源开发利用企业对经济不发达又有资源禀赋、交通便利的落后地区的政府有很大的吸引力，以致矿产资源开发利用企业与地方政府间的关系自然比较紧密。

三是矿产资源开发利用企业具有流动性，可以在各个地区之间进行投资环境的比较，迫使地方政府承诺更优惠的条件。因此，地方政府虽然掌握公共权力，但对矿产资源开发利用企业具有内在的偏爱动力。即使面对社区（村镇）利益的损害，仍然对矿产资源开发利用企业进行非常谨慎的处理；不遇到非常强大的压力，关停的决定是不会做出的。

（三）矿产资源开发利用企业与社区（村镇）间利益博弈失衡的凝聚力差距

矿产资源开发利用企业与社区（村镇）间利益博弈的凝聚力差距主要体现在组织化程度。

（1）矿产资源开发利用企业的组织化程度较高。任何矿产资源开发利用企业都是有一定规模的经济组织，有固定的人员、制度、经费等。对于外界的反应，内部的决策，都有专业人员按照一定的程序加以应对处理，不需要逐一加以动员和说服，从而体现出组织的优势。

（2）社区（村镇）的组织化程度较低。虽然社区（村镇）中存在村民委员会组织，但在生态环境污染纠纷中，其作用是消极的。这种局面与中国社区（村镇）居民自治的不彻底有直接的关系。如果可以对社区（村镇）事务完全自决，那么，当大部分社区（村镇）居民认为必须与矿产资源开发利用企业进行污染交涉时，就可以主动进行环境维权。鉴于社区（村镇）的组织化程度较低，社区（村镇）居民自治的不彻底，社区（村镇）组织认为自己是上一级政府的下级，而环境维权的对象常常是基层政府招商引资的项目，与地方政府的利益密切相关，因而，社区（村镇）居民的环境维权行为必须面对诸多困难：一是要组织大量分散的社区（村镇）居民，征求同意；二是要面对话语权缺乏，维权经验缺乏的挑战；三是要克服维权成本的困难，筹集经费；四是由于两者之间的地位差距太过明显，个别人的维权行为往往不被矿产资源开发利用企业和当地社区（村镇）组织重视，甚至会招致矿产资源开发利用企业的报复。

四　矿产资源开发利用企业与社区（村镇）间利益博弈失衡的基本制度背景约束

（一）矿产资源开发利用企业与社区（村镇）间利益博弈失衡中的资源产权关系不明确

（1）资源的所有权和使用权不明确。科斯认为，没有产权的社会是效率绝对低下、资源配置绝对无效的社会，清晰的界定产权且产权可以自由地转让，好的产权制度对提高经济效益有显著影响。在矿产资源开发利用企业与社区（村镇）间的利益博弈中，目前中国资源的所有权和使用权并不明确。根据现行法律规定，中国资源的所有权属于国家，国务院代表国家行使占有、使用、收益和处分的权力。具体以什么形式所有，并不十分清楚，势必影响矿产资源开发利用企业与社区（村镇）间的利益博弈均衡发展。

（2）资源的产权结构不完整，缺乏对资源所在地社区（村镇）居民优先受惠权的考虑。鉴于资源丰富地区的开发利益与当地社区（村镇）居民的关联度极高，根据国外的经验，社区（村镇）居民大都能从矿产资源开发利用中得到丰厚的实惠，如海湾地区因为富产石油，百姓很富裕。但据调查①，中国矿产资源开发与当地社区（村镇）居民的增收脱节，大型矿产资源开发利用企业主导的矿产资源开发与地方经济发展的关联度不高，特别是当地社区（村镇）大多数居民没有增收，缺乏对资源所在地社区（村镇）居民优先受惠权的考虑。

（二）矿产资源开发利用企业与社区（村镇）间利益博弈失衡中的环境保护立法和监督缺陷

（1）矿产资源开发利用的环境保护立法标准不完善。一是污染物排放标准本应是强制性标准，超标排放就是违法，应给予行政处罚甚至刑事责任追究；而现行的个别环境污染防治专项法律却只要求超标排污者交纳排污费即可。二是现行环境污染防治法律规定的排污标准偏低，行政处罚力度不够，相当一部分法律、法规对污染行为规定的应缴费用过低。有资料显示，目前污染超标的排污费交纳只相当于污染治理费用的 10%—15%，远远低于正常的治污

① 刘建新、蒲春玲：《新疆在资源开发中的利益补偿问题探讨》，《经济视角·下半月》2009 年第 2 期。

费用。①

（2）环境保护立法标准不完善导致的利益失衡行为效应。由于中国实施的环境污染防治标准相对偏低，监督成本较高，客观上鼓励了矿产资源开发利用企业排放污染物的积极性，造成其宁愿交纳罚款，也不愿在污染防治设备、设施、工艺等方面进行投资，以降低污染程度直至消灭污染。同时，也造成一些国外高污染矿产资源开发利用企业为逃避本国高额的污染处罚，选择到中国投资矿产资源开发。加剧了矿产资源开发利用企业与社区（村镇）间利益博弈的失衡，加剧了中国环境污染和生态破坏的程度。

（三）矿产资源开发利用企业与社区（村镇）间利益博弈失衡中的生态环境外部性补偿机制不稳定

（1）存在制度不全、制度滞后及管理不严的问题。缺乏专门的环境保护补偿立法，只是散见于一些相关法律法规的某些条款之中，缺乏独立、统一和具有针对性的法律法规或规章对其加以规范。分散的规定导致实践中针对性和可操作性不强，矿产资源开发利用企业所在的社区（村镇）的地质环境保护补偿机制无法可依。

（2）整个社会对矿产资源开发利用中的生态地质环境保护问题还认识不足，重救灾、轻减灾防灾。矿产资源开发利用企业开发普遍存在"重开发、轻保护"的现象。由于缺乏有效的监管手段、责任制度和专门的立法规范，矿产资源开发利用企业只重视开采资源，普遍缺乏保护社区（村镇）地质环境意识；矿产资源开发利用企业开发的设计方案中常常没有把保护社区（村镇）地质环境作为重要内容；导致社区（村镇）地质环境保护压力很大。

（3）社区（村镇）地质环境保护和恢复治理专项资金不足，治理水平低。目前矿产资源开发利用企业基本没有专门用于保护与恢复治理社区（村镇）地质环境的资金，开采资源产生的环境成本也

---

① 覃湘阳、曹明华：《环境污染问题的博弈浅析》，《中小矿产企业管理与科技》2009年第15期。

未列入矿产资源开发利用企业的生产成本，导致社区（村镇）地质环境被破坏后，没有专项资金进行治理。社区（村镇）生态地质环境保护及恢复治理还处于较低水平，特别是对社区（村镇）地质灾害和环境地质问题的防治机制也是局部和表面的，未做到标本兼治。

五 矿产资源开发利用企业与社区（村镇）间利益博弈失衡的纠纷解决机制缺位

在矿产资源开发利用企业与社区（村镇）间利益博弈失衡的纠纷处理制度中，关于利益矛盾的主要解决方法有三类：根据协调性质、协调主体的不同、不具有强制性特点的民间调解，行政处理方法，以及具有强制性特点的民事诉讼办法。其任一种利益纠纷机制不完善均会导致两者间的利益博弈失衡的可能。

（一）矿产资源开发利用企业与社区（村镇）间利益博弈失衡的民间调解制度及其效应

（1）矿产资源开发利用企业与社区（村镇）利益纠纷的民间调解及其优势。民间调解是由调解委员会进行的，是社区（村镇）或其下设的调解民间利益纠纷的群众性组织，可以解决矿产资源开发利用企业与社区（村镇）居民间的利益博弈过程中产生的生态环境等利益纠纷；特别是在双方存在合作关系时，调解是解决纷争、增强矿产资源开发利益和谐发展的一种有效方法。只是有些鉴定需要专业人士承担，由各当事人共同委托专家进行。从成本效益上看，经过矿产资源开发利用企业与社区（村镇）间的相关当事人理性的协商和妥协，可以节省相当的费用；调解属于非对抗性的解决方式，使双方间的利益博弈关系能够正常维持，不会中断已经产生的矿产资源开发利益联系，最终可能得到"双赢"的结果。

（2）矿产资源开发利用企业与社区（村镇）间利益纠纷的民间调解劣势以及两者间利益博弈失衡的可能。鉴于民间调解具有：调解结果没有法律上的约束力和强制性，调解结论实施不能得到法律保障；调解的主持人可能不具备专门的知识和经验，在解决具有专业性复杂性特点的生态环境等利益失衡侵权纠纷时难起到预期效果；调解程序的非规范性使结果很可能向实力和能力强的倾斜，使利益存在明显失衡可能；若一方从合作转向对抗策略，那么很难达成最终一致等缺陷，因此，民间调解一般仅限于矿产资源开发利用企业与社区（村镇）间的利益博弈利益纠纷争中较小的熟人关系圈内发生的生态环境等利益纠纷，在遇到关系生存问题的利益纠纷时，易导致矿产资源开发利用企业与社区（村镇）间利益博弈的失衡，民间调解往往很难被考虑。

（二）矿产资源开发利用企业与社区（村镇）间利益博弈失衡的行政处理制度及其效应

（1）矿产资源开发利用企业与社区（村镇）利益纠纷的行政处理及其特点。关于社区（村镇）生态环境侵权纠纷的行政处理，《环境保护法》第41条规定："造成环境污染危害的，有责任排除危害，并对直接受到损害的单位或者个人赔偿损失。矿产资源开发利用企业与社区（村镇）间的赔偿责任和赔偿金额的纠纷，可以根据当事人的请求，由环境保护行政主管部门或者其他依照法律规定行使环境监督管理权的部门处理；当事人对处理决定不服的，可以向人民法院起诉。当事人也可以直接向人民法院起诉。"

（2）利益纠纷的行政处理存在矿产资源开发利用企业与社区（村镇）间利益博弈失衡的可能。中国目前的环境纠纷的行政处理体制不完善：一是没有具体规定环境纠纷行政处理的具体程序；二是行政处理的性质属于调解，不具有强制力；三是没有专门的环境纠纷处理机构和人员编制，也没有经费来源；四是将行政处理视为行政调解规避了环保机构的责任，限制了环保机构的信息优势和专业知识优势的发挥。因此，存在导致矿产资源开发利用企业与社区（村镇）间利益博弈失衡的可能。

（三）矿产资源开发利用企业与社区（村镇）间利益博弈失衡的民事诉讼制度及其效应

（1）矿产资源开发利用企业与社区（村镇）间利益纠纷的民事诉讼制度不完善。根据《民事诉讼法》和《环境保护法》，生态环境利益受到侵害的社区（村镇）可向人民法院起诉，请求判令矿产资源开发利用企业侵权者停止侵害、排除妨碍、赔偿损失，但并没有满足对环境正义的诉求，导致矿产资源开发利用企业与社区（村镇）间的利益博弈失衡。主要原因如下：一是民事诉讼的直接利害关系人不确定。法律规定通常只有直接受到损害的单位或个人才可以向法院起诉，任何人不得对与己无关的财产主张权利，但在社区（村镇）的环境侵权中，具有直接利害关系的受害者往往难以确定，某些情况下，遭受破坏的环境是社区（村镇）或社会共享的公共财产，没有明显的直接受害人，导致法院可以不予立案。同时，在《环境保护法》总则第6条中又规定："一切单位和个人都有保护环境的义务并有权对污染和破坏环境的单位和个人进行检举和控告"。但没有将此条控告权具体化，实务中也就失去了应有的效果。二是民事诉讼的损害补偿内容不完善。关于损害补偿的内容滞后于现实，在环境纠纷中，社区（村镇）精神损害和环境权益损害等均未予以考虑，极大地减小了矿产资源开发利用企业的赔偿责任。三是举证责任原则。举证责任倒置（"谁主张，谁举证"）原则是民事诉讼的基本原则。但在环境侵权案例中，鉴于社区（村镇）常常处于信息劣势，导致社区（村镇）在与矿产资源开发利用企业的利益博弈中利益受损。

（2）矿产资源开发利用企业与社区（村镇）间利益纠纷的民事诉讼制度不完善的制度原因。一是起草阶段可能由行政主管部门包办，没有污染受害者社区（村镇）等的广泛参与，导致行政管理措施偏重，而民事措施偏轻。二是上级法院很少能够接触到社区（村镇）生态环境等利益受损案件，但在征求相关法案的解释时，其意见最能得到尊重。三是立法人员和人大常委会委员们平时很少能够接触到社区（村镇）生态环境等利益纠纷案件，不十分了解矿产资源开发利用中的立法实际需求。

总结上述矿产资源开发利用企业与社区（村镇）间利益博弈失衡的纠纷解决机制背景，可以看出：中国的法律制度对矿产资源开发利用企业的污染制约能力还非常弱，不仅社区（村镇）对其的制约能力偏弱，而且行政主管部门的制约能力也偏弱。这样的纠纷解决机制在矿产资源开发实践中引起了很大的负面效果，导致利益博弈失衡。

六　矿产资源开发利用企业与社区（村镇）间利益博弈失衡的信息机制不畅

（一）矿产资源开发利用企业与社区（村镇）间利益博弈的逆向选择

（1）矿产资源开发利用企业与社区（村镇）间的逆向选择条件。矿产资源开发利用企业与社区（村镇）间存在逆向选择的根本原因在于信息不对称。矿产资源开发利用企业比社区（村镇）更具体地知道其开发资源的工艺技术水平、矿产品的真实质量，以及对生态环境的真实影响等信息；而社区（村镇）由于知识水平的局限，以及矿产资源开发利用企业工艺技术的保密性，仅能获得少量的有关矿产资源开发利用的工艺和产品信息，而对生态环境的影响进行预期判断，对矿产资源开发利用企业的存在价值进行估计。一般地，社区（村镇）对矿产资源开发利用企业的开发行为预期是建立在实际感受基础上的，但矿产资源开发利用企业可通过对具体矿产资源开发工艺和终端产品的外部包装选择，对其外部形象进行微观规划，极大地改变社区（村镇）的价值判断。

（2）矿产资源开发利用企业与社区（村镇）间的逆向选择过程。理性的社区（村镇）对矿产资源开发利用企业的行为决策及其影响并非完全被动，在无法判别矿产资源开发利用企业的行为导向和后果时，社区（村镇）将依据该类矿产资源开发利用企业提供的平均信息做出预期，并与自己所了解的特定矿产资源开发利用企业将能提供的行为质量及成本信息，决定该矿产资源开发利用企业在社区（村镇）的存在价值。

（二）矿产资源开发利用企业与社区（村镇）间利益博弈的道德风险

道德风险意味着在最大限度地增进自身效用的同时，做出不利于其他利益主体的行动；或者说是当签约一方不完全承担风险后果时，所采取的自身效用最大化的自私行为。矿产资源开发利用企业与社区（村镇）之间的信息不对称将导致矿产资源开发利用企业的诱骗行为。也即矿产资源开发利用企业从自己的利益出发，有意识地给社区（村镇）提供不必要的或者是不合理的矿产资源开发信息，诱骗或蒙蔽社区（村镇），如使社区（村镇）相信没有或仅有轻微的生态环境问题。这是由于矿产资源开发利用企业从利润最大化角度出发具有诱导需求的动机和动力。信息不对称为矿产资源开发利用企业提供了诱骗行为的条件，使行为控制权掌握在矿产资源开发利用企业手中，导致了矿产资源开发利用企业对社区（村镇）产生道德风险行为。

（三）矿产资源开发利用企业与社区（村镇）间利益博弈的信息差距

（1）矿产资源开发利用企业存在信息优势的表现。作为一种经济组织，矿产资源开发利用企业不仅聚集了一定的开发资源的生产资料和劳动力要素，也聚集了大量的信息。由分散的个体居民组成的社区（村镇）在信息的拥有上难以与矿产资源开发利用企业抗衡。矿产资源开发利用企业掌握着生态环境评价资料、生产工艺、污染物的排放和处理方法及其效果。而社区（村镇）居民对自己所受污染损失的范围、程度不是非常清楚，对于自己的损失与矿产资源开发利用企业的行为选择之间的因果关系不是很清楚。

（2）矿产资源开发利用企业与社区（村镇）间对付信息劣势的能力和手段存在差距。社区（村镇）居民靠自身力量获得的信息始终是相对肤浅的，除非通过昂贵的司法程序强制获得环境信息（有时候也未必成功）。矿产资源开发利用企业尽管也有信息缺乏的情况，如不清楚社区（村镇）居民的环境维权行为方式、目的以及纠纷对矿产资源开发利用企业今后的影响。但矿产资源开发利用企业作为经济组织，人、财、物都具备，在应对信息劣势的能力和手段上有显著优势。

第二节　矿产资源开发利用中政府与社区 (村镇)间利益博弈失衡的原因

在社区（村镇）的发展管理中，作为执掌公共权力的代表，政府履行对其公共事务管理引导的职能，维护公共利益。但首先，政府部门作为矿产资源开发利益群体的一部分，本身也有着独立的利益，所以，政府利益和社区（村镇）公共利益的关系既有一致性也有矛盾性，决定了两者间的关系是一种合作与监督的关系。其次，在政府与社区（村镇）间的合作与监督利益关系模式中，当两者面对共同的矿产资源开发问题时，为实现共同的利益目标必然会通力合作，政府通过依赖社区（村镇）推行其决策，实现其行政管理和服务的目的；而社区（村镇）也需要借助政府的资助及授权，获得实质性管理的权能，以实现其自治管理的目的。另外，社区（村镇）作为所在区域公共利益和自身利益的代表，有着利用手中权力维护自身利益的倾向，为防止这种倾向发生，需要政府承担对其监督的责任；而社区（村镇）为防止政府部门利用行政权力侵犯社区（村镇）及其居民利益，需要对政府权力进行监督。但由于传统行政理念的制约、管理体制的不完善、法制的不健全等因素的影响，政府和社区（村镇）间的合作与监督的关系会异化为政府对社区（村镇）的单向控制和单向监督关系，政府部门利益会覆盖或侵犯社区（村镇）的公共利益，导致两者间的矿产资源开发利益博弈关系出现失衡现象。

一　矿产资源开发利用中政府与社区（村镇）间利益博弈失衡的内在矛盾

（一）矿产资源开发利用中政府与社区（村镇）间的微观主体利益诉求差异

在社区（村镇）与政府间的利益博弈中，微观利益主体主要有三个层面：一是政府工作人员，二是社区（村镇）工作者，三是普通居民。

（1）政府工作人员的利益诉求与社区（村镇）的发展存在差异。就政府工作人员而言，按照韦伯的官僚理论，公职人员考虑问题的先后顺序应当是先社会利益，再部门利益，最后才是个人利益。但由于政府工作人员的个体"理性"存在，主观意识里存在着多努力争取资源和尽量减少负担的思想，大多数考虑问题的出发点是个人利益，其次是部门利益，最后才是社区（村镇）发展的社会利益。同时，政府工作人员尤其是涉及社区（村镇）发展的直接工作人员还存在一种思维惯性，习惯于过去长期以来所遵循的工作方式，只发挥桥梁作用，即上传下达，不亲力亲为，厌恶、阻碍社区（村镇）发展。因此，在政府与社区（村镇）间的矿产资源开发利益博弈中，如果把其间原来的领导与被领导、命令与服从的关系改为指导与协助、服务与监督的关系，当然不利于政府工作人员下达指令、分解任务，因此，会想方设法利用自己手中掌握的权力和资源，限制社区（村镇）自治功能的发挥，导致政府与社区（村镇）间的矿产资源开发利益博弈失衡。

（2）社区（村镇）工作者的利益诉求与社区（村镇）的发展存在差异。就社区（村镇）工作者来说，常常一方面抱怨自己工作任务重、压力大，但又习惯于在传统的垂直管理体系中工作，习惯于对上负责而不对下负责。因为相对于政府来说，社区（村镇）常常居民人数众多，众口难调，工作再努力也很难得到所有一致认可。相反，只要踏踏实实地为政府做事，就会得到庇护，坐稳位子。所以，在政府与社区（村镇）间的矿产资源开发利益博弈中，对于政府的放权让利极力支持，而对于扩大民主、发动居民参与社区（村镇）公共事务，如直接选举，则明显抵触，导致其对政府与社区（村镇）间的利益均衡取向，半推半就，形成利益博弈失衡倾向。

（3）社区（村镇）居民的利益诉求与社区（村镇）的发展存

在差异。就社区（村镇）居民来说，多数认为社区（村镇）就是政府的基层组织，也没想着自己是社区（村镇）中的一员而主动地参与到社区（村镇）的矿产资源开发公共事务中来，延续多年来居民对单位的那种依赖意识，缺乏权利意识和参与意识。导致社区（村镇）发展内部监督缺位，给予政府干预的种种借口，增加了制约机会，限制了社区（村镇）发展和利益博弈均衡发展。

（二）矿产资源开发利用中政府与社区（村镇）间的内在利益冲突

政府与社区（村镇）存在广泛的利益共容。然而，又存在矿产资源开发利益目标的分歧、博弈与冲突。

（1）近期目标与长期发展目标。社区（村镇）的近期目标与政府的长期发展目标存在冲突。虽然社区（村镇）也关心其长期发展，因为经济社会发展、生态环境质量的提升将为其带来长远利益；但从时间贴现的角度看，社区（村镇）更希望能享受更多的眼前利益，比如获得就业机会、收入提升、基础设施的改善等。但矿产资源开发对生态的过度耗费、对环境的污染和破坏等，无疑严重影响了社区（村镇）的长期发展以及整体福利的提升。作为对所有公民都具有约束力的契约安排、社会公共利益的代表，政府有责任矫正与约束各种损害社区（村镇）整体环境利益的短期行为，以实现社区（村镇）长期的、可持续的发展，因而，政府与社区（村镇）可能存在近期目标与长期发展目标间的冲突。

（2）社区（村镇）的公共物品追求与政府有限能力。社区（村镇）对公共物品的理性追求与政府的有限能力存在冲突。社区（村镇）作为矿产资源开发利用中的人口与经济活动聚集中心，与政府提供的良好公共物品供给密不可分。环境保护、生态质量等公共物品是矿产资源开发利用企业生产与社区（村镇）生活不可或缺的支撑，而政府的一项重要职能就是提供有效的公共物品与服务。社区（村镇）作为政府提供公共物品和服务的受益者，有着天然的追求；而且根据马斯洛的需求层次理论，社区（村镇）对公共物品的质量与数量要求是不断上升的。而政府囿于有限的财力或制度的约束，很可能难以满足社区（村镇）日益增长的物质文化需求。

（3）委托—代理下的利益悖论。在社区（村镇）的经济社会发展、生态环境治理、环境保护中存在与政府的委托—代理关系。委托人是广义的社区（村镇）发展的利益相关主体，代理人是政府。由于政府官员利益目标的存在，例如官员薪金、额外津贴等货币目标和政绩、声誉、荣誉和在职消费等非货币性目标；因此，在作为委托人的社区（村镇）与作为代理人的政府对信息的占有不对称的情况下，政府官员可以利用其信息优势采取机会主义行为，导致代理成本的产生，形成政府与社区（村镇）间的利益相悖，损害社区（村镇）的利益，满足政府的机会主义倾向。

（三）矿产资源开发利用中政府与社区（村镇）间委托—代理关系的多层次内在障碍

委托—代理理论将经济学理念引入公共管理领域中，可将矿产资源开发利用中的相关利益主体都看作理性经济人，分析彼此之间的关系。在委托人监督不到位的地方，代理人就有可能不顾委托人的利益而采取机会主义行为，从而使政府与社区（村镇）间委托—代理关系出现多层次内的在障碍。

（1）社区（村镇）对政府授权过程中的逆向选择。逆向选择指代理人的条件禀赋信息不为委托人完全所知时，劣质人员较优秀者更容易取得代理人资格，最终导致"劣者驱逐优者"的"次品充斥的市场"。在社区（村镇）对政府代理人的选择中，由于政府与社区（村镇）之间存在信息不对称，作为委托人的社区（村镇）不具有能有效识别优质政府人员的禀赋。而且，社区（村镇）选择代理人的行为空间狭小，甚至没有选择余地。所以，信息占垄断性优势的劣质政府代理人常常占据有利地位，最终成为社区（村镇）的代理人。

（2）政府作为社区（村镇）代理人的道德风险和短期行为。败德行为指代理人利用信息优势，通过降低劳动努力水平或采取机会主义行为来达到自我效用最大化的现象。在社区（村镇）发展中，这类问题产生的原因主要是社区（村镇）委托人对相关信息掌握的不完全，制度环境的不完善，以及环境的不确定性，难以在契约中对政府代理人的权责、行为方式及其结果加以约束。这种契约的不完备性使政府在行使社区（村镇）的公共事务权力进行管理时，所选择的价值目标、行为方式以及工作努力程度就有可能低于或有悖于社区（村镇）委托人的期望，甚至以牺牲社区（村镇）社会公共利益为代价来换取政府部门利益最大化。同时，由于社区（村镇）发展环境的不确定性及服务对象的特定性，服务效果很难用一个标准来量化。如果把政绩作为唯一的或最重要的评价标准与报酬挂钩，而忽视其他辅助性的制度体系建设，就很容易引发代理人的短期行为。如政府代理人会以那些周期短、见效快、上级关注度高的矿产资源开发事项为"抓手"，搞标志性工程建设，片面追求任期内政绩。

二　矿产资源开发利用中政府与社区（村镇）间利益博弈失衡的理念和法律约束滞后

（一）矿产资源开发利用中传统行政理念的制约导致政府与社区（村镇）间的关系失衡

在目前中国的社区（村镇）管理实践中，由于受传统行政理念的影响，对政府与社区（村镇）间的关系认识不清，把政府管理与社区（村镇）自治看成是一种简单的"冲突"关系。首先，担心社区（村镇）自治会影响政府权威，有碍于政府管理目标的落实；尽管社区（村镇）需要自治，但如果拒绝政府下派的任务，政府的矿产资源开发目标任务就不能完成；另外，担心政府从社区（村镇）退出后，社区（村镇）工作者没有能力履行自治功能。社区（村镇）自治可能意味着政府从社区（村镇）的退出，在目前居民素质不高，缺乏认同意识、民主参与意识的情况下，要社区（村镇）履行自我教育、自我服务和自我管理的自治功能是不可能的。由于在理论上对政府与社区（村镇）间的关系认识不清，在观念上难以突破旧有体制的束缚，在行为上就难以放手。导致社区（村镇）仍承担着行政管理职能，代表政府的意志来管理社区（村镇）的公共事务，成为行政化的组织，使其无法形成与政府之间的均衡发展，也就无法监督制约政府，培育了其间利益博弈失衡的土壤。

（二）矿产资源开发利用中法律滞后导致政府与社区（村镇）间的关系失衡

（1）对社区（村镇）的角色定位不明确。宪法和机构组织法未对社区（村镇）的自治领域、自治性质加以明确的限定或解释，由此模糊了两者间的权力界限，为政府对社区（村镇）的控制留下了空间，导致现实中大多数政府官员在矿产资源开发管理中，将社区（村镇）视为纯基层政权的组织形式。

（2）政府和社区（村镇）间的职责不清。从 1954 年公布的《居民委员会组织条例》和 1989 年通过的《居民委员会组织法》的规定来看，每项规定都只是对该方面工作内容抽象的概括，鉴于其具体内涵、外延在不同历史时期以及不同地区有很大的差别，形成法律的滞后和有限性，为政府向社区（村镇）摊派自身职责范围内的任务留下空隙。另外，对政府职责定位的模糊，缺乏有关的运作措施和具体规则。导致政府在履行社区（村镇）管理职能时有些方面越位，以指导之名行领导之实，过多介入社区（村镇）的自治事务，包揽了过多应由社区（村镇）承担的职能；有些方面又缺位，如对社区（村镇）群众自治组织、中介机构、社会工作团体的培育指导不力，对介入社区（村镇）发展的专业性非政府组织的"资助性投入"不足。

（3）政府和社区（村镇）间的法制监督不完善。一是对居民的监督权规定过于空洞模糊，使社区（村镇）居民在行使监督权时受到政府的种种制约；二是监督制度不健全，使相应的监督制裁措施软弱无力。鉴于法律、制度规定往往是原则性条文多，详细的可操作性的实施细则少，由于没有相应的监督权和制度保障，就不能对政府进行有效的监督，很难保证政府权力的正确使用，社区（村镇）利益不能有效维护，阻碍了社区（村镇）的健康发展，引发了社区（村镇）的各种矛盾冲突和不稳定因素。

三　矿产资源开发利用中政府与社区（村镇）间利益博弈失衡的体制性原因

（一）矿产资源开发利用中政府与社区（村镇）间利益博弈失衡中的基本体制性关系

政府与社区（村镇）间利益博弈失衡的根本原因在于刚性的政社不分体系。

（1）政府与社区（村镇）间的"政社不分"。虽然社区（村镇）自治客观上改变了与政府的关系，但由于全能主义政府的社会职能并没有转移给社区（村镇），因而真正的"契约分工"关系也就不可能完全体现在社区（村镇）的发展实践中。政府客观上会经常运用行政手段干预社区（村镇）的正常运作。而事实上仍然承担着部分政府行政事务和社会服务职能的社区（村镇），因其行政化服务优势既使其部分职能与政府的社会服务职能重合，又会压缩政府的社区（村镇）服务空间，导致政府的组织目标无法或者拖延实现。可见，政府与社区（村镇）间的理性契约分工关系、社区（村镇）服务空间的拓展，利益博弈均衡发展，根本上取决于对两者间"政社不分"的改革。

（2）政府对社区（村镇）社会资源的绝对控制。鉴于社区（村镇）发展所需的各种资源还大量掌握在政府手中，政府作为资源的提供者也在社区（村镇）的服务空间中发挥着重要的作用。因此，与政府相比，社区（村镇）可资利用和调动的资源极其有限，单凭社区（村镇）自身的力量无法成功扮演好自身发展服务的主要角色。无论在资金的调动能力上，还是在人力资源的调动上，社区（村镇）对政府都存在较强的依赖性，需要政府的支持。由此，社区（村镇）的生存和发展空间有限，没有社会体制的改革，就没有社区（村镇）生存和发展的真正空间和利益博弈均衡发展。

（二）矿产资源开发利用中政府与社区（村镇）间利益博弈失衡中的垂直运行机制障碍

政府与社区（村镇）间的矿产资源开发利益博弈失衡是与长期

以来所固守的垂直行政管理体系密切相关的，可从以下三个方面来分析：

（1）社区（村镇）与政府间利益博弈中的政府"代理人"身份。社区（村镇）发展是政府行政推动的过程，其目的是将过去单位的部分职能转移给社区（村镇），做好稳定，实现矿产资源开发利用的迅速发展。也即政府推动社区（村镇）发展的原始动力来自社会控制和矿产资源开发的需要。政府属于组织化的、有序的、垂直的管理系统，具有"科层制"的特征，上下级之间是绝对的领导与被领导、命令与服从的关系。相对于政府来说，社区（村镇）居民则是"一盘散沙"，而社区（村镇）正是政府与居民间的"中介体"，其角色和功能取决于政府和居民这两种力量的强弱以及对其影响的程度。两者之间组织化程度的巨大差异带来强势的政府和弱势的居民，使社区（村镇）成为政府代理人。这样许多政府部门就将自己的任务转嫁给社区（村镇），自己却在背后坐享其成；通过管着社区（村镇）的"帽子和票子"，可以"偷懒"且不受惩罚。社区（村镇）也只得听命于政府部门，充当政府"代理人"的角色，导致社区（村镇）的真正利益往往被扭曲。

（2）社区（村镇）与政府间利益博弈中的"代理人重担"。市场化会带来两极分化、贫富悬殊等一系列的社会问题，影响社会稳定。因此，政府必须"两手抓"，一手抓经济，一手抓稳定，会使政府的事务过于繁重，最终必然会全部压到基层组织头上。所以，在矿产资源开发利用中，政府的任务会向社区（村镇）转移。如果让社区（村镇）真正成为自治组织，不再执行政府下达的行政任务，无异于砍掉政府的"腿"。因此，要继续向社区（村镇）转移政府的行政负担，最终导致政府部门向下转移过于沉重的负担，导致政府与社区（村镇）间利益的失衡。

（3）政府与社区（村镇）间利益博弈中的"垂直权利网络"。社区（村镇）体制改革的重要方面就是要建立与政府管理系统并存的社区（村镇）自治系统。但社区（村镇）的最高决策机构代表大会和议事监督机构并没有发挥其应有的作用。大多数成员代表都是由社区（村镇）的居民小组长兼任，其履行职能也主要以居民小组长的职能为主，即上传下达，而对社区（村镇）事务的决策权和给予居民的监督权并没有行使。使社区（村镇）内部处于不受监督的状态，并成为社区（村镇）的权力核心。因此，社区（村镇）与政府的权利关系不可能实现指导与协助、服务与监督，导致两者间利益的失衡。

（三）矿产资源开发利用中政府与社区（村镇）间利益博弈失衡中的基层政府低制度化

基层政府在矿产资源开发利用中的低制度化问题表现在政府对社区（村镇）发展的制度缺失、制度错位和制度异化三个角度。

（1）制度缺失。由于矿产资源开发利用中的社区（村镇）政治和经济社会发展在近30年的变革中非常迅速，制度规范跟不上变革的节奏，而原有的制度又无法满足新的社区（村镇）发展需求，导致问题大量产生、积压，甚至集结，对现有的矿产资源开发政治秩序构成挑战；另外，基层政府是从高度集权的全能型政治结构中演变而来的，原有的体制惯性不可避免地会延续，基层政府自身的制度化冲动相对较弱。因此，导致规则、程序的不完备，大量的社区（村镇）发展中的冲突无法有效化解，社区（村镇）在表达诉求、寻求出路时也无章可循，基层社会秩序出现"治理危机"。缺乏制度约束导致行为缺少规范性，形成两者间的利益博弈失衡。

（2）制度错位。由于社区（村镇）发展中的不同制度规则存在相互冲突乃至互相抵消，或对于矿产资源开发利用中制度规则的平衡性，由于过于强调某一方面而被打破，某些侧面被高度张扬而另一些侧面则被忽略，导致基层政府制度化水平不足。最终导致现存的各项社区（村镇）发展制度之间缺乏协调性，有些制度被自然而然地闲置。制度错位导致行为选择的矛盾混乱，形成两者间的利益博弈失衡。

（3）制度异化。制度异化意味着制度在运转过程中，主客体关系发生异化，制度（客体）本是公众需求（主体）的产物，却本末倒置变成了真正的主体。制度异化反映在政府行为、政府与社区（村镇）发展之间的互动中，基层政府公共政权的性质发生蜕变，出现了政府"公司化"的现象。基层政权的制度安排本是应对社区（村镇）的发展需求而出现的，但在实际运转中却完全超脱于矿区（村镇）的社会环境、独立于矿区（村镇）的社会需求。

第六章　矿产资源开发中的社区 （村镇）利益博弈内在机理

引言与摘要

本章系统分析了矿产资源开发利用中的社区（村镇）与相关利益主体之间的利益博弈失衡的内在机理。首先，分析了矿产资源开发利用企业与社区（村镇）间利益博弈的内在机理。包括矿产资源开发利用企业与社区（村镇）间利益博弈的基本原理；矿产资源开发利用企业与社区（村镇）间利益博弈的典型特征；矿产资源开发利用企业与社区（村镇）间的生态环境阶段性利益博弈；矿产资源开发利用企业与社区（村镇）间利益博弈中的约束要素；矿产资源开发利用企业与社区（村镇）间利益博弈的政策启示。其次，分析了政府与社区（村镇）间利益博弈的内在机理，包括政府与社区（村镇）间利益博弈模式的基本取向；政府与社区（村镇）间利益博弈基本问题；政府与社区（村镇）间利益博弈的政策启示。

第一节　矿产资源开发利用企业与社区
（村镇）间利益博弈的内在机理

一　矿产资源开发利用企业与社区（村镇）间利益博弈的基本原理

（一）矿产资源开发利用企业与社区（村镇）间利益博弈的基本状态

（1）引言。矿产资源开发利用企业与社区（村镇）是矿产资源开发利用中的利益相关者。尽管两者间存在多维的利益互动关系，但以生态环境利益纠纷最为常见；两者作为利益双方当事人，是利益的制造者和接受者，也是外部效应的加害者和受害者。矿产资源开发利用企业与社区（村镇）间的利益互动关系是双方博弈行为的基础。两者间的利益互动关系存在竞争或合作的状态选择；对两者间的矿产资源开发利益关系存在和睦或无动于衷的目标选择；存在积极响应或漠然处之的行为选择；存在暴力威胁或选择收买的行为选择。但作为追求利益最大化的矿产资源开发利益相关者，其行为选择自然应符合其内在的经济理性逻辑。

虽然矿产资源开发利用企业与社区（村镇）构成共同使用生态环境等空间条件的利益共同体，但考虑社区（村镇）的损失，意味着矿产资源开发利用企业自身利益最大化目标行为追求的偏离，因而宁愿选择非法排污等外部效应行为，与社区（村镇）保持紧张的关系。更关键的是，即使自己的利益受到损害社区（村镇）也无力干预矿产资源开发利用企业的行为。所以，作为共同使用生态环境等空间资源的成员，社区（村镇）的权益就得不到保证，两者必然产生矛盾。这个矛盾是矿产资源开发利用企业首先挑起来的，因为其在环境等利益行为上占据主动地位，可以选择对环境负责的行为（如达标排污），也可以选择卸责行为（如非法排污）；可以选择公开矿产资源开发利用企业自身的行为信息与社区（村镇）敞开交流，也可以选择封锁消息。所以，两者间的利益博弈行为取向常常选择竞争关系，而不是合作关系。

（2）假设。矿产资源开发利用企业与社区（村镇）间的生态环境等利益争夺可以化约为博弈矩阵表述。对社区（村镇）的生态环境等利益策略行为选择而言，存在三种策略选择：抗争、补偿和沉默。所谓抗争意味着获得舒适的生产和生活环境，追求利益最大化；强调矿产资源开发利用企业必须依法审批、生态环境达标，保证周边社区（村镇）环境的质量。所谓补偿意味着只要能够获得经济补偿，即使矿产资源开发利用企业非法排污，也能够容忍；但生态环境等利益损失的相应补偿不能满足，就会引起抗争，并以获得补偿好处为目的，会随时停止维权行为。

所谓沉默行为就是典型的"搭便车"行为，不进行维权活动，但要求分享维权的成果。令，k_1 表示社区（村镇）的补偿抗争行为的成本；k_2 表示社区（村镇）的全面抗争行为成本；其中，很明显存在 $k_1 < k_2$。

对矿产资源开发利用企业的策略行为选择而言，也存在三种策略：承担（含补偿）责任、承担补偿、卸责行为。令，f 表示矿产资源开发利用企业选择卸责行为时的收益；$-f_1$ 表示矿产资源开发利用企业承担补偿责任时的支出，这时污染矿产资源开发利用企业仍然获得非法排污的收益（f）；$-f_2$ 表示矿产资源开发利用企业全面承担责任时的额外代价，这时矿产资源开发利用企业已不存在卸责行为时的收益（f）。

（3）没有外力介入条件下矿产资源开发利用企业与社区（村镇）间的利益博弈状态。根据上述假定，没有外力介入条件下矿产资源开发利用企业与社区（村镇）之间的博弈矩阵建构如表 6 - 1 所示。

表6-1　　　　　没有外力介入条件下矿产资源开发
利用企业与社区（村镇）间的利益博弈

矿产资源开发利用企业与	矿产资源开发利用企业		
社区（村镇）间的利益博弈	卸责行为	承担补偿责任	全面承担责任
社区（村镇） 抗争行为	I ($-k_2$, f)	II ($f_1 - k_2$, $f - f_1$)	III ($f_2 + f_1 - k_2$, $-f_2$)
补偿诉求	IV ($-k_1$, f)	V ($f_1 - k_1$, $f - f_1$)	VI ($f_2 + f_1 - k_1$, $-f_2$)
沉默行为	VII (0, f)	VIII (f_1, $f - f_1$)	IX ($f_2 + f_1$, $-f_2$)

I 表示：在社区（村镇）选择维护自身利益的抗争行为，矿产资源开发利用企业选择卸责行为时，社区（村镇）需付出抗争行为成本 k_2；矿产资源开发利用企业可获得选择卸责行为的收益 f，故，社区（村镇）与矿产资源开发利用企业有策略组合（抗争行为，卸责行为），也即 ($-k_2$, f)。

II 表示：在社区（村镇）选择维护自身利益的抗争行为，矿产资源开发利用企业选择承担补偿责任时，社区（村镇）需付出抗争行为成本 k_2，可得到补偿收益 f_1，其综合得益为 ($f_1 - k_2$)；矿产资源开发利用企业须付出承担补偿责任时的支出 f_1，同时可获得选择承担补偿责任的收益 f，其综合得益为 ($f - f_1$)，故，社区（村镇）与矿产资源开发利用企业有策略组合（抗争行为，承担补偿责任），也即 ($f_1 - k_2$, $f - f_1$)。

III 表示：在社区（村镇）选择维护自身利益的抗争行为，矿产资源开发利用企业选择全面承担责任时，社区（村镇）需付出抗争行为成本 k_2，同时，可得到补偿收益 f_1，可得到源自全面承担环境责任时的额外代价收益 f_2，其综合得益为 ($f_2 + f_1 - k_2$)；矿产资源开发利用企业须付出全面承担环境责任时的支出 f_2，由于全面承担环境责任没有收益可获得，其综合得益为 ($-f_2$)，故，社区（村镇）与矿产资源开发利用企业有策略组合（抗争行为，全面承担责任），也即 ($f_2 + f_1 - k_2$, $-f_2$)。

IV 表示：在社区（村镇）选择补偿诉求行为，矿产资源开发利用企业选择卸责行为时，社区（村镇）需付出补偿诉求成本 k_1；矿产资源开发利用企业可获得选择卸责行为的收益 f，故，社区（村镇）与矿产资源开发利用企业有策略组合（补偿诉求，卸责行为），也即 $(-k_1, f)$。

Ⅴ表示：在社区（村镇）选择补偿维护自身利益的诉求行为，矿产资源开发利用企业选择承担补偿责任时，社区（村镇）需付出补偿诉求行为成本 k_1，可得到补偿收益 f_1，其综合得益为 $(f_1 - k_1)$；矿产资源开发利用企业须付出承担补偿责任时的支出 f_1，同时可获得选择承担补偿责任的收益 f，其综合得益为 $(f - f_1)$，故，社区（村镇）与矿产资源开发利用企业有策略组合（补偿诉求，承担补偿责任），也即 $(f_1 - k_1, f - f_1)$。

Ⅵ表示：在社区（村镇）选择维护自身利益的补偿诉求，矿产资源开发利用企业选择全面承担责任时，社区（村镇）需付出补偿诉求行为成本 k_1，同时，可得到补偿收益 f_1，可得到源自全面承担环境责任时的额外代价收益 f_2，其综合得益为 $(f_2 + f_1 - k_1)$；矿产资源开发利用企业须付出全面承担环境责任时的支出 f_2，由于全面承担环境责任没有收益可获得，其综合得益为 $(-f_2)$，故，社区（村镇）与矿产资源开发利用企业有策略组合（补偿诉求，全面承担责任），也即 $(f_2 + f_1 - k_1, -f_2)$。

Ⅶ表示：在社区（村镇）选择沉默行为，矿产资源开发利用企业选择卸责行为时，社区（村镇）付出行为成本 0；矿产资源开发利用企业可获得选择卸责行为的收益 f，故，社区（村镇）与矿产资源开发利用企业有策略组合（沉默行为，卸责行为），也即 $(0, f)$。

Ⅷ表示：在社区（村镇）选择维护自身利益的沉默行为，矿产资源开发利用企业选择承担补偿责任时，社区（村镇）需付出抗争行为成本 0，可得到补偿收益 f_1，其综合得益为 (f_1)；矿产资源开发利用企业须付出承担补偿责任时的支出 f_1，同时可获得选择承担补偿责任的收益 f，其综合得益为 $(f - f_1)$，故，社区（村镇）与矿产资源开发利用企业有策略组合（沉默行为，承担补偿责任），也即（f_1，$f-f_1$）。

Ⅸ表示：在社区（村镇）选择沉默行为，矿产资源开发利用企业选择全面承担责任时，社区（村镇）需付出沉默行为成本0，同时，可得到补偿收益f_1，可得到源自全面承担环境责任时的额外代价收益f_2，其综合得益为（f_2+f_1）；矿产资源开发利用企业须付出全面承担环境责任时的支出f_2，由于全面承担环境责任没有收益可获得，其综合得益为（$-f_2$），故，社区（村镇）与矿产资源开发利用企业有策略组合（沉默行为，全面承担责任），也即（f_2+f_1，$-f_2$）。

上述博弈矩阵中，最有可能的均衡点为：

对于社区（村镇）来说，给定矿产资源开发利用企业策略不变（也即选择纯策略）的情况下，抗争不如补偿诉求，因为$k_2>k_1$，补偿诉求不如沉默，因为$k_1>0$。

对于矿产资源开发利用企业来说，给定社区（村镇）策略选择不变的情况下，全面承担责任策略劣于承担补偿责任策略，补偿责任策略劣于卸责行为策略。

所以，没有外来力量的介入，双方间利益博弈的均衡点为：社区（村镇）选择沉默和矿产资源开发利用企业选择卸责行为（沉默，卸责）。其实质是两者处于面对面的角力状态，只希望自己利益的最大化而不顾及自己行为所产生的外部负效益。

（4）存在外力介入条件下矿产资源开发利用企业与社区（村镇）间的利益博弈状态。鉴于矿产资源开发利用的健康发展需要矿产资源开发利用企业必须选择与社区（村镇）和睦相处，假设有外力介入，迫使矿产资源开发利用企业有责任、有义务承担自己的外部效应责任。虽不直接表现为财产或者收益的转移，但外力介入会改变收益结构，改变矿产资源开发利用企业与社区（村镇）之间的利益平衡。为简化起见，假设外力介入迫使矿产资源开发利用企业的收益改变系数为x（$0 \leqslant x \leqslant 1$）；假定社区（村镇）的收益结构不改变，则两者之间的利益博弈矩阵就演变为如表 6-2 所示。

表 6-2 存在外力介入条件下矿产资源开发利用
企业与社区（村镇）间的利益博弈

矿产资源开发利用企业与矿区间的利益博弈		矿产资源开发利用企业		
		卸责行为	承担补偿责任	全面承担责任
矿区	抗争行为	I $(-k_2,$ $f-xk_2)$	II $[f_1-k_2,\ f-f_1+x(f_1-k_2)]$	III $[f_2+f_1-k_2,$ $-f_2+x(f_2+f_1-k_2)]$
	补偿诉求	IV $(-k_1,$ $f-xk_1)$	V $[f_1-k_1,\ f-f_1+x(f_1-k_1)]$	VI $[f_2+f_1-k_1,$ $-f_2+x(f_2+f_1-k_1)]$
	沉默行为	VII $(0, f)$	VIII $(f_1,$ $f-f_1+xf_1)$	IX $[f_2+f_1,$ $-f_2+x(f_2+f_1)]$

I 表示：在社区（村镇）选择维护自身利益的抗争行为，矿产资源开发利用企业选择卸责行为时，社区（村镇）需付出抗争行为成本 k_2，也为净得益；矿产资源开发利用企业可获得选择卸责行为的收益 f，但外力迫使其承担与社区（村镇）行为成本相关联的付出 xk_2，其综合得益为 $(f-xk_2)$；故，社区（村镇）与矿产资源开发利用企业有策略组合（抗争行为，卸责行为），也即 $(-k_2,\ f-xk_2)$。

II 表示：在社区（村镇）选择维护自身利益的抗争行为，矿产资源开发利用企业选择承担补偿责任时，社区（村镇）需付出抗争行为成本 k_2，可得到补偿收益 f_1，其综合得益为 (f_1-k_2)；矿产资源开发利用企业须付出承担补偿责任时的支出 f_1，同时可获得选择承担补偿责任的收益 f，但外力迫使其承担与社区（村镇）行为收益相关联的得益 $x(f_1-k_2)$，其综合得益为 $[f-f_1+x(f_1-k_2)]$，故，社区（村镇）与矿产资源开发利用企业有策略组合（抗争行为，承担补偿责任），也即 $[f_1-k_2,\ f-f_1+x(f_1-k_2)]$。

III 表示：在社区（村镇）选择维护自身利益的抗争行为，矿产资源开发利用企业选择全面承担责任时，社区（村镇）需付出抗争行为成本 k_2，同时，可得到补偿收益 f_1，可得到源自全面承担环境责任时的额外代价收益 f_2，其综合得益为（$f_2 + f_1 - k_2$）；矿产资源开发利用企业须付出全面承担环境责任时的支出 f_2，由于全面承担环境责任没有收益可获得，但外力迫使其承担与社区（村镇）行为收益相关联的得益 $x(f_2 + f_1 - k_2)$，其综合得益为 $[-f_2 + x(f_2 + f_1 - k_2)]$，故，社区（村镇）与矿产资源开发利用企业有策略组合（抗争行为，全面承担责任），也即 $[f_2 + f_1 - k_2, \ -f_2 + x(f_2 + f_1 - k_2)]$。

Ⅳ表示：在社区（村镇）选择补偿诉求行为，矿产资源开发利用企业选择卸责行为时，社区（村镇）需付出补偿诉求成本 k_1；矿产资源开发利用企业可获得选择卸责行为的收益 f，但外力迫使其承担与社区（村镇）行为成本相关联的付出 $-xk_1$，其综合得益为 $(f - xk_1)$；故，社区（村镇）与矿产资源开发利用企业有策略组合（补偿诉求，卸责行为），也即 $(-k_1, f - xk_1)$。

Ⅴ表示：在社区（村镇）选择补偿维护自身利益的诉求行为，矿产资源开发利用企业选择承担补偿责任时，社区（村镇）需付出补偿诉求行为成本 k_1，可得到补偿收益 f_1，其综合得益为（$f_1 - k_1$）；矿产资源开发利用企业须付出承担补偿责任时的支出 f_1，同时可获得选择承担补偿责任的收益 f，但外力迫使其承担与社区（村镇）行为收益相关联的得益 $x(f_1 - k_1)$，其综合得益为 $[f - f_1 + x(f_1 - k_1)]$，故，社区（村镇）与矿产资源开发利用企业有策略组合（补偿诉求，承担补偿责任），也即 $[f_1 - k_1, f - f_1 + x(f_1 - k_1)]$。

Ⅵ表示：在社区（村镇）选择维护自身利益的补偿诉求，矿产资源开发利用企业选择全面承担责任时，社区（村镇）需付出补偿诉求行为成本 k_1，同时，可得到补偿收益 f_1，可得到源自全面承担环境责任时的额外代价收益 f_2，其综合得益为（$f_2 + f_1 - k_1$）；矿产资源开发利用企业须付出全面承担环境责任时的支出 f_2，由于全面承担环境责任没有收益可获得，但外力迫使其承担与社区（村镇）行为收益相关联的得益 $x(f_2 + f_1 - k_1)$，其综合得益为 $[-f_2 + x$

$(f_2 + f_1 - k_1)$］，故，社区（村镇）与矿产资源开发利用企业有策略组合（补偿诉求，全面承担责任），也即［$f_2 + f_1 - k_1$，$-f_2 + x$ $(f_2 + f_1 - k_1)$］。

Ⅶ表示：在社区（村镇）选择沉默行为，矿产资源开发利用企业选择卸责行为时，社区（村镇）付出行为成本 0；矿产资源开发利用企业可获得选择卸责行为的收益 f，故，社区（村镇）与矿产资源开发利用企业有策略组合（沉默行为，卸责行为），也即（0，f）。

Ⅷ表示：在社区（村镇）选择维护自身利益的沉默行为，矿产资源开发利用企业选择承担补偿责任时，社区（村镇）需付出抗争行为成本 0，可得到补偿收益 f_1，其综合得益为（f_1）；矿产资源开发利用企业须付出承担补偿责任时的支出 f_1，同时可获得选择承担补偿责任的收益 f，但外力迫使其承担与社区（村镇）行为收益相关联的得益 xf_1，其综合得益为（$f - f_1 + xf_1$），故，社区（村镇）与矿产资源开发利用企业有策略组合（沉默行为，承担补偿责任），也即（f_1，$f - f_1 + xf_1$）。

Ⅸ表示：在社区（村镇）选择沉默行为，矿产资源开发利用企业选择全面承担责任时，社区（村镇）需付出沉默行为成本 0，同时，可得到补偿收益 f_1，可得到源自全面承担环境责任时的额外代价收益 f_2，其综合得益为（$f_2 + f_1$）；矿产资源开发利用企业须付出全面承担环境责任时的支出 f_2，由于全面承担环境责任没有收益可获得，但外力迫使其承担与社区（村镇）行为收益相关联的得益 $x(f_2 + f_1)$，其综合得益为［$-f_2 + x(f_2 + f_1)$］，故，社区（村镇）与矿产资源开发利用企业有策略组合（沉默行为，全面承担责任），也即［$f_2 + f_1$，$-f_2 + x(f_2 + f_1)$］。

从表格的收益值可以判定：

一是当 x = 1 时，矿产资源开发利用企业的"补偿责任"和"卸责行为"收益变得相等；也就是说，由于外力介入使矿产资源开发利用企业的行为选择产生：对社区（村镇）的损失，自己承担补偿与否存在无差异性，因而不如选择自己承担补偿责任。但在外力介入迫使下矿产资源开发利用企业选择承担责任的行为是一种极端情况。

二是当矿产资源开发利用企业选择的 x 介于 0 和 1 时，矿产资源开发利用企业选择"卸责行为"比选择"补偿责任"更优。也即，在外力介入迫使下，尽管矿产资源开发利用企业愿意承担一定的社区（村镇）责任，但在对承担"补偿责任"和"卸责行为"比较时，选择了后者。

三是可以运用逆向计算法，计算当在外力介入迫使下矿产资源开发利用企业的收益改变系数 x 在多大范围时，矿产资源开发利用企业会主动选择"承担全部责任"行为。

因为已经证明"卸责行为"比承担"补偿责任"要优，因此，只需将"承担全部责任"策略与"卸责行为"策略进行比较，其条件是：

在社区（村镇）选择抗争行为背景下，矿产资源开发利用企业"承担全部责任"的收益大于卸责行为的：

$$-f_2 + x(f_2 + f_1 - k_2) \geq f - xk_2$$

在社区（村镇）选择补偿诉求背景下，矿产资源开发利用企业"承担全部责任"的收益大于卸责行为的：

$$-f_2 + x(f_2 + f_1 - k_1) \geq f - xk_1$$

则 $x \geq (f + f_2)/(f_2 + f_1)$

可以看出，在外力介入迫使下，矿产资源开发利用企业的收益改变系数虽然与其补偿责任（f_1）、额外责任（f_2）、卸责收益（f）和社区（村镇）的收益（$f_2 + f_1$）等变量之间不是线性关系，但是它们之间的大小变化还是有联系的（要求单变量变化），即：

一是如果矿产资源开发利用企业的卸责收益（f）越大，那么，要通过外力介入改变矿产资源开发利用企业的行为难度就越大，也就是 x 越大；

二是如果矿产资源开发利用企业承担全面责任的代价（f_2）越

大，那么，要通过外力介入改变矿产资源开发利用企业的行为难度就越大，也就是 x 越大；

三是如果社区（村镇）获得的收益 f_1、f_2 越大，那么，要通过外力介入改变矿产资源开发利用企业的行为的难度就越小，也就是 x 越小。

综上所述，如果矿产资源开发利用企业与社区（村镇）不在矿产资源开发利益上进行竞争，而关心周围社区（村镇）的损失，建立与社区（村镇）的和谐关系，那么通过外力介入就可以改变矿产资源开发利用企业的行为，可以选择利益关联的办法，达到利益均衡策略。

（二）矿产资源开发利用企业与社区（村镇）间利益博弈的基本方式

（1）引言与假设。在矿产资源开发利用企业与社区（村镇）间的利益博弈中，由于矿产资源开发利用企业的开发行为具有一定的外部负效应，会对所在社区（村镇）造成生态环境等利益损害，影响社区（村镇）的生产、生活和生命安全；同时，参照《环境保护法》和《国务院关于环境保护若干问题的决定》以及《民事诉讼法》等的明确规定，社区（村镇）及其居民有受到生态环境等利益危害的索赔权，并鼓励环境保护的参与、揭发和检举。因此，矿产资源开发利用企业与社区（村镇）间利益博弈的基本方式存在打官司维权，获得补偿的特征。

对社区（村镇）而言，其行为选择有：控告、不控告，也即可以控告矿产资源开发利用企业的利益侵害行为并获得赔偿，也可以放弃控告。鉴于社区（村镇）选择打官司的行为决策取决于其得益大小，令 c 表示社区（村镇）与矿产资源开发利用企业打官司所需要的各种成本，包括律师代理费、法院诉讼费、误工费等；z 表示社区（村镇）打官司可能获得的赔偿；p 表示社区（村镇）打官司获胜的概率，社区（村镇）的控告得益为（pz － c）。

对于矿产资源开发利用企业而言，其行为选择有：打官司、和解，即可以选择应诉的方式与社区（村镇）打官司，也可以选择和解。

（2）模型建立。社区（村镇）与矿产资源开发利用企业间的利益博弈具有完全信息的动态博弈特征，鉴于矿产资源开发利用企业的利益损害行为常常在先，故构建的博弈顺序如下：

首先，社区（村镇）决定对矿产资源开发利用企业提出控告，指控的成本为 $c > 0$；

其次，矿产资源开发利用企业对社区（村镇）的控告进行回应，选择与社区（村镇）进行和解或应诉。

在此，如果矿产资源开发利用企业应诉，社区（村镇）选择向政府法律机关进行真控告还是假控告，博弈树如图 6 - 1 所示。其中，令 K 表示社区（村镇）的得益；E 表示矿产资源开发利用企业的得益。

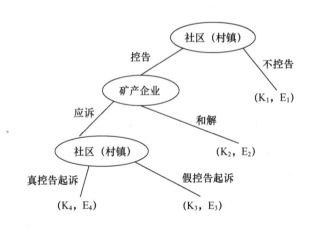

图 6 - 1　社区（村镇）与矿产资源开发利用企业的利益博弈

（3）模型分析与结论。社区（村镇）与矿产资源开发利用企业间的动态博弈可分为三个阶段，用逆向归纳法求其均衡解。首先，分析第三阶段。在社区（村镇）选择控告，矿产资源开发利用企业采取应诉的背景下，如果社区（村镇）真控告起诉，其获得的期望

收益为 K_4，矿产资源开发利用企业的期望收益为 E_4，也即（K_4，E_4）。但如果此时社区（村镇）假控告起诉，放弃控告不应诉，其获得的期望收益为 K_3，矿产资源开发利用企业的期望收益为 E_3，也即（K_3，E_3）。由于社区（村镇）进行控告是需要成本的，所以 $K_3 < 0$。

对于特别大的利益损害事件（如生态环境污染），社区（村镇）起诉获胜后，受社会关注程度高，获胜概率 p 大，获得的赔偿额 z 大，因此，社区（村镇）常常选择真控告起诉，因而其起诉收益 K_4 较大。因此，存在 $K_4 (= pz - c) > 0 > K_3$。

但对于一般小的利益损害事件，社区（村镇）如果起诉矿产资源开发利用企业，获胜时从矿产资源开发利用企业获得赔偿的数额（z 值）较小；且由于社区（村镇）所在的各区域对区域经济发展的重视程度要高于对社区（村镇）社会利益（如生态环境）的重视程度，社区（村镇）的起诉行为并非一帆风顺；加上如果矿产资源开发利用企业败诉，不但要支付上告社区（村镇）的赔偿，而且还要支付其他类似社区（村镇）的赔偿，因此，矿产资源开发利用企业会采用各种办法搪塞责任，加大社区（村镇）的控告难度，增加起诉成本（c），同时降低社区（村镇）获胜概率（p）。所以，这时社区（村镇）的得益 $K_4 (= pz - c)$ 很小。因此，很多情况下存在 $K_4 < K_3 < 0$。

因此，在博弈的第三阶段，社区（村镇）的最优选择是放弃控告，这时，社区（村镇）与矿产资源开发利用企业间的博弈支付组合为（K_3，E_3）。

其次，分析第二阶段。在社区（村镇）选择控告的背景下，如果矿产资源开发利用企业选择和解，其得益为 E_2，社区（村镇）的控告收益为 K_2，也即（K_2，E_2）。但如果矿产资源开发利用企业选择应诉，其得益为 E_3，社区（村镇）的收益为 E_3，也即（K_3，E_3）（在博弈第一阶段中已分析证明）。

由于社区（村镇）在第三阶段博弈中的最优决策是选择假控告起诉，放弃控告（K_3），因此，如果矿产资源开发利用企业选择应诉，其支付（E_3）为0。而如果矿产资源开发利用企业选择和解，将要给社区（村镇）一定的补偿，即其支付（E_2）会小于0。因此，在博弈的第二阶段，矿产资源开发利用企业的最优决策是应诉。这时，社区（村镇）与矿产资源开发利用企业间的博弈支付组合为（K_3，E_3）。

最后，分析第一阶段。最后看社区（村镇）的决策，如果社区（村镇）选择不控告，其得益（K_1）为0，矿产资源开发利用企业的得益为 E_1。而如果社区（村镇）选择控告，矿产资源开发利用企业会应诉，但社区（村镇）最终会放弃（在博弈第一阶段中已分析证明），其最终得益（K）小于0。因此，在博弈的第一阶段，社区（村镇）的最优选择应是不控告。

所以，社区（村镇）与矿产资源开发利用企业间利益博弈的最终纳什均衡是：社区（村镇）选择不控告，而矿产资源开发利用企业常常继续损害社区（村镇）的利益。

（4）附加说明。由于中国人的法制观念淡薄，再加上法律执行难等，社区（村镇）很少为维护自身的权益，通过法律途径控告矿产资源开发利用企业，致使社区（村镇）在生态环境等利益保护中的自我维护作用较为薄弱，对矿产资源开发利用企业的行为监督力不强。此外，对于矿产资源开发利用企业的乱采乱挖等利益损害行为造成的资源严重浪费和生态环境破坏，如果与社区（村镇）的切身利益关系较远，社区（村镇）的直接作用将更加微小。虽然，经常听到社区（村镇）对自身利益受损的抱怨，但很少采用法律方式来保护自身权益。

二 矿产资源开发利用企业与社区（村镇）间利益博弈的典型特征

（一）矿产资源开发利用企业和社区（村镇）间利益博弈中的"搭便车"

（1）引言与假定。在矿产资源开发利用企业和社区（村镇）间利益博弈中，鉴于社区（村镇）居民由形形色色利益诉求存在差异的不同利益主体组成，因而，其间存在"搭便车"的行为偏好和现象。假设有矿产资源开发利用企业从事生产活动时，对社区（村镇）有利益损害（污染环境）、不产生利益损害（不污染环境）两种战略选择。令 S 表示矿产资源开发利用企业不考虑产量限制和治理成本等问题时的收益；N 表示矿产资源开发利用企业采取措施不损害社区（村镇）利益时的正常得益；可知存在：S > N。

社区（村镇）居民对矿产资源开发利用企业的利益损害行为也有两种选择：参与保护、不参与保护，也即要么参与向有关部门投诉或自己治理，要么听之任之，不参与利益保护。令 F 表示矿产资源开发利用企业行为改变后会给社区（村镇）带来的总福利；n 表示社区（村镇）居民数量；F/n 表示每个社区（村镇）居民的获得利益；T 表示社区（村镇）居民参与保护需付出的成本。

（2）模型构建。在矿产资源开发利用企业与社区（村镇）居民间利益博弈中的"搭便车"分析中，Ⅰ 表示：矿产资源开发利用企业选择不产生利益损害策略，社区（村镇）居民选择参与保护策略时，矿产资源开发利用企业由于采取措施不损害社区（村镇）利益，其正常得益为 N；社区（村镇）居民集合中的单个利益主体获得利益 F/n；故，两者间的得益组合为（N，F/n）。

Ⅱ 表示：矿产资源开发利用企业选择不产生利益损害策略，社区（村镇）居民选择不参与保护策略时，矿产资源开发利用企业由于采取措施不损害社区（村镇）利益，其正常得益为 N；社区（村镇）居民集合中的单个利益主体获得利益 F/n；故，两者间的得益组合为（N，F/n）。

Ⅲ 表示：矿产资源开发利用企业选择产生利益损害策略，社区（村镇）居民选择参与保护策略时，矿产资源开发利用企业由于采取措施损害社区（村镇）利益，其正常得益为 S。社区（村镇）居民中的单个利益主体获得利益［F－（S－N）］；其中，（S－N）表示由于矿产资源开发利用企业采取措施所转移的外部成本；其参与保护的成本支出(－T)，其综合得益为([F－(S－N)]/n－T)；故，两者间的得益组合为(S，[F－(S－N)]/n－T)。

Ⅳ表示：矿产资源开发利用企业选择产生利益损害策略，社区（村镇）居民选择不参与保护策略时，矿产资源开发利用企业由于采取措施损害社区（村镇）利益，其正常得益为 S；社区（村镇）居民集合中的单个利益主体可以采取"搭便车"的行为策略，获得利益 $[F-(S-N)]/n$，其中，$(S-N)$ 表示由于矿产资源开发利用企业采取措施所转移的外部成本；故，两者间的得益组合为 $(S, F/n-T)$。

表 6 – 3　　　矿产资源开发利用企业与社区（村镇）居民间
利益博弈中的"搭便车"

矿产资源开发利用企业与社区（村镇）居民间的利益博弈		社区（村镇）居民	
		参与保护	不参与保护
矿产企业	不产生利益损害	Ⅰ (N, F/n)	Ⅱ (N, F/n)
	产生利益损害	Ⅲ (S, $[F-(S-N)]/n-T$)	Ⅳ (S, $[F-(S-N)]/n$)

（3）博弈分析。首先，对社区（村镇）居民而言，一是由于社区（村镇）居民制止矿产资源开发利用企业利益损害行为或直接参与保护付出的代价往往大于其从中得到的直接收益，即 $[F-(S-N)]/n-T<0$。

二是鉴于 $(S-N)$ 作为单个矿产资源开发利用企业由于采取措施所转移的外部成本，一般而言小于社区（村镇）的生态环境等总福利，即 $F-(S-N)>0$。

三是由于 $[F-(S-N)]/n$ 表示矿产资源开发利用企业对社区（村镇）产生利益损害，社区（村镇）居民不参与保护时的单个居民综合得益、$([F-(S-N)]/n-T)$ 表示矿产资源开发利用企业对社区（村镇）产生利益损害，社区（村镇）居民参与保护时的单个居民综合得益、(F/n) 表示矿产资源开发利用企业对社区（村镇）不产生利益损害，社区（村镇）居民参与（或不参与）保护时单个居民的综合得益,所以,一般存在条件:$[F-(S-N)]/n>([F-(S-N)]/n-T)$。所以,社区(村镇)居民的最优选择是不参与利益保护。

其次,对矿产资源开发利用企业而言,存在条件 $S>N$,$N\geqslant N$,即矿产资源开发利用企业的最优策略是不保护。

因此,矿产资源开发利用企业与社区(村镇)居民两者间利益博弈的纳什均衡为(产生利益损害,不参与保护),也即,矿产资源开发利用企业和社区(村镇)间的利益博弈中"搭便车"会成为常态。

(二)矿产资源开发利用企业与社区(村镇)间利益博弈中的道德风险

(1)引言与假设。鉴于矿产资源开发利用企业在与社区(村镇)的利益博弈中占有主导,并占有信息优势,因而,在其进驻社区(村镇)后,易产生道德风险问题。假定将矿产资源开发利用企业对社区(村镇)的责任义务行为分为 n 个阶段或时期,道德风险行为可能在任意一个时期发生。令 F_i 表示矿产资源开发利用企业在风险中性条件下的正常收益,i($i=1$,2,$\cdots$,n);p 表示矿产资源开发利用企业的道德风险行为被发现的概率;S_i 表示矿产资源开发利用企业的道德风险行为被披露后,因受到惩处得到的次优收益;y 表示矿产资源开发利用企业的道德风险行为若未被披露获得的额外收益。

(2)模型构建。首先,对矿产资源开发利用企业的道德行为描述。

一是若不存在道德风险行为,其预期收益为各阶段正常收益的贴现值之和,即,$F_1+\delta F_2+\delta^2 F_3+\cdots+\delta^{i-1}F_i+\cdots+\delta^{n-1}F_n$,其中,$\delta$ 为贴现因子,$0<\delta<1$。

二是若矿产资源开发利用企业在第 t 期开始从事道德风险行为并持续下去,其预期收益值为:$F_1+\delta F_2+\cdots+\delta^{t-1}[(1-p)(y+F_i)+pS_t]+\cdots+\delta^{n-1}[(1-p)F_n+pS_n]$。

其次，对矿产资源开发利用企业的道德行为简化。

一是只考虑矿产资源开发利用企业在第1期从事道德风险，并持续2个时期的行为情况，则其预期收益的现值为：$[(1-p)(y+F_1)+pS_1]+\delta^{n-1}[(1-p)F_2+pS_2]$。

二是就实际情况来讲，矿产资源开发利用企业各期的收益一般是存在差异的，但简化为固定的并不影响分析结论，即令 $F_1=F_2$，$S_1=S_2$。

所以，根据假设，矿产资源开发利用企业在无道德风险行为时的预期收益为：$(F+\delta F)$；矿产资源开发利用企业在第1期从事道德风险行为的预期收益为：$[(1-p)(y+F)+pS]+\delta[(1-p)F+pS]$。

最后，道德风险行为之所以发生在于其较没有从事道德风险活动时的收益更大。存在条件：$[(1-p)(y+F)+pS]+\delta[(1-p)F+pS]-(F+\delta F)>0$，也即$(1-p)y-(1+\delta)p(F-S)>0$。

该值越大，意味着追求利益最大化的矿产资源开发利用企业从事道德风险行为的动机越强烈，产生道德风险行为的可能性越大。

（3）道德行为影响因素分析。对各变量求偏导，可分析各因素对矿产资源开发利用企业道德风险行为动机影响的强烈程度。

一是对矿产资源开发利用企业的正常收益 F 求偏导，可得：$-(1+\delta)p<0$，这意味着矿产资源开发利用企业的道德风险动机与其所得的正常收益负相关。即 F 越高，从事道德风险行为的机会成本就越大，从而动机也就越小。

二是对矿产资源开发利用企业从事道德风险行为的额外收益 y 求偏导，可得：$1-p>0$，这意味着矿产资源开发利用企业道德风险行为动机与该行为带来的额外收益正相关。即道德风险行为带来的额外收益越大，从而动机就越强。

三是对矿产资源开发利用企业从事道德风险行为被发现的概率 p 求偏导，可得：$-y-(1+\delta)(F-S)<0$，这意味着矿产资源开发

利用企业道德风险行为动机与其活动被发现的概率负相关。如果不考虑监督成本及其他随机因素；即 p 越大，从事道德风险行为的风险成本就越大，那么该行为的可能就越小。

四是对矿产资源开发利用企业从事道德风险行为被发现后的次优收益求偏导，可得：（$1 + \delta$）p > 0，这意味着矿产资源开发利用企业的道德风险行为动机与其获得的次优收益 S 正相关。S 为道德风险被发现后的信誉受损、评价降低等惩处，未来的收益也大大降低。这意味着惩处力度越大，其从事道德风险活动的动机也就越小。

五是对贴现因子求偏导，可得：－ p（F － S）＜ 0，这意味着矿产资源开发利用企业的道德风险行为动机与贴现因子负相关。即未来收益对现期行为的影响程度越大，说明未来越重要，矿产资源开发利用企业从事道德风险行为动机越小，越有与社区（村镇）建立长期诚实合作的激励效应。

三　矿产资源开发利用企业与社区（村镇）间的生态环境阶段性利益博弈

（一）关于生态环境利益发展阶段性的引言

矿产资源开发利用企业与社区（村镇）间的生态环境利益关系主要是以利益为动力、以权利为内容的博弈过程，一般以失衡和和谐发展为表现形式。两者间的关系失衡会引起环境侵权的发生，而失衡的实质是一方利益主体的环境维权等权益得不到实现。就两者间的生态环境利益关系而言，其环境侵权发展，可分为预防阶段和侵害阶段。如果在生态环境利益预防阶段就能顺利维权，侵害就根本不可能发生。在生态环境利益侵害发生的两个阶段中，第一阶段即预防阶段，进入博弈局势的主体主要是社区（村镇）、矿产资源开发利用企业和地方政府，该阶段主要通过行政诉讼的方式与地方政府进行博弈，通过听证等形式对矿产资源开发利用企业的建设规划合理与否进行博弈；第二阶段即侵害阶段，进入博弈局势的主体主要是矿产资源开发利用企业和社区（村镇），该阶段主要是通过民事诉讼的方式与矿产资源开发利用企业进行博弈。

（二）生态环境预防阶段矿产资源开发利用企业与社区（村镇）间的利益博弈

（1）生态环境预防阶段矿产资源开发利用企业和社区（村镇）间利益博弈中的决定权取决于社区（村镇）。首先，在矿产资源开发利用企业进入创建阶段，社区（村镇）可以通过参与生态环境影响的评价，或者参与矿产资源开发利用企业创建的听证会等方式影响矿产资源开发利用企业的环境污染预防治理。令，π_c 表示矿产资源开发利用企业进行开发的潜在利润；π_1 表示社区（村镇）可从矿产资源开发利用企业的生产开发获得的潜在利益；C 表示矿产资源开发利用企业创建的前期论证成本；π_e 表示由于否决矿产资源开发利用企业的建设方案，社区（村镇）获得的生态环境质量收益；Cl 表示由于矿产资源开发利用企业的创建，社区（村镇）的潜在损失。

其次，在矿产资源开发利用企业创建时，社区（村镇）如果能够参与到听证或论证中来，两者间的利益矛盾和互动特征为：

一是由于社区（村镇）的行为选择取决于收益（$\pi_1 - C_1$）与损失（π_e）之间的比较，当收益大于损失时，社区（村镇）同意建设方案；否则不同意。

二是矿产资源开发利用企业的行为选择取决于收益（π_c）大小；一般而言，由于矿产资源开发利用企业的建设方案预期收益常常会大于 0，因而会选择建设方案的执行。

所以，对于矿产资源开发利用企业提出的建设方案执行与否，主要取决于社区（村镇）的利益得失比较，博弈均衡结果是：社区（村镇）同意，矿产资源开发利用企业建设；社区（村镇）不同意，矿产资源开发利用企业不建设。

（2）生态环境预防阶段矿产资源开发利用企业和社区（村镇）间利益博弈的决定因素在于法制环境质量。一是在预防阶段，鉴于政府的作为大小与社区（村镇）诉讼的成本有关，当法制环境不佳，社区（村镇）的诉讼成本高于其潜在利益时，社区（村镇）一般选择不诉讼，矿产资源开发利用企业的行为只能靠自律和监督。

二是当法制环境良好，社区（村镇）的诉讼成本低于其潜在利益时，社区（村镇）一般选择诉讼。

三是如果地方政府特别注意生态环境质量，会选择有所作为；如果不注意环境质量，会选择不作为。所以，在预防阶段社区（村镇）与矿产资源开发利用企业间的生态环境利益博弈主要取决于社区（村镇）对生态环境质量的需求、矿产资源开发利用企业带来的污染损失与收入的对比等主导的法制环境条件。

（三）生态环境侵害阶段矿产资源开发利用企业与社区（村镇）间的利益博弈

（1）鉴于生态环境属于公共产品，具有非排他性和非竞争性，没有明确的产权归属，必须由政府作为代表主体职责进行管理。因此,作为追求利润最大化的经济人，矿产资源开发利用企业与政府、社区（村镇）在生态环境利益监督信息上存在不对称，加上矿产资源开发利用企业的经济强势，因而，需要考虑政府的作为。同时，就矿产资源开发利用企业与社区（村镇）间的利益关系而言，受害社区（村镇）的行为选择受诉讼成本和诉讼收益所得的决定。

因此，令 π 表示矿产资源开发利用企业的利润；C 表示矿产资源开发利用企业治污（责令整改）的成本；d 表示社区（村镇）受污染影响的损失；C_1 表示社区（村镇）诉讼所得补偿；C_3 表示社区（村镇）诉讼成本；C_2 表示政府对排污矿产资源开发利用企业的处罚。

（2）博弈模型分析。

表6－4　　　　　　　　生态环境侵害阶段矿产资源开发利用
企业与社区（村镇）间的利益博弈

生态环境侵害阶段矿产资源开发利用企业与社区（村镇）间的利益博弈		社区（村镇）	
		诉讼	不诉讼
矿产企业	排污	$(\pi - C_1 - C_2 - C, \ C_1 - C_3 - d)$	$(\pi, \ -d)$
	不排污	$(\pi - C, \ -C_3)$	$(\pi - C, 0)$

　　首先，考察社区（村镇）的行为选择：由于社区（村镇）的收益为 $(C_1 - C_3 - d)$，受污染影响的损失为 d；故社区（村镇）行为选择取决于 $(C_1 - C_3 - d)$ 与 $(-d)$ 的比较。如果受害社区（村镇）所得补偿 C_1 高于诉讼成本 C_3，则社区（村镇）选择诉讼；如果前者小于后者，则社区（村镇）不选择诉讼。如果社区（村镇）不诉讼，则矿产资源开发利用企业与社区（村镇）间的利益博弈均衡选择为［社区（村镇）不诉讼，矿产资源开发利用企业排污］，即 $(\pi, \ -d)$。

　　其次，考察矿产资源开发利用企业的行为选择：矿产资源开发利用企业选择时，会比较利润 π 和诉讼条件下不排污的收益 $(\pi - C)$。如果社区（村镇）诉讼，矿产资源开发利用企业会比较排放时的收益 $(\pi - C_1 - C_2 - C)$ 与不排污时的收益 $(\pi - C)$，从而选择不排污。则矿产资源开发利用企业与社区（村镇）间的利益博弈均衡选择为［社区（村镇）诉讼，矿产资源开发利用企业不排污］，即 $(\pi - C_1 - C_2 - C, \ C_1 - C_3 - d)$。

　　（3）结论。可以看出，在污染侵害阶段，鉴于社区（村镇）的诉讼行为选择取决于诉讼成本高低、诉讼成功后的收益和诉讼是否能够获胜；矿产资源开发利用企业对污染的治理取决于政府监督的成本、社区（村镇）诉讼的成功以及诉讼所需的赔偿金额；政府监督取决于政府监督成本、污染治理的成本、社区（村镇）得到的补偿和对矿产资源开发利用企业的罚款。

（四）矿产资源开发利用企业与社区（村镇）间生态环境利益博弈发展阶段的现实逼近

在分析矿产资源开发利用企业与社区（村镇）间的生态环境利益博弈中，信息的拥有情况决定了双方的行为选择战略空间。并且由于信息不对称的常态性，当一方参与者拥有更多信息时，会影响到对方的行为。同时由于信息的缺乏，一方很可能会选择不利于甚至是有害于自己的战略空间。首先，在矿产资源开发利用企业与社区（村镇）间生态环境利益博弈的预防阶段，由于信息的严重不对称，社区（村镇）根本不可能做出合理的选择，不能及时地维护自己的环境权利。具体表现在：一是信息的不对称，社区（村镇）根本不知道矿产资源开发利用企业的环境影响；二是社区（村镇）的意见对政府审批矿产资源开发利用企业的决策影响较小；三是在对污染损害不知情的情况下，社区（村镇）摆脱贫困的强烈愿望会使其首先想到增加收入、谋求发展。因此，该阶段的社区（村镇）是被动的，只能被动地进入两者间的污染侵害阶段。

四 矿产资源开发利用企业与社区（村镇）间利益博弈中的约束要素

（一）矿产资源开发利用企业与社区（村镇）间利益博弈中的社会责任约束

为便于分析社会责任要素对矿产资源开发利用企业与社区（村镇）间利益博弈的约束影响，分别假设"社会责任弱化"和"社会责任强化"两种情形下对矿产资源开发利用企业与社区（村镇）间的排污行为选择进行分析。这样，社会责任约束的作用问题就可转化为矿产资源开发利用企业与社区（村镇）间的排污利益博弈问题。矿产资源开发利用企业的策略选择有：多排污和少排污；社区（村镇）策略选择有：抗争（主要通过法律手段）和接受。

（1）社会责任意识弱化条件下矿产资源开发利用企业与社区（村镇）间的排污利益博弈分析。基于"社会责任弱化"的矿产资源开发利用企业，会过分追求利益最大化，不顾其他利益相关方的切身利益。令，P_1 表示矿产资源开发利用企业在选择多排污时，社区（村镇）通过抗争而能够获得的法定赔偿额；P_2 表示矿产资源开发利用企业在选择少排污时，社区（村镇）通过抗争能够获得的法定赔偿额；显然 $P_1 > P_2$。C_1 表示矿产资源开发利用企业为减少污染物排放而发生的技术与设备投资；C_2 表示社区（村镇）选择抗争时所发生的（法律诉讼费用等）成本。则社会责任意识弱化条件下矿产资源开发利用企业与社区（村镇）间的利益博弈的得益矩阵如表6-5所示。

表6-5　　　社会责任意识弱化条件下矿产资源开发利用
企业与社区（村镇）间的利益博弈得益矩阵

社会责任意识弱化条件下矿产资源开发利用企业与社区（村镇）间的利益博弈		社区（村镇）	
		抗争	接受
矿产企业	多排污	$(-P_1,\ P_1 - C_2)$	$(0,\ -P_1)$
	少排污	$(-P_2 - C_1,\ P_2 - C_2)$	$(-C_1,\ -P_2)$

因此，矿产资源开发利用企业与社区（村镇）间的博弈行为选择如下：

一是若社区（村镇）的环境意识薄弱，或付诸法律诉讼的费用较高，也即社区（村镇）抗争时的成本（C_2）大于抗争获得的法定赔偿（P_1 或 P_2），社区（村镇）会采取默默接受矿产资源开发利用企业排污的策略；此时，"社会责任弱化"的矿产资源开发利用企业会出于逐利的考虑，借助多排污的策略，即，两者间的博弈均衡为（接受，多排污），即（0，$-P_1$）。

二是若社区（村镇）的环保意识增强，或付诸法律诉讼的费用合理，也即社区（村镇）抗争时的成本（C_2）小于抗争获得的法定赔偿（P_1 或 P_2），则社区（村镇）会借助法律，采取抗争的策略；但此时，若矿产资源开发利用企业进行污染治理的成本（C_1）与少排污时的赔偿费用（P_2）总和（$P_2 + C_1$）大于多排污时的赔偿费用

（P_1），即存在条件（$P_2 + C_1 > P_1$），则矿产资源开发利用企业仍会采取多排污的策略（抗争，多排污），即（$-P_1$，$P_1 - C_2$）。

三是只有当矿产资源开发利用企业由于多排污可能导致的法定赔偿额（P_1）高于少排污时所发生的总成本（$P_2 + C_1$），且社区（村镇）选择抗争策略所付出的代价（C_2）较低时，矿产资源开发利用企业才会自觉减少污染物的排放，得到纳什均衡解（抗争，少排污），即（$-P_2 - C_1$，$P_2 - C_2$）。

可见，社区（村镇）在矿产资源开发利用企业"社会责任弱化"条件下只能处于被动地位，需要加大对矿产资源开发利用企业污染物排放的经济赔偿惩罚力度；还要设法降低社区（村镇）在环保诉讼方面的费用，才能有效减少矿产资源开发利用企业排污现象，保证社区（村镇）在矿产资源开发利用企业的利益博弈中处于优势地位，促进两者间的利益均衡。

（2）社会责任意识强化条件下矿产资源开发利用企业与社区（村镇）间的排污利益博弈分析。基于"社会责任强化"条件下的矿产资源开发利用企业，不再单纯追逐利润，而是考虑和兼顾生态环境效益的最大化。令，E_1 表示矿产资源开发利用企业多排污时的生态收益；E_2 表示少排污时的生态收益，显然 $E_1 < E_2$。此时，矿产资源开发利用企业与社区（村镇）间的利益博弈得益矩阵如表6－6所示。

表6－6　　　社会责任意识强化条件下矿产资源开发利用
企业与社区（村镇）博弈的得益矩阵

社会责任意识强化条件下矿产资源开发利用企业与社区（村镇）博弈		社区（村镇）	
		抗争	接受
矿产企业	多排污	（$E_1 - P_1$，$P_1 - C_2$）	（E_1，$-P_1$）
	少排污	（$E_2 - P_2 - C_1$，$P_2 - C_2$）	（$E_2 - C_1$，$-P_2$）

因此，矿产资源开发利用企业与社区（村镇）间的博弈行为选

择如下：

首先，若社区（村镇）环境意识薄弱，或付诸法律诉讼的费用较高，其法律行为成本（C_2）大于相应收益（P_1 或 P_2），社区（村镇）会采取接受策略；此时对矿产资源开发利用企业来说有两种选择：

一是若矿产资源开发利用企业为减少污染物排放发生的技术与设备投资成本（C_1）较高，并高于少排污的生态效益（E_2）与多排污时的生态效益（E_1）之差，即 $[C_1 > (E_2 - E_1)]$，则矿产资源开发利用企业会采取多排污的策略（接受，多排污），即（E_1，$-P_1$）。

二是若矿产资源开发利用企业为减少污染物排放发生的技术与设备投资成本（C_1）较小，且小于少排污时的生态效益（E_2）与多排污时的生态效益（E_1）之差，即 $[C_1 < (E_1 - E_2)]$，则矿产资源开发利用企业会采取少排污的策略（接受，少排污），即（$E_2 - C_1$，$-P_2$）。

其次，若社区（村镇）具有较强的环保意识，且付诸法律诉讼的费用合理，其法律行为成本（C_2）小于相应收益（P_1 或 P_2），社区（村镇）会借助法律，采取抗争的策略；此时对于矿产资源开发利用企业来说有两种选择：

一是若矿产资源开发利用企业多排污时的赔偿费用（P_1）较高，且满足条件：$P_1 < P_2 + C_1 - (E_2 - E_1)$，则矿产资源开发利用企业会采取多排污的策略（抗争，多排污），即（$E_1 - P_1$，$P_1 - C_2$）。

二是若矿产资源开发利用企业多排污时的赔偿费用较低，且满足条件：$P_1 > P_2 + C_1 - (E_2 - E_1)$，则矿产资源开发利用企业会选择少排污的策略，均衡解为（抗争，少排污），即（$E_2 - P_2 - C_1$，$P_2 - C_2$）。

（3）结论。可以看出：与"社会责任弱化"假设下的博弈均衡相比，"社会责任强化"背景下的矿产资源开发利用企业进行排污治理的条件要宽松得多，主要表现在以下几点：

一是当社区（村镇）采取接受行为时，"社会责任强化"的矿产资源开发利用企业会根据其生态效益与排污成本的比较，选择多排污还是少排污。若 $C_1 < (E_2 - E_1)$，矿产资源开发利用企业会自觉采取少排污行为；而对于"社会责任弱化"的矿产资源开发利用企业来说，只要社区（村镇）选择接受策略，就会肆无忌惮地排放污染。

二是从矿产资源开发利用企业多排污引致的赔偿条件来看，"社会责任强化"背景下的少排污，要求存在条件 $P_1 > P_2 + C_1 - (E_2 - E_1)$；由于 $E_1 < E_2$，必得 $(E_2 - E_1) > 0$，这使法定赔偿额的下限较之"社会责任弱化"的 $(P_2 - C_1)$ 要小，即更容易得到满足。

三是 $(E_2 - E_1)$ 差值的大小取决于政府对环境负担的核算与规定，也就是说，政府能够通过对生态环境目标的设定来有效监管矿产资源开发利用企业的排污治理行为。这样，在"社会责任强化"的假设下，政府更能有效地发挥其主动性。

（4）启示。通过对"社会责任弱化"和"社会责任强化"两种假设条件下矿产资源开发利用企业排污治理行为的比较分析可发现："社会责任强化"背景下的矿产资源开发利用企业排污行为更符合经济、环境持续协调发展的要求。然而，由于长期以来形成的传统的经济发展模式惯性，"社会责任弱化"的思想根深蒂固，既得利益者的抵抗力较强。因此，要实现矿产资源开发利用企业"社会责任强化"的主动转向，就需要构建一定的机制环境，通过外力来督促矿产资源开发利用企业进入"社会责任强化"的行为轨道，促进矿产资源开发利用企业与社区（村镇）间的排污利益均衡。

（二）矿产资源开发利用企业与社区（村镇）间利益博弈中的信息约束

（1）引言与模型建立。为便于分析信息约束要素对矿产资源开发利用企业与社区（村镇）间利益博弈的影响，分别假设"信息完全"和"信息不畅"两种情形，对矿产资源开发利用企业与社区（村镇）间的生态环境利益互动行为选择进行分析。这样，信息约束的作用问题就可转化为矿产资源开发利用企业与社区（村镇）间的生态环境利益博弈问题。

鉴于矿产资源开发利用企业的生态环境问题涉及社区（村镇）整体的切身利益，仅靠政府的监督与惩罚无法有效遏制矿产资源开发利用企业的排污行为，还容易造成环保部门的"寻租"行为。调动社区（村镇）全民积极性，激励公众参与环境保护，是对政府监管的有效支持。令 π 表示矿产资源开发利用企业的利润；C 表示生态环境矿产资源开发利用企业的治污（责令整改）成本；d 表示社区（村镇）受污染的利益损失；C_1 表示社区（村镇）诉讼的补偿所得；C_2 表示政府对排污矿产资源开发利用企业的处罚；C_{31} 表示诉讼费用在高成本环境时的支出；C_{32} 表示诉讼费用在低成本时的支出；很明显，存在 $C_{32} < C_{31}$。则矿产资源开发利用企业与社区（村镇）间利益博弈过程如图 6-2 所示；并可运用后退归纳法对博弈过程进行分析。

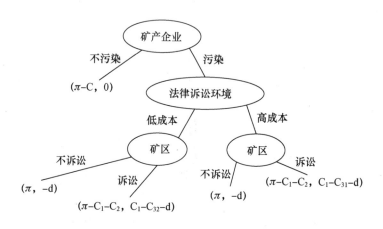

图 6-2　矿产资源开发利用企业与社区（村镇）间利益博弈

（2）信息完全条件下矿产资源开发利用企业与社区（村镇）间

的利益博弈。在信息完全条件下，社区（村镇）能够明确了解矿产资源开发利用企业的行为选择和法律诉讼环境成本。

首先，假设公众具有较强的环保参与意识，利用环境保护法律完善的环境，诉讼成本远小于补偿费用，即社区（村镇）诉讼的补偿所得（C_1），诉讼费用在高或低成本环境时的支出（C_{31} 或 C_{32}），社区（村镇）受污染的利益损失（d）之间存在条件：$C_1 - C_{31} - d > -d$（高成本法律环境），且 $C_1 - C_{32} - d > -d$（高成本法律环境），社区（村镇）将选择诉讼，即（$\pi - C_1 - C_2$，$C_1 - C_{31} - d$）或（$\pi - C_1 - C_2$，$C_1 - C_{32} - d$）是其选择。

其次，矿产资源开发利用企业在被社区（村镇）起诉后，可能需要支付对社区（村镇）的补偿（C_1），需要接受政府的罚款（C_2）；因而会比较其排污时的收益（$\pi - C_1 - C_2$）与不排污时的收益（$\pi - C$）。如果矿产资源开发利用企业治理污染和维护的成本较低，存在不污染的收益更大的条件：$\pi - C > \pi - C_1 - C_2$，则矿产资源开发利用企业会选择不排污；如果污染治理和维护成本较高，存在污染的收益更大的条件：$\pi - C < \pi - C_1 - C_2$，则矿产资源开发利用企业仍将选择排放污染物。

（3）信息不畅条件下矿产资源开发利用企业与社区（村镇）间的利益博弈。在信息不完全条件下，社区（村镇）不能够明确了解矿产资源开发利用企业的行为选择和法律诉讼环境成本。

首先，假设环境保护法规不健全、法律诉讼环境不完善，造成诉讼成本大于补偿费用。如目前中国的《环境影响评价法》缺乏对环境信息公开制度和公众参与程序的规定，投诉矿产资源开发利用企业排放污染物时还需要自己取证。而诉讼成功获得赔偿时，其他利益相关主体有"搭便车"行为，使投诉者实际所得赔偿即使在诉讼费用较低时也不足以抵偿诉讼成本。也即社区（村镇）诉讼时的补偿所得（C_1），小于法律诉讼环境成本支出（C_{32} 或 C_{31}），也即 $C_1 < C_{32} < C_{31}$；对社区（村镇）存在条件：$C_1 - C_{31} - d < -d$ 且 $C_1 - C_{32} - d < -d$，则意味着：不论诉讼成本高低，社区（村镇）都会

选择不诉讼，这时，$(\pi, -d)$ 是其选择。

其次，后退到矿产资源开发利用企业选择时，会比较污染时的收益（π）和不污染时的收益（$\pi - C$），则矿产资源开发利用企业会选择排放。

（4）社区（村镇）与矿产资源开发利用企业间利益博弈的参与愿意。令 α 表示法律诉讼环境高成本时的概率；则低成本时的概率为 $1 - \alpha$。所以，社区（村镇）选择法律诉讼时的期望收益为：

$$\alpha(C_1 - C_{31} - d) + (1 - \alpha)(C_1 - C_{32} - d) = C_1 - [C_{32} + \alpha(C_{31} - C_{32})] - d$$

社区（村镇）选择不诉讼时的期望收益为：$\alpha(-d) + (1 - \alpha)(-d) = -d$

所以，如果希望社区（村镇）参加与矿产资源开发利用企业间的利益博弈，防止污染活动，应使社区（村镇）在遭受污染时选择诉讼，即有条件：$C_1 - [C_{32} + \alpha(C_{31} - C_{32})] - d > -d$；因此，$\alpha < (C_1 - C_{32})/(C_{31} - C_{32})$；这意味着，当高成本概率满足该条件时，社区（村镇）具有参与利益博弈的内在愿意。

（5）结论。一是完善环境保护的法律体系，增加法律标准的透明度。制定严格的污染物排放标准，加大对超标排放矿产资源开发利用企业的惩罚力度，即提高 C_2 值，将负外部成本内部化处理，增加矿产资源开发利用企业排污费用，达到在主观上抑制排放动机的目的。

二是增强社区（村镇）环保意识，增加社区（村镇）的信息舒畅意识。通过提高诉讼补偿 C_1 值，促进社区（村镇）对环境保护的参与意识。

三是促进执法程序公开化、透明化，降低诉讼成本。即降低 C_{31} 值与 C_{32} 值，既可吸引公众参与，又可降低监督成本，可从外部约束污染矿产资源开发利用企业排放。

五　矿产资源开发利用企业与社区（村镇）间利益博弈的政策启示

在矿产资源开发利用中，任何矿产资源开发利用企业都是在一定的社区（村镇）中运作的，所以，必然同社区（村镇）整体乃至社区（村镇）中的公众发生种种联系，应重构矿产资源开发利用企业与社区（村镇）间的利益博弈关系。

（一）充分认识矿产资源开发利用企业与社区（村镇）间利益博弈均衡的必要性和可能性

首先，矿产资源开发利用企业同所在社区（村镇）建立良好的利益博弈均衡关系，能够得到社区（村镇）的多方支持。矿产资源开发利用企业的主体部分在所在社区（村镇）中运作，矿产资源开发利用企业的大部分员工在社区（村镇）中生活，矿产资源开发利用企业需要同社区（村镇）中的政府部门、其他矿产资源开发利用企业或组织经常打交道，矿产资源开发利用企业生产所需的若干资源必须从社区（村镇）中获得，所以，矿产资源开发利用企业迫切希望同所在社区（村镇）有一个良好的关系，以保证矿产资源开发利用企业能够正常地生产，员工能够安稳地生活。

其次，社区（村镇）同矿产资源开发利用企业建立良好的利益博弈均衡关系，可以给社区（村镇）带来种种利益。矿产资源开发利用企业希望社区（村镇）给予自己充分的理解和支持；社区（村镇）也希望矿产资源开发利用企业的活动能带来种种利益。维护社区（村镇）环境、支持社区（村镇）的公益活动、维持社区（村镇）的安定、帮助社区（村镇）繁荣经济、给社区（村镇）带来光荣和骄傲是社区（村镇）的需要。

（二）构建矿产资源开发利用企业与社区（村镇）间利益博弈均衡的信息渠道

社区（村镇）的各类利益主体都希望得到矿产资源开发利用企业的帮助和支持，矿产资源开发利用企业也希望同所在社区（村镇）公众的沟通，以争取公众的了解、支持，达到两者间的利益均衡、互惠互赢。要通过多种形式向社区（村镇）公众介绍矿产资源开发利用企业的运作情况，如产品的用途、治理"三废"（废气、废水、废物）的进展，员工人数、工资福利，上缴税金等情况，对社区（村镇）的种种支持等，使社区（村镇）公众保持对矿产资源开发利用企业的了解。鼓励矿产资源开发利用企业员工充分了解社区（村镇）情况，逐步树立矿产资源开发利用企业与社区（村镇）荣辱与共的观念。通过资金提供、各项公益活动赞助等方式，促进所在社区（村镇）文化生活的丰富和发展，促进两者间的良性互动。

（三）构建矿产资源开发利用企业与社区（村镇）间利益博弈中的危机处理预案

鉴于矿产资源开发利用企业常见的危机情况有火灾、工伤、废气废水的泄漏、交通事故、盗窃案、地震或洪水造成的大损失，产品或信誉危机等，使社区（村镇）遭到损失等。所以，要构建矿产资源开发利用企业与社区（村镇）间利益博弈中的危机处理预案，平时就要对矿产资源开发利用企业可能发生的各类危机做出预测和分析，危机产生后产生的即向范围，是否会损害社区（村镇）利益；平时就有做好应付各种危机出现的计划，安排好危机中和危机后处理各种问题的各个环节的合适人选，能圆满地处理危机，维护矿产资源开发利用企业形象。充分利用同传媒的联系，做好安排，做好介绍危机真相的准备。

第二节　矿产资源开发利用中政府与社区（村镇）间利益博弈的内在机理

一　矿产资源开发利用中政府与社区（村镇）间利益博弈模式的基本取向

（一）矿产资源开发利用中政府与社区（村镇）间利益博弈的基本方式在于合作

（1）引言与假设。由于矿产资源开发管理是政府行为，在与社区（村镇）间的利益博弈中，两者间存在合作与否的可能。假设政府的策略集合是：协商或强制；相应的社区（村镇）的策略集合为：合作或抵制。若双方均能预测收益和损失，那么将产生四种策略集合：Ⅰ〔政府协商、社区（村镇）合作〕；Ⅱ〔政府协商、社区（村镇）抵制〕；Ⅲ〔政府强制、社区（村镇）合作〕；Ⅵ〔政府强制、社区（村镇）抵制〕。

表 6 - 7　　　　政府与社区（村镇）间利益博弈的方式取向

政府与社区（村镇）间利益博弈的方式		社区（村镇）行为	
		合作	抵制
政府行为	协商	Ⅰ (a, b)	Ⅱ (a, b_1)
	强制	Ⅲ (a_h, b_1)	Ⅳ (a_h, b_2)

（2）政府与社区（村镇）间利益博弈方式的取向分析。一是如果社区（村镇）愿意以合作的态度与政府的协商行为进行互动，双方可以通过协商达成一致。假设政府与社区（村镇）可获得的收益分别为 a 和 b，则总收益为 (a + b)，这是理想的均衡状态Ⅰ。

二是如果社区（村镇）对政府的协商策略采取抵制行为，那么双方不能通过协商达成协议。由于政府的矿产资源开发管理方式不变，其收益将不变 (a)。同时，社区（村镇）的抵制行为必将导致其成本增加，收益降低为 b_1。由于 $a + b_1 < a + b$；达到状态Ⅱ。

三是如果地方政府以强制方式进行矿产资源开发管理，而社区（村镇）在被政府强制的情况下愿意合作，那么双方同样可以就矿产资源开发利益达成协议。鉴于强制性的矿产资源开发往往使权利优势方能够获得更多利益，则地方政府的收益增加为 a_h (a_h > a)；同时，被强制时的社区（村镇）利益可能受损，其收益 (b_1) 条件为：$b_1 < b$。假设存在条件：$a_h + b_1 < a + b$，这表明政府的强制要付出一定成本，达到状态Ⅲ。

四是如果地方政府采取强制性的矿产资源开发管理策略，而社区（村镇）采取抵制行为，鉴于政府的矿产资源开发管理方式不变，其收益不变 (a_h)；而社区（村镇）的抵制会挽回其部分损失，

收益值为 b_2（$b_1 < b_2 < b$）；比状态Ⅲ的策略选择得到的收益多，但又低于状态Ⅰ的策略选择得到的收益，则 $a_h + b_2 > a_h + b$。令，$a_h + b_2 < a + b$，这表示双方都会付出一定成本，达到状态Ⅳ。

（3）结论。分析可见，政府选择协商时，社区（村镇）的最佳选择是合作，在状态Ⅰ达到均衡，实现利益最大化。在地方政府选择强制管理时，社区（村镇）的最佳选择是抵制，形成均衡状态Ⅳ。可见状态Ⅰ是达到均衡的最佳状态。但这是需要前提条件的，现实中的状态结果常常是社区（村镇）在政府强制中进行抵制，形成状态Ⅳ。

（二）矿产资源开发利用中政府与社区（村镇）间利益博弈的基本过程在于讨价还价

（1）引言与假设。政府与社区（村镇）间围绕矿产资源开发利益展开博弈的行为选择，以讨价还价为基础，以最终的缔约为结束标志。为简化起见，假设政府与社区（村镇）间的矿产资源开发利益博弈分析，仅考虑纯战略情况，且参与人是非合作的、理性的，严格追求自身经济效益最大化；信息是完美的，即博弈各方对彼此的特征、行动规则及效用函数有准确的了解，博弈过程中也没有不确定的因素。

假设：在政府和社区（村镇）间进行矿产资源开发利益讨价还价的利益博弈过程中，双方就分配补偿费用进行谈判：首先由政府提出一个分配比例，对政府提出的比例，社区（村镇）可以接受，也可以拒绝。如果社区（村镇）拒绝政府的方案，则社区（村镇）应提出一个方案，让政府接受或否决……在上述循环过程中，只要任何一方接受对方的方案，博弈就宣布结束。对两者间的博弈过程进行限制，即限制讨价还价最多只能进行三个阶段，博弈过程中第三回合政府的方案有强制力，进行到该回合时，政府提出的分配比例社区（村镇）必须接受。

（2）讨价还价博弈模型。令 W 表示政府与社区（村镇）间进行利益谈判的矿产资源开发价值；δ 表示谈判过程每多进行一次，由于谈判时间延误和时间折耗产生的利息损失，双方的利益都要打一个折扣 δ（0 < δ < 1），称为消耗系数。博弈过程如下：

第一阶段，政府提出的方案是自己得 S_1，（0 < S_1 < 1），则社区（村镇）得（W – S_1）；这时，社区（村镇）可以选择接受或不接受。接受则政府与社区（村镇）双方得益分别为 S_1 和（W – S_1），谈判结束；如果社区（村镇）不接受，则开始下一阶段。

第二阶段，社区（村镇）提出的方案是政府得 S_2，（0 < S_2 < 1），自己得（W – S_2）；由政府选择是否接受。接受则政府与社区（村镇）双方得益分别为 δS_2 和 δ（W – S_2），谈判结束；如果政府不接受，则进行下一阶段。

第三阶段，政府提出自己得 S，（0 < S < 1），则社区（村镇）得（W – S），这时社区（村镇）必须接受，政府与社区（村镇）双方实际得益为 $\delta^2 S$ 和 δ^2（W – S）。

可以用扩展型表示上述三阶段讨价还价过程博弈（见图 6 – 3）。

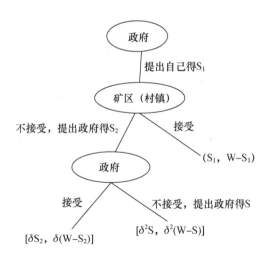

图 6 – 3　矿产资源开发利用中政府与社区间的讨价还价过程博弈

本博弈的关键点在于：第三阶段政府的方案具有强制性，即进行到这一阶段，政府提出的利益分割比例 [S:（W – S）] 是双方必须接受的；而且，该博弈阶段每多进行一次，总收益会下降一定比例。因此，让谈判拖得越长，对双方都可能越不利，不如早点让社区（村镇）得到其应得的补偿，这对双方都是有利的。

（3）讨价还价博弈均衡分析。用逆推归纳法分析这个博弈如下：

首先，在本博弈的第三阶段：政府出价 S，社区（村镇）必须接受；政府与社区（村镇）双方得益分别为 $\delta^2 S$ 和 $\delta^2 (W-S)$。

其次，在第二阶段，社区（村镇）知道一旦进行到第三阶段，政府一定出 S，政府得益 $\delta^2 S$，自己所得为 $\delta^2 (W-S)$。为了使自己的得益最大化，如果社区（村镇）在第一阶段拒绝了政府的方案，此时其最少出价一定满足政府的得益要求条件：$\delta S_2 = \delta^2 S$，即 $S_2 = \delta S$。原因在于：

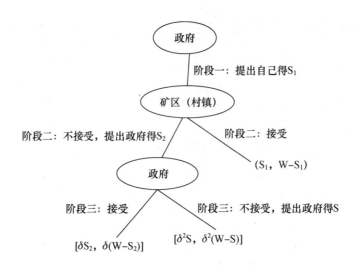

图 6-4 矿产资源开发利用中政府与社区间的讨价还价博弈均衡演化

如果社区（村镇）的出价为 S_2，使政府接受后的得益（δS_2）小于其第三阶段可取得的得益（$\delta^2 S$），该方案肯定要被拒绝；从而必须要进行到第三阶段，自己得到第三阶段必须接受的得益

（δ^2S）。因此，如果社区（村镇）提出的政府得益 S_2 要使政府愿意接受，而自己的得益又能比第三阶段的得益尽可能大，就是理想的选择。也就是说，在博弈中，任何一博弈方在这一阶段，对方出价时，其得益不小于下一阶段自己出价时的得益，就肯定愿意接受。因此，在社区（村镇）提出政府得益为 S_2 时，其得益为 δ（W－S_2），由于 $S_2 = \delta S$；所以，δ（W－S_2）＝δ（W－δS）＝$W\delta - \delta^2 S$。

因为 $0 < \delta < 1$，与进行到第三阶段时社区（村镇）的得益 δ^2（W－S）＝$W\delta^2 - \delta^2 S$ 相比，第二阶段的得益要大一些，这是社区（村镇）可能得到的最大得益。

再逆推到第一阶段，政府出价时的分析。政府当然一开始就知道到第三阶段自己的得益是 $\delta^2 S$，也知道社区（村镇）在第二阶段出价时，存在条件 S2 ＝ δS，因此，第二阶段政府自己的得益也是 $\delta S_2 = \delta^2 S$；而社区（村镇）则满意于（$W\delta - \delta^2 S$）的可能实现的最大得益。

那么，如果政府在第一阶段就给社区（村镇）得益：（$W\delta -$ $\delta^2 S$），而同时自己又能得到比 $\delta^2 S$ 更大的得益，那当然是最理想的结果。为此，令 S_1 满足条件：W－S_1＝$W\delta - \delta^2 S$，即 S_1＝W－$W\delta +$ $\delta^2 S$。此时表明：社区（村镇）的得益与到第二阶段以后能实现的最大得益相同，还是 $W\delta - \delta^2 S$；而政府的得益（W－$W\delta + \delta^2 S$）却比其到第二、第三阶段的得益 $\delta^2 S$ 更大（因为 $0 < \delta < 1$）。因此，政府在第一阶段出价 S_1＝W－$W\delta + \delta^2 S$，社区（村镇）选择接受。政府与社区（村镇）双方得益（W－$W\delta + \delta^2 S$，$W\delta - \delta^2 S$）为该博弈的均衡解。

（4）进一步讨论。本博弈中值得说明的一点是，政府与社区（村镇）双方达到上述均衡结论的前提是：政府在第三阶段的出价 S 必须是双方都预先知道的。实际上，如果对政府在第三阶段的方案，若社区（村镇）真的必须接受，没有讨价还价的余地，那么，设 S＝W 是非常合理的，这样，博弈的解就变为：

政府在第一阶段出价 S_1＝W（$1 - \delta + \delta^2$），社区（村镇）接受；

双方得益为 $[W(1-\delta+\delta^2), W(\delta-\delta^2)]$，双方获得利益的比例取决于 $(\delta-\delta^2)$ 的大小。$\delta-\delta^2$ 越大，政府的比例越小，社区（村镇）的比例就越大。如：

当 $\delta=0.5$ 时，$\delta-\delta^2$ 有最大值 0.25；

当 $0.5<\delta<1$ 时，δ 越大，$\delta-\delta^2$ 越小，政府获益越大，社区（村镇）得益越小；

当 $0<\delta<0.5$ 时，δ 越大，$\delta-\delta^2$ 越大，政府获益越小，社区（村镇）得益越大。

该结果反映了在此博弈中，社区（村镇）能讨价还价的筹码是跟政府拖延时间。拖延时间越长，对政府造成的损失越大；政府愿意分给社区（村镇）以求早日结束讨价还价的利益就越大。

只有当政府完全不怕旷日持久的谈判（$\delta=1$），或社区（村镇）的利益争取是带破坏性时（$\delta=0$），处于有利地位的政府才会不需要花钱即可保证自己的全部利益。

然而，在政府和社区（村镇）双方进行讨价还价的利益博弈过程中，由于政府和社区（村镇）两者地位不平等；体制的不完善可使政府身兼两职，即以"参与者"（经济人）和"管理者"（行政人）的双重身份进行博弈。矿产资源开发利益的分享决定，由政府说了算。由于政府利益至高无上的原则使其拥有的矿产资源开发利益分配权具有明显的强制性，可对社区（村镇）的利益博弈空间进行限制。当双方无法就矿产资源开发利益分享标准达成一致时，冲突将可能产生。致使社区（村镇）信访、集体群访，甚至越级上访，且总量居高不下。

二 矿产资源开发利用中政府与社区（村镇）间利益博弈基本问题

（一）矿产资源开发利用中政府与社区（村镇）间利益博弈的污染控制机理

（1）引言与假设。假设矿产资源开发利用中，一般都有一定的污染发生，并会对社区（村镇）带来危害；地方政府对潜在的矿产资源开发污染危害信息非常清楚；社区（村镇）居民对其中潜在的污染危害信息也非常清楚；地方政府是矿产资源开发管理者；可对潜在受害者的意见给予认可。对于矿产资源开发利用的污染问题，社区（村镇）可以通过行政诉讼预防污染的发生，其策略选择为：诉讼或不诉讼；相应地方政府的行为选择策略简化为作为或不作为。令 C 表示社区（村镇）的诉讼成本；d 表示社区（村镇）的潜在受害损失；G_1 表示环境质量改善或维持给政府带来的收益；G_2 表示矿产资源开发后地方政府的潜在经济收益；Z 表示地方政府作为的潜在成本。则政府与社区（村镇）间利益博弈的支付矩阵如表 6 - 8 所示。

表 6 - 8　　　地方政府与社区（村镇）间的污染利益博弈

地方政府与社区（村镇）间的污染利益博弈		政府	
		作为	不作为
社区（村镇）	诉讼	$-C,\ G_1-Z$	$-C,\ G_2-G_1$
	不诉讼	$-d,\ G_1-Z$	$-d,\ G_2-G_1$

（2）政府与社区（村镇）间对污染控制的利益博弈。一是当社区（村镇）的诉讼成本（C）小于潜在的受害成本（d）时，社区（村镇）会选择诉讼。这时，对于地方政府来说，会比较作为的收益（G_1-Z）和不作为的收益（G_2-G_1）之间的大小：当政府作为，使生态环境质量的改善或维持给地方政府带来的净收益（G_1-Z），大于牺牲环境进行矿产资源开发后带来的净收益（G_2-G_1）时，即 $G_1-Z>G_2-G_1$，地方政府会选择作为；当环境质量改善或维持给地方政府带来的净收益（G_2-G_1），小于矿产资源开发带来的净收益（G_2-G_1）时，即 $G_1-Z<G_2-G_1$，地方政府会选择不作为。

二是当社区（村镇）的诉讼成本（C）大于受害或者潜在的受害成本（d）时，社区（村镇）会选择不诉讼，地方政府有选择不作为的可能，但它也许会由于自律而进行作为。

（二）矿产资源开发利用中政府与社区（村镇）间利益博弈的社会稳定和谐机理

（1）引言与假设。首先，从社会稳定和谐的角度，矿产资源开发利用中的政府与社区（村镇）间存在利益博弈。一般社区（村镇）提出一定的稳定条件决策在前，政府是否答应稳定合作条件的决策在后；一般该过程会经过几个回合的谈判博弈，最终达成一致的稳定合作协议；这是一个典型的动态博弈，并彰显了两者间利益博弈的社会稳定和谐机理。

其次，假设该博弈过程中可以把社区（村镇）的社会稳定分为两类：一类是矿产资源开发利益偏低，不易发生激烈的利益冲突的低风险社区（村镇）［简称低风险社区（村镇）］，其在全部社区（村镇）中所占的比重为 P；另一类是矿产资源开发利益偏高，容易发生激烈利益冲突的高风险社区（村镇）［简称高风险社区（村镇）］，其在全部社区（村镇）中所占比重为（1 − P）。任何社区（村镇）不是属于第一类社区（村镇）就是属于第二类社区（村镇）。

再次，在社区（村镇）提出一定的社会稳定条件情况下，政府的行为选择策略有两个：答应或不答应。社区（村镇）对政府的行为选择策略有：合作或不合作。

最后，由于政府了解社区（村镇）发展状况的信息需要成本，可把政府行为分为两类：去了解社区（村镇）的信息，此时，双方之间的信息是对称的；不去了解社区（村镇）的信息，此时，双方之间的信息是非对称的。

（2）信息对称条件下政府与社区（村镇）间的稳定利益博弈分析。假设政府和社区（村镇）之间的信息是对称的，政府明确知道社区（村镇）所属利益冲突风险类型；会根据风险的不同而对不同的社区（村镇）确定不同的稳定条件支出。那么，政府对高风险社区（村镇）和低风险社区（村镇）的预期收益会相同（已扣除风险成本），令其为 U。

　　首先，C 表示政府的稳定成本，是内部代理成本 C_1 和信息成本 C_2 之和，即 $C = C_1 + C_2$；则政府在与社区（村镇）的利益博弈中的净收益为其预期收益（U）减去稳定成本（C），即：$U - (C_1 + C_2)$。

　　其次，r_1 表示政府对低风险社区（村镇）的预期支付；r_2 表示政府对高风险社区（村镇）的预期支付；因而，有 $r_1 < r_2$。

　　再次，I_1 表示矿产资源开发利益低风险社区（村镇）的预期收益；I_2 表示矿产资源开发利益高风险社区（村镇）的预期收益；因而，有 $I_1 < I_2$。

　　最后，社区（村镇）的净收益为其收益减去支付，即低风险社区（村镇）的净收益为 $(I_1 - r_1)$；高风险社区（村镇）的净收益为 $(I_2 - r_2)$。则政府与社区（村镇）间利益博弈的得益矩阵如表 6 – 9 所示。

表 6 – 9　　　　　　　信息对称条件下政府和社区（村镇）间的
稳定得益矩阵

信息对称条件下政府与社区（村镇）间的稳定利益博弈		政府	
		答应	不答应
低风险时的社区（村镇）	合作	$I_1 - r_1$, $U - (C_1 + C_2)$	(0, 0)
	不合作	(0, 0)	(0, 0)
高风险时的社区（村镇）	合作	$I_2 - r_2$, $U - (C_1 + C_2)$	(0, 0)
	不合作	(0, 0)	(0, 0)

　　信息对称条件下政府和社区（村镇）间的博弈树如图 6 – 5 所示。

　　一是当社区（村镇）采取不合作策略时，政府与社区（村镇）间的博弈结束，政府与社区（村镇）双方的净收益均为 0，即 (0, 0)。

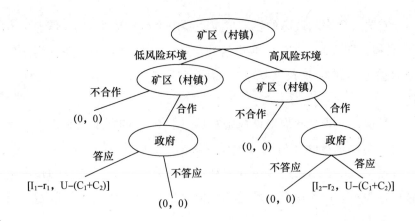

图 6 – 5　在信息对称条件下政府与社区（村镇）间的博弈均衡分析

二是当社区（村镇）提出合作条件时，只要政府的净收益大于 0，即 $U - (C_1 + C_2) > 0$，政府答应社区（村镇）的合作条件就是其占优战略。

同样，只要 $I_1 - r_1 > 0$、$I_2 - r_2 > 0$，社区（村镇）提出稳定合作条件就是其在高风险和低风险环境时的占优战略。

政府与社区（村镇）间的博弈均衡结果是：社区（村镇）提出稳定合作条件，政府以较低的支出向低风险社区（村镇）提供利益支持，或以较高的支出向高风险社区（村镇）提供利益支持。此时，政府的配置收益是高的（都能达到稳定）；同时，处在低风险或高风险环境的社区（村镇）会根据自身的环境位置和条件，与政府可以在信息对称的情况下进行开诚布公的谈判或协商，使由于矿产资源开发引发的利益冲突降至最低，对于社会稳定和谐也有利。所以，政府与社区（村镇）间的稳定利益博弈均衡结论为根据社区（村镇）的风险环境条件分而治之。

（3）信息非对称条件下政府与社区（村镇）间的稳定利益博弈分析。假设政府和社区（村镇）间的信息是非对称的，这时政府不知道社区（村镇）所属的风险类型，但会根据对社区（村镇）高风险和低风险的构成，判断社区（村镇）属于低风险的比重为 P，属

于高风险的比重为（1 - P），从而确定政府自己对社区（村镇）的利益支持。令，

首先，U 表示政府的预期收益，此时，由于不了解社区（村镇）的内部信息，政府只能扣除风险成本 r。

其次，C 表示政府的稳定成本，为内部代理成本 C_1 和风险成本 C_3 之和，即 $C = C_1 + C_3$。那么，政府在与社区（村镇）博弈中的预期净收益为其预期收益（U）减去稳定成本（C），即：$U - (C_1 + C_3)$。

再次，I_1 表示矿产资源开发利益低风险社区（村镇）的预期收益；I_2 表示矿产资源开发利益高风险社区（村镇）的预期收益；因而，有 $I_1 < I_2$。

最后，由于政府对低风险社区（村镇）的预期利益支持为 r_1，政府对高风险社区（村镇）的预期利益支持为 r_2（$r_1 = r_2$），那么，社区（村镇）的净收益为其收益减去支付。即低风险社区（村镇）的净收益为（$I_1 - r$）；高风险社区（村镇）的净收益为（$I_2 - r$）。则政府与社区（村镇）间利益博弈的得益矩阵如表 6 - 10 所示。

表 6 - 10　　　信息非对称条件下政府和社区（村镇）间的
稳定得益矩阵

信息非对称条件下政府与社区（村镇）间的稳定利益博弈		政府	
		答应	不答应
低风险时的社区（村镇）（P）	合作	$I_1 - r$, $U - (C_1 + C_3)$	(0, 0)
	不合作	(0, 0)	(0, 0)
高风险时的社区（村镇）（1 - P）	合作	$I_2 - r$, $U - (C_1 + C_3)$	(0, 0)
	不合作	(0, 0)	(0, 0)

信息非对称条件下政府和社区（村镇）间的博弈树如图 6 - 6 所示。

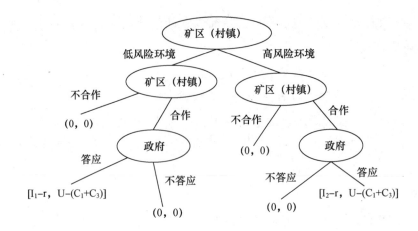

图6-6 在信息非对称条件下政府与社区（村镇）间的博弈均衡分析

一是当 $U - (C_1 + C_3) < 0$ 时，政府将不会答应社区（村镇）提出的稳定合作条件。

二是当 $I_1 - r < 0$、$I_2 - r < 0$ 时，无论属于低风险还是高风险环境，社区（村镇）都不会向政府提出稳定合作的条件，这两种情况没有现实意义。

三是只有当 $U - (C_1 + C_3) > 0$、$I_2 - r > 0$ 时，社区（村镇）才会向政府提出稳定合作条件。

在 $I_2 - r > 0$ 时，又有两种情况：一是 $I_2 - r > 0 > I_1 - r$；二是 $I_2 - r > I_1 - r > 0$。下面分析在这两种情况下，政府和社区（村镇）间博弈的均衡问题。

情况一，当 $U - (C_1 + C_3) > 0$、$I_2 - r > 0 > I_1 - r$ 时，向政府提出稳定合作条件是社区（村镇）属于高风险环境的占优战略；不向政府提出稳定合作条件是社区（村镇）属于低风险环境的占优战略。而答应社区（村镇）提出的稳定合作条件是政府的占优战略。博弈的结果是高风险社区（村镇）向政府提出稳定合作条件，低风险社区（村镇）不向政府提出稳定合作条件。此时，政府会对属于高风险环境的社区（村镇）进行稳定支持，降低了政府支持稳定运行的安全系数，政府稳定资源的配置是低效率的。同时，容易诱发高风险社区（村镇）内部的利益分配冲突，导致矿产资源开发后续进程的停滞，甚至是造成社区（村镇）社会局部的不安定，影响社会整体和谐。

情况二，当 $U - (C_1 + C_3) > 0$、$I_2 - r > I_1 - r > 0$ 时，向政府提出稳定合作条件是社区（村镇）属于高风险和低风险社区（村镇）的占优战略；答应稳定合作条件是政府的占优战略。博弈的结果是高风险社区（村镇）向政府提出稳定合作条件，低风险社区（村镇）向政府提出稳定合作条件；政府向社区（村镇）提供利益支持。

由于高风险社区（村镇）在博弈中的净收益为 $I_2 - r$，大于低风险社区（村镇）在博弈中的净收益 $I_1 - r$。考虑到重复博弈的情况，且由于政府与社区（村镇）之间的信息不对称，可能改变政府对高风险和低风险社区（村镇）构成的判断；不断增强政府对高风险社区（村镇）的利益支持，以维护其稳定，最终导致低风险社区（村镇）存在：$I_1 - r < 0$，结果把低风险社区（村镇）驱逐出政府的稳定支持范围，使政府资源流向高风险社区（村镇），降低了政府支持稳定运行的安全系数，这时资源的配置效率是低的；同时，容易诱发高风险社区（村镇）内部的利益分配冲突。所以，政府与社区（村镇）间的稳定利益博弈均衡结论为过分偏爱高风险环境条件下稳定，劣币驱良币。

三　矿产资源开发利用中政府与社区（村镇）间利益博弈的政策启示

（一）矿产资源开发利用中政府与社区（村镇）间利益关系的目标取向

首先，从功能上来看，政府与社区（村镇）都是矿产资源开发利益和治理的相关主体，都是为实现公共利益而活动的。每个社区（村镇）都在为实现自己小范围居民的公共利益而努力，其政府综合就是矿产资源开发利用中的社会利益的最优化。政府本身是全社会矿产资源开发利益的代表，它从一个更高、更广的领域来代表全体公民的矿产资源开发权益，为实现最广泛的矿产资源开发公共利益而努力。前者是微观的，后者是宏观的；但它们的作用最终是相同的，可以说都是实现矿产资源开发利益的工具，所以两者在法律地位上应该是平等的。

其次，政府和社区（村镇）应明确各自的矿产资源开发利益分工。在矿产资源开发利用中，政府由于其政治地位的特殊性，在矿产资源开发利益的多元相关主体中、在与社区（村镇）进行利益博弈中涉及的利益行为主体中，处于核心地位，应对社区（村镇）发展起到利益导向、宏观协调的指导作用，因而，政府自身在社区（村镇）发展中的定位问题就显得尤为重要：政府的主要职能就是"掌舵"，为社区（村镇）发展公共管理的实施，为社会发展指明方向；制订正确的矿产资源开发政策方针，维护社区（村镇）社会稳定的秩序；协调社区（村镇）中各利益主体之间的关系，提供必要的服务等，也就是履行社区（村镇）发展的宏观调控职能。而一系列具体的"划桨"行为，则适当地交由社区（村镇）发展中的多种组织和利益主体去完成，只要有政府正确的宏观政策指导，社区（村镇）的发展会更高效优质地完成矿产资源开发利用的具体社会管理事务。对于社区（村镇）来说，会结合政策及自身的特点，实现自我管理，为政府分担不必要的负担。

最后，政府和社区（村镇）间应保持一种良好的协商互助关系。鉴于社区（村镇）常常处在一个较小的空间范围内，往往对矿产资源开发利用的问题认识比较狭隘，信息获取渠道不多，资源短缺，在管理方面会有一些局限。政府对矿产资源开发利用的视角较为广阔，信息源广泛，各种管理资源较为丰富，对政策法规的理解较为透彻，这些正好可以弥补社区（村镇）的不足。所以，政府可以给社区（村镇）一些指导，为社区（村镇）发展提供一些所需要的资源。反之，对政府来说，本身也有很多的不足，根据矿产资源开发历史的经验，政府失灵已经广泛存在，"无所不包，无所不管"的全能政府已经不适应社区（村镇）社会的发展，授权成为必然的趋势。所以，政府和社区（村镇）应形成一种良性的互动，协商互助，实现矿产资源开发利益的最大化。

（二）矿产资源开发利用中政府与社区（村镇）间利益关系的重构

重构政府与社区（村镇）间的利益关系，就是要彻底改变过去两者之间存在的单向控制和单向监督的行政关系，形成合作与监督的双向互动新关系，重构政府与社区（村镇）间的矿产资源开发利益博弈关系。

首先，树立科学的社区（村镇）发展观。要改变过去社区（村镇）发展自治和政府管理相矛盾的认识误区，正确把握两者间的责任关系。社会转型是一个伴随着利益、资源、权力的重新整合的痛苦过程。社区（村镇）的发展要始终得到政府的介入和支持，消除内在的矛盾和冲突，实现社区（村镇）的和谐发展。同时，社区（村镇）的产生和发展有其内在的动力、内容和规律，需要在一个尽可能宽松的环境中发育、发展、成熟，这一过程的实现需要来自政府的理解。随着社会的进步和发展，居民自治意识的提高，政府在矿产资源开发利用中，要有意识地退出社区（村镇）的微观管理领域，逐渐培育社区（村镇）的自治能力，真正实现社区（村镇）的自我管理、自我教育和自我发展。

其次，建立政府与社区（村镇）间的横向互动网络。建立政府与社区（村镇）间的横向互动网络，是满足社区（村镇）发展多元化的利益需求，化解矛盾的基础。政府的主要功能是对社区（村镇）全局性的公共事务和公益事业进行组织和管理；而局部性的交由社区（村镇）。政府与社区（村镇）间不是垂直式的控制关系，而是水平式的互动关系。要明确政府和社区（村镇）的角色定位；要转变政府职能，打造服务型政府；要下放社区（村镇）权力，下放社区（村镇）的自主决策权、自主财务权、正当拒绝权、监督权。

再次，完善法制，明确政府与社区（村镇）各自的地位。要加快立法，进一步明确社区（村镇）的自治性内涵和外延以及政府的职责范围，使社区（村镇）自治与政府行政管理有合理的明确边界。社区（村镇）的内涵，从理论上讲有其政治属性和社会属性。一方面，社区（村镇）应是维护合法权益、实现自助与互助、管理公共社会事务的自治组织，具有政治民主属性，决定了其外延必须以维护和增进居民参与社区（村镇）发展治理等方面的民主权利和能力为己任；同时社区（村镇）产生于矿产资源开发利用中，是服务于社区（村镇）社会居民群众的自治组织，具有社会属性，决定了其必须以维护和增进居民的社会福利、社会保障以及住房、就业、医疗、教育等方面的社会权益和能力为己任。另一方面，还要明确政府的职责范围。政府作为社区（村镇）的首要管理者，其主要职责应体现在对社区（村镇）的发展进行宏观规划，制定法规，制定优惠政策等方面，为社区（村镇）利益主体参与社区（村镇）发展创造良好的外部环境。

最后，加快制订指导性文件和部门可操作性方案，明确政府与社区（村镇）间的权利关系。根据责、权、利相一致的原则，属政府部门承担的职能必须由政府部门独立履行，不得转嫁给社区（村镇）。政府的指导必须有相对稳定和规范的程序，严格防止以指导之名行领导之实。另外，社区（村镇）在政府部门的指导下开展工作，依法协助、监督政府各职能部门各项工作的落实，并向上级部门反映社区（村镇）居民的意见和要求。政府对社区（村镇）的工作给予指导和帮助，引导其增强民主自治的意识和能力，同时主动接受社区（村镇）的监督和评议。社区（村镇）和个人对政府部门的监督不应受到任何的限制，确保社区（村镇）对政府的有效监督渠道畅通。

第七章 矿产资源开发中的社区(村镇)利益博弈局势改变机理及政策取向

引言与摘要

本章系统分析了矿产资源开发利用中的社区(村镇)行为博弈局势改变机理及政策取向。首先,分析了社区(村镇)对矿产资源开发利用企业间矿产资源开发利益博弈局势的改变机理及政策取向,包括社区(村镇)生态意识没有觉醒下矿产资源开发利用企业间的利益博弈态势;社区(村镇)生态意识觉醒下矿产资源开发利用企业间的利益博弈态势改变;社区(村镇)改变矿产资源开发利用企业间利益博弈局势的作用结论与政策取向。其次,分析了社区(村镇)对政府与矿产资源开发利用企业间博弈局势的改变机理及政策取向,包括社区(村镇)与政府—矿产资源开发利用企业间的基本利益博弈关系;社区(村镇)在政府与矿产资源开发利用企业间博弈中的利益受损可能;社区(村镇)改变政府与矿产资源开发利用企业间利益博弈态势的模型化机理;社区(村镇)改变政府与矿产资源开发利用企业间利益博弈态势的结论及政策取向。

第一节　社区（村镇）对矿产资源开发
　　　　利用企业间利益博弈局势的
　　　　改变机理及政策取向

矿产资源开发利用企业间的开发利益博弈关系主要有竞争与合作两大类。矿产资源开发利用企业与社区（村镇）间的利益博弈关系体现在两者各自利用资源的特性，在"双赢"基础上进行的广泛、多层次的交流及其深远影响。即使没有社区（村镇）对矿产资源开发利用企业的引导和约束，矿产资源开发利用企业间信任程度的增加，合作发生的可能性也会增大。在社区（村镇）生态意识觉醒的情况下，通过对矿产资源开发利用企业利益结构的改变，矫正了矿产资源开发利用企业行为取向，加大了矿产资源开发利用企业间合作策略的区间，避免了污染和资源浪费问题。应培育社区（村镇）的生态意识，提升其话语权；构建矿产资源开发利用企业产权法人化的现代矿产资源开发利用企业制度；监督、规范和引导矿产资源开发利用企业间的利益博弈态势朝着矿产资源开发利益和谐的方向发展。

一　社区（村镇）生态意识没有觉醒下矿产资源开发利用企业间的利益博弈态势

（一）假设与模型构建

（1）假设。矿产资源开发利用企业 A 开发资源的副产品，可以作为矿产资源开发利用企业 B 的主要生产原料，因而矿产资源开发利用企业 A 和企业 B 存在交易的可能性。矿产资源开发利用企业 B 可通过合作获得原料，其价格为 p_1；或直接通过市场购买该原料，价格为 p_2，且有 $p_2 > p_1$（否则，没有合作的动力）。

为使副产品达到原料要求，矿产资源开发利用企业 A 必须付出单位处理成本 m。如果矿产资源开发利用企业 A 和企业 B 愿意进行交易，副产品的单位处理成本 m 可按双方意愿共同承担，系数分别为 a_1、a_2，显然 $a_1 + a_2 = 1$。$a_1 = 1$ 时，矿产资源开发利用企业 A 单独承担将副产品加工成原料的处理成本。

假如矿产资源开发利用企业 A 与企业 B 交易合作，矿产资源开发利用企业 A 可获得单位原料的出售收益 p_1；矿产资源开发利用企业 B 需付出单位原料的购买代价 $-p_1$。

假如企业 A 与企业 B 不进行交易合作。矿产资源开发利用企业 A 需要单独进行副产品的无公害处理，单位处理成本为 f；而矿产资源开发利用企业 B 需从其他渠道购买原料，单位原料的购买代价为 p_2。

如果矿产资源开发利用企业 A 想合作，但企业 B 矿产资源开发利用企业不合作；或者矿产资源开发利用企业 B 想合作，而矿产资源开发利用企业 A 不合作，对于具有合作意愿的矿产资源开发利用企业 A 或企业 B 来讲，由于计划合作，需要购买专用性处理设备，或采取紧急避险行为去寻找其他潜在合作伙伴，而要发生额外费用，设其额外费用的大小与其在合作时所承担的将副产品转化为原料的单位处理成本成正比，比例系数为 ξ（ξ>0）。并且假定新的合作伙伴的交易价格、原料渠道是无差异的。

（2）模型构建。根据以上假设，可以构造出矿产资源开发利用企业 A、企业 B 的博弈收益矩阵。

表 7-1　社区（村镇）生态意识没有觉醒背景下矿产资源
开发利用企业间的利益博弈

矿产资源开发利用企业间的利益博弈		矿产资源开发利用企业 B	
		合作	不合作
矿产资源开发利用企业 A	合作	$(p_1 - ma_1, \ -p_1 - ma_2)$	$[p_1 - ma_1(1+\xi), \ -p_2]$
	不合作（直接处理）	$[-f, \ -p_1 - ma_2(1+\xi)]$	$(-f, \ -p_2)$

（二）矿产资源开发利用企业间利益博弈模型的纯策略分析

由社区（村镇）生态意识没有觉醒背景下矿产资源开发利用企业间的利益博弈矩阵可知：

（1）当 $-p_2 < -p_1 - ma_2 (1 + \xi)$，即矿产资源开发利用企业 B 不合作的支付大于其合作的支付；同时自然有：$-p_2 < -p_1 - ma_2 (1 + \xi) < -p_1 - ma_2$ 时，矿产资源开发利用企业 B 购买矿产资源开发利用企业 A 提供副产品作为原料的收益，大于其通过其他渠道的收益，所以矿产资源开发利用企业 B 具有合作欲望。那么：

若 $p_1 - ma_1 > -f$，即矿产资源开发利用企业 A 合作的收益大于其不合作的收益，也即矿产资源开发利用企业 A 提供原料的收益大于其直接处理的收益时，矿产资源开发利用企业 A 具有合作的欲望。因此，有唯一的纳什均衡解（合作，合作）。

若 $p_1 - ma_1 < -f$，即矿产资源开发利用企业 A 不合作的收益大于其不合作的收益，也即矿产资源开发利用企业 A 提供原料的收益小于其直接处理的收益时，矿产资源开发利用企业 A 具有不合作的欲望；此时也有唯一的纳什均衡解（直接处理副产品，合作）。

以上表明：虽然矿产资源开发利用企业 A 和企业 B 即使都有意愿共同解决副产品的处理和原料供应问题，但由于社区（村镇）生态意识没有觉醒，去改变矿产资源开发利用企业 A 的利益预期和行为方向，导致矿产资源开发利用企业 A 宁愿自己直接处理副产品也不愿意提供给矿产资源开发利用企业 B 作为原料以实现共赢。

（2）当 $-p_2 > -p_1 - ma_2$，即矿产资源开发利用企业 B 合作的支付大于其不合作的支付；同时自然有：$-p_2 > -p_1 - ma_2 > -p_1 - ma_2 (1 + \xi)$ 时，矿产资源开发利用企业 B 接受矿产资源开发利用企业 A 提供副产品的收益较低，会选择从其他渠道采购，所以矿产资源开发利用企业 B 具有不合作欲望。那么：

若 $p_1 - ma_1 (1 + \xi) > -f$，即矿产资源开发利用企业 A 合作的收益大于其不合作的收益；同时自然有：$p_1 - ma_1 > p_1 - ma_1 (1 +$

ξ）＞ $-f$ 也成立，即矿产资源开发利用企业 A 提供副产品给矿产资源开发利用企业 B 作为原料有利可图，所以矿产资源开发利用企业 A 具有合作的欲望。此时有唯一的纳什均衡解（合作，不合作）。

若 $p_1 - ma_1 < -f$，即矿产资源开发利用企业 A 不合作的收益大于其合作的收益，同时自然有：$p_1 - ma_1$（$1 + \xi$）＜ $p_1 - ma_1$ ＜ $-f$，即矿产资源开发利用企业 A 提供副产品给矿产资源开发利用企业 B 作原料无利可图时，矿产资源开发利用企业 A 具有不合作欲望。此时也有唯一的纳什均衡解（直接处理，不合作）。

（3）如果 $-p_1 - ma_2$（$1 + \xi$）＜ $-p_2 < -p_1 - ma_2$，且 $p_1 - ma_1$（$1 + \xi$）＜ $-f < p_1 - ma_1$，由于没有占优策略的存在，此时没有纯策略纳什均衡的稳定解，只能考虑混合策略。

（三）矿产资源开发利用企业间利益博弈模型的混合策略分析

设矿产资源开发利用企业 A 选择合作的概率为 q_1，则选择不合作（直接处理副产品）的概率为 $1 - q_1$；设矿产资源开发利用企业 B 选择合作的概率为 q_2，则选择不合作（其他途径外购原料）的概率为 $1 - q_2$。

表 7 - 2　社区（村镇）生态意识没有觉醒背景下矿产资源
开发企业间的利益博弈（混合策略）

矿产资源开发利用企业间的利益博弈		矿产资源开发利用企业 B	
		合作 q_2	不合作（$1 - q_2$）
矿产资源开发利用企业 A	合作 q_1	（$p_1 - ma_1$，$-p_1 - ma_2$）	［$p_1 - ma_1(1 + \xi)$，$-p_2$］
	不合作（直接处理）（$1 - q_1$）	［$-f$，$-p_1 - ma_2(1 + \xi)$］	（$-f$，$-p_2$）

（1）矿产资源开发利用企业 A 的策略分析。矿产资源开发利用企业 A 选择合作时的期望收益为：

$$AI_1 = q_2(p_1 - ma_1) + (1 - q_2)[p_1 - ma_1(1 + \xi)]$$

矿产资源开发利用企业 A 选择不合作（直接处理副产品）时的

期望收益为：

$AI_2 = q_2(-f) + (1 - q_2)(-f) = -f$

两式合并，当 $AI_1 = AI_2$ 时，$q_2(p_1 - ma_1) + (1 - q_2)[p_1 - ma_1(1 + \xi)] = -f$

$q_2 = (ma_1 + ma_1\xi - p_1 - f)/ma_1\xi$

这表明，当 $q_2 > (ma_1 + ma_1\xi - p_1 - f)/ma_1\xi$ 时，矿产资源开发利用企业 A 选择合作策略。

（2）矿产资源开发利用企业 B 的策略分析。矿产资源开发利用企业 B 选择合作时的期望收益为：

$BI_1 = q_1(-p_1 - ma_2) + (1 - q_1)[-p_1 - ma_2(1 + \xi)]$

矿产资源开发利用企业 B 选择不合作时的期望收益为：$BI_2 = q_1(-p_2) + (1 - q_1)(-p_2) = -p_2$

两式合并，当 $BI_1 = BI_2$ 时，$q_1(-p_1 - ma_2) + (1 - q_1)[-p_1 - ma_2(1 + \xi)] = -p_2$

$q_1 = (p_1 + ma_2 + ma_2\xi - p_2)/ma_2\xi$

这表明，当 $q_1 > (p_1 + ma_2 + ma_2 \text{Ⅱ} - p_2)/ma_2\xi$ 时，矿产资源开发利用企业 B 会选择合作策略。

（四）矿产资源开发利用企业之间信任的力量

假设矿产资源开发利用企业 A 和企业 B 间的信任可以降低额外费用 ξ 的值，也即矿产资源开发利用企业间的相互信任会导致以下行为产生：任一矿产资源开发利用企业在不愿意合作时，会提前通知对方，以使具有合作意愿的一方能够提前准备：减少专用设备投资，或提前寻找替代合作伙伴，从而大大减少相应损失，降低 ξ 值。可以通过求 ξ 的一阶导数，得到信任的作用分析结果：

由 $q_2 = (ma_1 + ma_1\xi - p_1 - f)/ma_1\xi$，以 ξ 为变量对其求导数，得：

$q_2' = (p_1 - ma_1 + f)/ma_1\xi^2$

由于 $-f < p_1 - ma_1$，可知 $q_2' > 0$；也就是说，ξ 是 q_2 的增函数；表明当矿产资源开发利用企业 A 和企业 B 双方之间的信任程度增加时，由于避险费用 ξ 的减少，q_2 也随之减少，矿产资源开发利用企业 A 选择合作策略的区间 $[q_2, 1]$ 会随之增大。

同理，由 $q_1 = (p_1 + ma_2 + ma_2\xi - p_2)/ma_2\xi$，以 ξ 为变量对其求导数，得：

$$q_1' = (p_2 - ma_2 - p_1)/ma_2\xi^2$$

由于 $-p_2 < -ma_2 - p_1$，可得 $q_1' > 0$；也即，ξ 是 q_1 的增函数，表明矿产资源开发利用企业 A 和企业 B 随着双方信任程度增加，紧急避险费用 ξ 减少，q_1 也随之减少，矿产资源开发利用企业 B 选择合作策略的区间 $[q_1, 1]$ 会随之增大。

以上说明：即使没有社区（村镇）生态意识提高对矿产资源开发利用企业行为的引导和约束，矿产资源开发利用企业 A 和企业 B 之间也存在合作的可能，特别是矿产资源开发利用企业之间双方信任程度的增加，合作发生的可能性也会增大。

二　社区（村镇）生态意识觉醒下矿产资源开发利用企业间的利益博弈态势改变

随着人民生活水平的提高，社区（村镇）生态意识逐渐提高，对生态环境越来越高的要求，会改变矿产资源开发利用企业之间的利益博弈关系。

（一）假设与模型构建

矿产资源开发利用企业承担起生态环境保护的责任，不仅仅是矿产资源开发利用企业自身的要求；同时在社区（村镇）生态意识觉醒下，会通过对矿产资源开发利用企业良好社会声誉和矿产资源开发利用企业形象形成约束和信誉传送，给矿产资源开发利用企业带来收益。假定在社区（村镇）生态环保意识觉醒条件下，社区（村镇）对矿产资源开发利用企业的约束行为，导致矿产资源开发利用企业愿意合作处理副产品并进行生态环境治理，矿产资源开发利用企业的单位收益为 e，且总收益与其副产品的处理数量成正比。这时可得到矿产资源开发利用企业与矿产资源开发利用企业间的利益博弈矩阵。

表 7 – 3　　　　　　社区（村镇）生态意识觉醒下矿产
资源开发利用企业间的利益博弈模型

矿产资源开发利用企业间的利益博弈		矿产资源开发利用企业 B	
		合作	不合作
矿产资源开发利用企业 A	合作	$(e + p_1 - ma_1,$ $e - p_1 - ma_2)$	$[e + p_1 - ma_1 (1 + \xi), -p_2]$
	不合作（直接处理）	$[-f, e - p_1 - ma_2 (1 + \xi)]$	$(-f, -p_2)$

（二）社区（村镇）生态意识觉醒下矿产资源开发利用企业间利益博弈的纯策略分析

（1）如果 $-p_2 < e - p_1 - ma_2 (1 + \xi)$，同时自然有 $-p_2 < e - p_1 - ma_2 (1 + \xi) < e - p_1 - ma_2$，则矿产资源开发利用企业 B 接受矿产资源开发利用企业 A 提供副产品作为原料带来的收益，大于其通过其他渠道的收益，即矿产资源开发利用企业 B 具有合作欲望。那么：

当 $e + p_1 - ma_1 (1 + \xi) > -f$，同时自然有 $e + p_1 - ma_1 > e + p_1 - ma_1 (1 + \xi) > -f$，则矿产资源开发利用企业 A 提供原料的收益大于直接处理的收益，即矿产资源开发利用企业 A 具有合作欲望。此时有唯一的纳什均衡解（合作，合作）；

当 $e + p_1 - ma_1 < -f$，同时自然有 $e + p_1 - ma_1 (1 + \xi) < e + p_1 - ma_1 < -f$，则矿产资源开发利用企业 A 提供原料的收益小于直接处理的收益，即矿产资源开发利用企业 A 具有不合作欲望。此时也有唯一的纳什均衡解（直接处理，合作）。

（2）如果 $-p_2 > e - p_1 - ma_2$，同时自然有 $-p_2 > e - p_1 - ma_2 > e - p_1 - ma_2 (1 + \xi)$，即矿产资源开发利用企业 B 接受企业 A 所提供副产品的收益太小，而导致矿产资源开发利用企业 B 选择从其他渠道采购原料，即矿产资源开发利用企业 B 具有不合作欲望。那么：

当 $e + p_1 - ma_1 (1 + \xi) > -f$，同时自然有 $e + p_1 - ma_1 > e + p_1 - ma_1 (1 + \xi) > -f$，则矿产资源开发利用企业 A 提供副产品给矿产资源开发利用企业 B 作原料的收益大于直接处理的收益，即矿产资源开发利用企业 A 具有合作的欲望。此时有唯一的纳什均衡解（合作，不合作）；

当 $e + p_1 - ma_1 < -f$，同时自然有 $e + p_1 - ma_1 (1 + \xi) < e + p_1 - ma_1 < -f$，则矿产资源开发利用企业 A 提供副产品给矿产资源开发利用企业 B 作原料的收益小于直接处理的收益，矿产资源开发利用企业 A 提供副产品给矿产资源开发利用企业 B 无利可图，即矿产资源开发利用企业 A 具有不合作欲望。即此时也有唯一的纳什均衡解（直接处理，不合作）。

（3）如果 $e - p_1 - ma_2 (1 + \xi) < -p_2 < -e - p_1 - ma_2$；且 $e + p_1 - ma_1 (1 + \xi) < -f < e + p_1 - ma_1$，由于没有占优策略，此时没有纯策略纳什均衡的稳定解，只能考虑混合策略。

（三）社区（村镇）生态意识觉醒下矿产资源开发利用企业间利益博弈的混合策略分析

设矿产资源开发利用企业 A 选择合作的概率为 $q_1 s$，则其选择直接处理的概率为 $1 - q_1 s$；设矿产资源开发利用企业 B 选择合作的概率为 $q_2 s$，则其选择不合作的概率为 $1 - q_2 s$。

表 7 - 4　　　社区（村镇）生态意识觉醒背景下矿产资源开发利用企业间的混合策略博弈模型

矿产资源开发利用企业间的混合策略博弈		矿产资源开发利用企业 B	
		合作（$q_2 s$）	不合作（$1 - q_2 s$）
矿产资源开发利用企业 A	合作（$q_1 s$）	$(e + p_1 - ma_1,$ $e - p_1 - ma_2)$	$[e + p_1 - ma_1 (1 + \xi), -p_2]$
	不合作（$1 - q_1 s$）	$[-f, e - p_1 - ma_2 (1 + \xi)]$	$(-f, -p_2)$

（1）矿产资源开发利用企业 A 的行为策略。矿产资源开发利用企业 A 选择合作策略时的期望收益为：

$$AIs_1 = q_2s(e + p_1 - ma_1) + (1 - q_2s)[e + p_1 - ma_1(1 + \xi)]$$

矿产资源开发利用企业 A 选择直接处理策略时的期望收益为：

$$AIs_2 = q_2s(-f) + (1 - q_2s)(-f) = -f$$

两式合并，当 $AIs_1 = AIs_2$ 时，$q_2s(e + p_1 - ma_1) + (1 - q_2s)[e + p_1 - ma_1(1 + \xi)] = -f$

所以，$q_2s = (ma_1 + ma_1\xi - e - f - p_1)/ma_1\xi$

这表明，当 $q_2s > (ma_1 + ma_1\xi - e - f - p_1)/ma_1\xi$ 时，矿产资源开发利用企业 A 会选择合作策略。

（2）矿产资源开发利用企业 B 的行为策略。矿产资源开发利用企业 B 选择合作策略时的期望收益为：

$$BIs_1 = q_1s[e - p_1 - ma_2] + (1 - q_1s)[e - p_1 - ma_2(1 + \xi)]$$

矿产资源开发利用企业 B 选择不合作策略时的期望收益为：

$$BIs_2 = q_1s(-p_2) + (1 - q_1s)(-p_2) = -p_2$$

两式合并，当 $BIs_1 = BIs_2$ 时，$q_1s[e - p_1 - ma_2] + (1 - q_1s)[e - p_1 - ma_2(1 + \xi)] = -p_2$

所以，$q_1s = (p_1 + ma_2 + ma_2\xi - e - p_2)/ma_2\xi$

这表明，当 $q_1s > (p_1 + ma_2 + ma_2\xi - e - p_2)/ma_2\xi$ 时，矿产资源开发利用企业 B 会选择合作策略。

三 社区（村镇）对矿产资源开发利用企业间利益博弈局势改变的分析结论与政策取向

（一）社区（村镇）生态意识觉醒对矿产资源开发利用企业间利益博弈的结论性作用

当社区（村镇）生态意识没有觉醒时，矿产资源开发利用企业 A 选择合作的均衡概率：$q_1 = (p_1 + ma_2 + ma_2\xi - p_2)/ma_2\xi$；矿产资源开发利用企业 B 选择合作的均衡概率：$q_2 = (ma_1 + ma_1\xi - p_1 - f)/ma_1\xi$。

当社区（村镇）生态意识觉醒参与到矿产资源开发利用企业博

弈合作中时，矿产资源开发利用企业 A 选择合作的均衡概率：$q_1s =$
$(p_1 + ma_2 + ma_2\xi - e - p_2)/ma_2\xi$；矿产资源开发利用企业 B 选择合
作的均衡概率：$q_2s = (ma_1 + ma_1\xi - e - f - p_1)/ma_1\xi$。

经过对比可以发现：$q_1 > q_1s$，$q_2 > q_2s$；这说明：在社区（村
镇）生态意识觉醒的情况下，矿产资源开发利用企业 A 和企业 B 采
取合作策略的区间加大了；矿产资源开发利用企业采取利益合作，
避免污染和资源浪费问题的可能性增加了，说明矿产资源开发利用
企业间的合作策略受到社区（村镇）生态意识的影响。

（二）社区（村镇）改变矿产资源开发利用企业间利益博弈局
势的政策取向

矿产资源开发给社区（村镇）建设事业带来发展机遇和外部生
态环保效应，培养社区（村镇）居民的生态环保参与意识，进一步
完善居民参与机制，是社区（村镇）居民参与矿产资源开发利用企
业间利益博弈态势改变的关键。

（1）再定位矿产资源开发利用企业在社区（村镇）建设中的角
色。社区（村镇）居民生态意识提升的前提是重新定位矿产资源开
发利用企业的角色，重建居民与矿产资源开发利用企业之间的良
性、积极互动关系。不仅要求社区（村镇）职能的回归和自治的实
现，还需要社区（村镇）居民利益话语权的回归，培养和提升社区
（村镇）的归属感和家园生态意识。

（2）积累社区（村镇）的社会资本。社区（村镇）需要争取
更多的社会支持，提高满足居民需求的能力。应将福利的提供主体
由政府和矿产资源开发利用企业等单位向社区（村镇）转化，提高
和完善其保障功能，使社区（村镇）居民保障社区（村镇）化；同
时为社区（村镇）资金来源创造多元化的途径。同时，应建立居民
社会支持网络，倡导社区（村镇）居民互助。根据周湘斌的研究[①]，

---

① 周湘斌：《社会支持网络理论在社会工作实践中的应用性探讨》，《中国农业大学
学报》（社会科学版）2005 年第 2 期。

社会支持网络发达的社区（村镇）更有利于促成居民相对一致性的行动，用集体的力量解决问题。

（3）创新社区（村镇）居民参与载体建设。可以考虑社区（村镇）非政府组织（NGO）的培育和社区（村镇）发展合作组织（CDC）模式的本土化，为其居民的参与创造途径。建立和完善社区（村镇）听证会制度，听取广大居民意见，为社区（村镇）居民生态意识提升提供多元化路径。

第二节　社区（村镇）对政府与矿产资源开发利用企业间博弈局势的改变机理及政策取向

社区（村镇）对政府与矿产资源开发利用企业间利益博弈局势改变的可能性较优结果在于：政府对矿产资源开发利用企业进行适度的监管调控和保护，政府促进社区（村镇）的发展繁荣，矿产资源开发利用企业与社区（村镇）间在"双赢"中良性合作互动。但居于强势地位的政府与矿产资源开发利用企业间的利益博弈可能导致社区（村镇）的生态环保等利益受损；而随着社区（村镇）生态环保意识的觉醒和话语权的提升，可以改变政府与矿产资源开发利用企业间的利益格局影响。因此，通过提升社区（村镇）的利益意识和地位能力，可改变三者间的利益博弈失衡，促进矿产资源开发利益的和谐发展。

一　社区（村镇）与政府—矿产资源开发利用企业间的基本利益博弈关系

社区（村镇）与政府—矿产资源开发利用企业在矿产资源开发利用中，由于各自的利益诉求目标各异，对彼此的行为预期并不总是一致；虽然三者之间从本质上拥有共同的长远利益目标或价值取向，却总会引发非理想的矿产资源开发利益格局。

（一）社区（村镇）与政府—矿产资源开发利用企业间的基本利益关系

在矿产资源开发利用中，社区（村镇）与政府—矿产资源开发利用企业间会构成基于利益诉求的三角互动关系。在其利益博弈过程中，任何一方过于强势，不仅会影响其他利益相关方的目标取向实现，还会损害其自身的长远利益发展，因此，三者间的基本利益关系存在渐进发展中的最优判断问题。

（1）政府与矿产资源开发利用企业间的利益博弈关系。政府与矿产资源开发利用企业二者间的矿产资源开发利益博弈既具有偏好"联姻"的特征，也存在内在的利益矛盾。鉴于政府在财政分税制①和政治晋升锦标赛②的利益机制驱动下，不仅其追求自身、部门和个体利益最大化的主体地位日渐明显；而且，具有充分利用当地资源禀赋条件发展经济的内在动力和狂热，导致政府与能为地方创造财富、带来就业、上缴税收和促进发展的矿产资源开发利用企业间，存在地方保护和利益"串谋"的偏好。同时，鉴于矿产资源开发利用企业利润或价值最大化追求的"理性人"特征，导致其行为选择目标与地方经济社会发展取向的非完全统一性，产生生态环保、安全生产、可持续发展等负外部效应问题，使政府的干预、调控和限制约束成为必需。

但政府的引导调控未必总是有效的。这是由于，二者间对彼此的行为预期并不总是一致，信息的不对称使政府不仅很难把握对矿产资源开发利用企业干预调控的"度"；政府的强势地位也易于导致其组成规模和活动范围的内在利益扩张。另外，鉴于一定时期、条件和其他约束条件下，所能创造的矿产资源开发利益存在总量限度，因而，政府与矿产资源开发利用企业间存在利益分割的内在矛盾，二者的利益发展具有短期"零和博弈"的特征。因此，矿产资

① 《分税制》，百度百科，http：//baike.baidu.com/view/141655.htm#sub141655。
② 周黎安：《中国地方官员的晋升锦标赛模式研究》，《经济研究》2007年第7期。

源开发利用企业所要求的是政府的适度调控保护，在满足其基本利益诉求的条件下，实现二者的"双赢"。所以，在矿产资源开发利用中，二者的利益调控应该有个"度"的考量，在利益分割上既不能税负沉重、负担过多、"杀鸡取卵"、影响发展；也不能过于"偏爱"，利益串谋，损害其他利益相关方的切身利益，利益博弈失衡，导致生态环保等可持续发展问题。也即两者的利益目标和行为取向应在互动"适度"的基础上共同发展，实现"共赢"，进而趋向矿产资源开发利益的整体配置最优化。

（2）社区（村镇）与政府间的利益博弈关系。日本学者青木昌彦曾采用博弈的观点来分析国家[①]，把政府本身看作是明确的拥有独特的激励结构的博弈参加者，认为存在"政府和民间博弈者都会选择使自身利益最大化的行动"预期，但基于信息的不完全性、不对称性和所处博弈地位的非对等性，这种"共同的预期"是不可能或者很少达到的。因此，在矿产资源开发利用中，通常社区（村镇）会对政府的预期过高，认为政府具有强大的资源动员和控制能力及其辅助手段和条件，可以和应该有效地提供矿产资源开发所需要的基础设施、公共产品和服务，如应在社区（村镇）构建完善的交通基础设施和舒心的生态环保条件等，一旦出现"政府失灵"的情况，便会对政府的公信力产生怀疑。而政府对社区（村镇）的预期则正好相反，认为社区（村镇）由追求利益最大化的理性个体构成，内部存在着多元化的利益主体、复杂的利益结构，常常具有熵值[②]极大的耗散结构[③]特征，需要一定的利益机制驱动条件或外部约束动力，推动其由紊乱无序达到和谐发展。因此，应该由政府主导社会、主导社区（村镇）的运转，解决其不可能很好地自我组织的弊端。

然而，不可否认的是，随着中国改革开放的深入，经济社会的

---

① ［日］青木昌彦：《市场的作用，国家的作用》，中国发展出版社 2002 年版。

② 《熵》，百度百科，http：//baike. baidu. com/view/936. htm#sub936。

③ 《耗散结构》，百度百科，http：//baike. baidu. com/view/136267. htm#sub136267。

发展，公民社会力量的迅速崛起，社区（村镇）对矿产资源开发利用的参与意识已上升为显性社会事实，因此，社区（村镇）不仅要求利益驱动机制的制度性安排保护，无疑也必须与政府的矿产资源开发利益协同发展。政府不应该低估社区（村镇）在矿产资源开发利用中的地位和作用，在其可以发挥作用的领域，政府不仅不应加以干预，而且应该创造机制条件和外部环境促进其和谐有序发展，将节约的政府能力用于更加需要的领域。所以，在矿产资源开发利用中，社区（村镇）与政府间的利益博弈关系应是政府主导下和谐共赢的双方。

（3）社区（村镇）与矿产资源开发利用企业间的利益博弈关系。鉴于政府拥有且可以运用的公共权力优势条件，处于矿产资源开发利益博弈中的强势地位，会生成对其有利的策略结构，因而，相对弱势的社区（村镇）和矿产资源开发利用企业等其他利益相关主体较容易受到来自政府的侵害（当然政府最初的动机未必如此），却又难以自我保护，导致社区（村镇）和矿产资源开发利用企业间的合作常常是一种比较好的策略选择。同时，鉴于矿产资源开发利用企业的发展意味着社区（村镇）的就业机会和经济社会发展繁荣；而社区（村镇）的利益满足意味着矿产资源开发利用企业发展环境的改善和提升等，因而，相对于政府处于博弈弱势地位的二者之间不仅存在基于利益相互满足的合作可能；而且可以联合起来共同实现自身单一利益主体所不能或不可能实现的目标，对政府的个别强权行为进行非直接对抗性的制约。然而，鉴于社区（村镇）和矿产资源开发利用企业间的利益目标不同，社区（村镇）对生态环保和本地经济社会发展的渴望与矿产资源开发利用企业利润最大化的追求导致其间非合作动机行为的存在。所以，在矿产资源开发利用中，社区（村镇）与矿产资源开发利用企业间的利益博弈关系应是存在非合作中向合作摇摆发展的双方。

（二）社区（村镇）与政府—矿产资源开发利用企业间利益博弈的可能性较优及困难化解

（1）三者间利益博弈均衡格局较优结果存在的可能性。鉴于社区（村镇）与政府—矿产资源开发利用企业三者间的利益目标诉求各异，对彼此的行为预期不同，其间的利益博弈结果不可能是唯一的，也不应该是唯一的；但鉴于三者之间存在着利益"串谋"关系的动机和行为基础，因而，三者间的博弈发展存在较优的利益均衡格局的可能性。

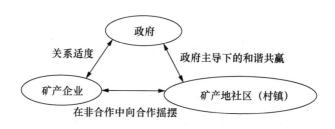

图 7-1　社区（村镇）与政府—矿产资源开发利用企业
之间利益博弈的较优结果

（2）三者间利益博弈均衡格局达到可能性较优的困难。首先，鉴于政府拥有强势地位和运用公共权力的特权，普遍具有极易扩张的潜在倾向，因而政府对矿产资源开发利用企业的干预"适度"次优目标，往往难以达到；而且，从利益最大化的理性人角度考虑，作为公共权力的持有者和运用者，政府不适当地干预矿产资源开发利用企业会形成二者间的利益串谋，甚至"官矿勾结"。

其次，虽然政府具有保护社区（村镇）利益发展不受侵害、落实政府主导下和谐共赢发展的责任和义务，但责任义务的完成和履行是需要一定的物质条件的，因此，政府的主导性乃至公权力的难以控制性，在发展经济的内在利益驱动下，使社区（村镇）的利益被政府主导保护，在"两利相权取其重、两害相权取其轻"的比较行为选择条件下，其落实的概率降低了；导致社区（村镇）的和谐共赢发展目标常常被政府主导保护的短期内利益诉求所忽视或难以达到。

最后，尽管社区（村镇）和矿产资源开发利用企业根据其对来自政府的可能具有侵害性的政策预期，可以通过多次博弈而选择合作的策略，但矿产资源开发利用企业在自身利益最大化的理性抉择和政府追求经济发展利益的"袒护"下，使矿产资源开发利用企业与社区（村镇）间在多次博弈的情况下寻求不合作的概率提升了，导致社区（村镇）的生态环境等利益目标常常会受到侵害。

所以，社区（村镇）与政府—矿产资源开发利用企业三者间的利益博弈态势并非轻易达到理想的最优状态，三者间的冲突常常是不可避免的，且往往伴随着矿产资源开发利用的浪费和生态环境的严重破坏等利益博弈失衡结局。

（三）社区（村镇）与政府—矿产资源开发利用企业间利益博弈的发展方向

（1）从长远考虑，处于弱势地位的社区（村镇）的和谐健康发展最终是有利于政府和矿产资源开发利用企业发展的。可以这样说，提升社区（村镇）对政府的利益博弈地位，增大其对矿产资源开发利用企业利益博弈中的收益份额，促进其繁荣发展，不仅促进了政府责任和义务的实现完成；也更为矿产资源开发利用企业进一步开发资源利益提供了长远动力和条件。因此，社区（村镇）与政府—矿产资源开发利用企业三者间的利益共同发展，会对矿产资源开发利益分割起均衡整合作用，进而形成政府、矿产资源开发利用企业和社区（村镇）之间的三元利益良性互动网络，随着矿产资源开发利用的推进和经济社会的发展，政府在矿产资源开发直接调控中的地位相对逐渐弱化；而矿产资源开发利用企业和社区（村镇）在矿产资源开发领域中的作用日益凸显，从而使矿产资源开发以一种基于利益均衡发展的方式推进。

（2）社区（村镇）与政府—矿产资源开发利用企业间应和谐共赢。在矿产资源开发利用的价值创造、利益分割和均衡整合过程中，三个利益主体之间存在着利益博弈；而作为较优结果的合作无疑应该是所寻求的价值目标和行为取向，即政府、矿资源开发利用企业与社区（村镇）之间的利益共同发展、良性互动，应成为矿产资源开发利用及其可持续发展的基础性的"三驾马车"。应改变社区（村镇）与政府—矿产资源开发利用企业间的矿产资源开发利益博弈局势，通过社区（村镇）生态环保等利益意识的觉醒、利益博弈地位的提升，发挥其信息优势地位；通过增加社区（村镇）的矿产资源开发参与度，增进其生态环保等利益，促进政府、矿产资源开发利用企业与社区（村镇）之间的良性互动，促进矿产资源开发利益的总体提升。

二 社区（村镇）在政府与矿产资源开发利用企业间博弈中的利益受损可能

首先来考察在社区（村镇）的生态环保等利益意识没有觉醒、博弈能力低下条件下，政府不必承担社区（村镇）生态环保等利益的监管失职责任时，政府与矿产资源开发利用企业间的利益博弈态势。

（一）假定和模型构建

假设政府对矿产资源开发利用企业的行为选择采取"监管"或"不监管"两种策略，并且知道矿产资源开发利用企业会对生态环保等涉及社区（村镇）切身利益的问题采用"治理"或"不治理"两种策略。令，G 表示当政府对矿产资源开发利用企业的生态环保等行为实施监管时，需投入的费用；p 表示矿产资源开发利用企业逃避生态环境等问题的治理被政府发现并惩处的概率，其中，$0 < p < 1$；F 表示政府对矿产资源开发利用企业的处罚金额，反映了政府监管的能力和力度；C 表示矿产资源开发利用企业进行生态环境等问题的治理时，需投入的成本。同时，假设矿产资源开发利用企业也明白政府的两种策略选择，这样政府与矿产资源开发利用企业之间形成了完全信息静态博弈。

表 7 - 5　　　　　　　　政府和矿产资源开发利用
企业间的利益博弈收益矩阵

政府和矿产资源开发利用		政府	
企业间的利益博弈		监督	不监督
矿产资源	治理	（ - C， - G）	（ - C，0）
开发利用企业	不治理	（ - pF，pF - G）	（0，0）

（二）政府与矿产资源开发利用企业间利益博弈的纯策略分析

由政府和矿产资源开发利用企业间的利益博弈收益矩阵可知：

当 G > pF 时，即政府的监管成本大于罚款所得时，政府一定会选择不监管；由于政府肯定不监管，矿产资源开发利用企业会选择不治理，此时，政府和矿产资源开发利用企业间的博弈有唯一的纳什均衡解（不监管，不治理）。这显然不符合国家（政府）生态环境保护等利益目标的要求。

当 G < pF 时，即政府通过提高监管效率，提高发现矿产资源开发利用企业违规行为并给予处罚的概率 p 值；或加大对违规矿产资源开发利用企业的惩罚力度，加大 F 值；这时，可以达到政府的罚款所得大于其监管成本。所以，这时政府从内在利益角度考虑会选择监管。那么：

若 - pF < - C，即矿产资源开发利用企业的罚款损失小于其治理成本付出，则此时，即使存在政府的罚款，矿产资源开发利用企业一定会选择不治理，从而有唯一的纳什均衡解（政府监管，矿产资源开发利用企业不治理）；

若 - pF > - C，即矿产资源开发利用企业的罚款损失大于其治理成本付出，则此时矿产资源开发利用企业一定会选择治理，此时需分析混合纳什均衡（政府监管，矿产资源开发利用企业治理）的具体行为选择策略。

（三）政府与矿产资源开发利用企业间利益博弈的混合策略分析

令，政府监管的概率为 λ，则不监管的概率为 1 - λ；矿产资源

开发利用企业治理生态环境等问题的概率为 θ，则不治理的概率
为 1 − θ。

表 7 − 6　　　　　政府和矿产资源开发利用企业间的
混合战略利益博弈收益矩阵

政府和矿产资源开发利用企业间		政府	
的混合战略利益博弈		监督（λ）	不监督（1 − λ）
矿产资源开发	治理（θ）	（− C，− G）	（− C，0）
利用企业	不治理（1 − θ）	（− pF，pF − G）	（0，0）

首先，矿产资源开发利用企业的行为选择临界点分析：

矿产资源开发利用企业治理 $(\theta = 1)$ 生态环境等问题的预期收益
为：$AI_1 = \lambda(-C) + (1 - \lambda)(-C) = -C$；

矿产资源开发利用企业不治理 $(\theta = 0)$ 生态环境等问题的预期收
益为：$AI_2 = \lambda(-pF) + (1 - \lambda) \times 0 = \lambda(-pF)$；

当 $AI_1 = AI_2$ 时，可得，$\lambda = C/pF$。

其次，政府的行为选择临界点分析：

政府监管 $(\lambda = 1)$ 矿产资源开发利用企业违规的预期收益为：
$GI_1 = \theta(-G) + (1 - \theta)(pF - G)$；

政府不监管 $(\lambda = 0)$ 矿产资源开发利用企业违规的预期收益为：
$GI_2 = 0$；

当 $GI_1 = GI_2$ 时，可得，$\theta = 1 - G/pF$。

通过以上分析可知，影响矿产资源开发利用企业治理生态环境
等问题的主要因素有：矿产资源开发利用企业逃避生态环境等问题
治理被政府发现并被惩处的概率 p；矿产资源开发利用企业逃避生
态环境等问题治理被政府发现并惩处的罚金 F；矿产资源开发利用
企业进行生态环境等问题治理时，需要投入的成本 C；政府实施生
态环境监管时需投入的费用 G，当其分别或同时变动时，矿产资源
开发利用企业治理的概率 $\theta = 1 - G/pF$ 和（或）政府监督的概率

$\lambda = C/pF$ 会变化。

（四）政府与矿产资源开发利用企业间的利益博弈态势导致社区（村镇）的生态环保等利益受损的可能性分析

在社区（村镇）生态环保等利益意识没有觉醒、博弈能力低下的条件下，政府可以不必承担（逃避）社区（村镇）生态环保等利益监管失职的责任，这时，根据以上分析可知：提高矿产资源开发利用企业治理生态环境等问题的自觉性和主动性主要有四个办法，但在具体执行时又都存在损害社区（村镇）生态环保等利益的可能性。

（1）源自政府行为选择的三个办法。一是矿产资源开发利用企业逃避生态环境等问题治理，而被政府发现并惩处的概率 p。当 p 值提高时，可以使矿产资源开发利用企业治理的概率 $\theta = 1 - G/pF$ 加大，政府监督的概率 $\lambda = C/pF$ 减小。但由于 p 代表着政府发现矿产资源开发利用企业违规的能力和处罚的水平，代表着政府对违规监管的行政效率，因此，提高政府的行政监管效率是内在的自然选择。

二是矿产资源开发利用企业逃避生态环境等问题治理，而被政府发现并惩处的罚金 F。当 F 值提高时，可以使矿产资源开发利用企业治理的概率 $\theta = 1 - G/pF$ 加大；政府监督的概率 $\lambda = C/pF$ 减小。由于 F 代表政府处罚的金额，故应提高政府的处罚力度。

三是对矿产资源开发利用企业进行生态环境等问题监管时，政府需要投入的行政成本 G。当 G 值增大时，矿产资源开发利用企业治理的概率 $\theta = 1 - G/pF$ 减小。由于 G 代表政府监管的费用投入，故提升行政效率，减少行政支出，可以提升矿产资源开发利用企业治理的概率。

但是，政府的监管能力是有限的，信息不对称的存在是常态，政府失灵也是理所当然的事；同时，市场化推进背景下的财政分权化改革正在完善中，各级地方政府的利益主体地位凸显，地方政府间的竞争加剧，加上矿产资源开发利用企业的利润最大化诉求本质，导致具有强势博弈地位的政府与矿产资源开发利用企业间"串谋"的概率剧增，从而导致基于政府角度的办法措施存在失灵的可能，使社区（村镇）的弱势博弈地位被边缘化加剧的可能性增加，生态环保等利益受损的概率提升。

（2）源自矿产资源开发利用企业行为选择的一个办法。鉴于矿产资源开发利用企业实施生态环境等问题治理时需投入的费用 C。当 C 值减小时，政府监督的概率 λ = C/pF 减小。由于 C 值代表着矿产资源开发利用企业治理外部效应的费用，因此，加大技术改进投入，从源头上堵住生态环保等损害发生，可以降低矿产资源开发利用企业治理费用，从而减少政府监督的必要。

但是，由于矿产资源开发利用企业的"理性人"特征和利润追求最大化的本质，在矿产资源开发利用企业的行为选择所造成的生态环保等利益损害属于外部效应的背景下，对社区（村镇）生态环境等问题造成的危害，矿产资源开发利用企业既具有用最小的投入、获得最大的收益，较少技术改造投入、逃避治理责任的内在动力，又具有与强势政府"合谋"逃避的特征，从而导致社区（村镇）生态环保等利益受损的可能性增加。

三 社区（村镇）的利益意识觉醒和能力提升背景下政府与矿产资源开发利用企业间的博弈态势改变

（一）社区（村镇）的生态环保等利益意识觉醒和博弈能力提升对政府和矿产资源开发利用企业的策略行为影响

随着经济发展水平的提升和人民生活水平的提高，社区（村镇）的生态环保等利益意识逐渐提高，对生存条件的要求越来越高，对生态环境保护的利益要求会改变政府与矿产资源开发利用企业间的利益博弈策略格局。假设源于社区（村镇）的生态环保等利益意识提高和博弈能力提升，要求所处相关社区（村镇）的生态环境等问题必须得到改善；或由矿产资源开发利用企业自身治理，或由政府辅助治理。因此，如果矿产资源开发利用企业逃避生态环境等问题的治理而政府没有监管，或监管却没有发现，政府将不得不承担监管失职的责任，并承担没有发现的那部分治理费用；令，p表示政府发现矿产资源开发利用企业违规并处罚的概率；则（1 - p）表示没有发现的概率；反映了政府的监管能力、水平和力度；- G 表示在政府监管的条件下，政府首先需付出的监管费用；F 表示由于政府监管，会对矿产资源开发利用企业的非治理行为进行的罚款。

对矿产资源开发利用企业行为来讲，鉴于矿产资源开发利用企业治理时付出的成本为 C；在政府监管、发现的概率为 p 的背景下，矿产资源开发利用企业不治理时的付出，首先是罚款 - pF，其次为政府监管发现其违规后必须治理的成本付出 - pC，故其总得益为 - p（F + C）。

因此，对政府行为来讲，在发现概率为 p 的条件下，政府监管的罚款收益为 pF；同时，由于社区（村镇）生态环保意识的提高和博弈能力提升，政府会受到自身行为选择的硬约束，必须承担监察而没有发现的生态环境治理等责任和义务，此时需对矿产资源开发利用企业的违法行为承担没发现的成本部分 -（1 - p）C；或不监督时必须承担矿产资源开发利用企业的违法成本 - C。

另外，假设矿产资源开发利用企业也知道政府所采取的监管、不监管两种策略，因此，政府与矿产资源开发利用企业之间形成完全信息静态博弈。

表7 - 7　社区（村镇）生态意识觉醒和博弈能力提升条件下
政府和矿产资源开发利用企业间的博弈矩阵

社区（村镇）生态意识觉醒 和博弈能力提升条件下		政府	
		监督	不监督
矿产企业	治理	（- C，- G）	（- C，0）
	不治理	[- p（F + C），- G + pF -（1 - p）C]	（0，- C）

（二）社区（村镇）的生态意识觉醒和博弈能力提升条件下政府与矿产资源开发利用企业间的利益博弈纯策略

由社区（村镇）生态环保等利益意识觉醒和博弈能力提升条件下，政府和矿产资源开发利用企业间的利益博弈收益矩阵可知：

如果 $-G + pF - (1-p) C < -C$ 时，即政府监管的收益小于其不监管的收益，因而政府一定会选择不监督；由于政府肯定不监督，矿产资源开发利用企业会选择不治理，此时，政府和矿产资源开发利用企业间的博弈有唯一的纳什均衡（不治理，不监督）。这表明，此时政府的监管成本很高，政府宁愿自己去处理矿产资源开发利用企业导致的生态环境等问题，而放弃对矿产资源开发利用企业的监管。这种情况发生在政府监管效率很低的情况下，一般不会发生。

如果 $-G + pF - (1-p) C > -C$ 时，即政府监管的收益大于其不监管的收益，因而政府一定会选择监督，那么：

当 $-p (C+F) > -C$ 时，即矿产资源开发利用企业不治理的收益大于其治理时，矿产资源开发利用企业一定会选择不治理，此时有唯一的纳什均衡解（监管，不治理）；

当 $-p (C+F) < -C$ 时，即矿产资源开发利用企业不治理的收益小于其治理时，矿产资源开发利用企业一定会选择治理，此时有唯一的纳什均衡解（监管，治理）；但需要求解其间博弈的混合策略纳什均衡。

（三）社区（村镇）的生态意识觉醒和博弈能力提升条件下政府与矿产资源开发利用企业间的利益博弈混合策略

令，政府监管的概率为 λ，则不监管的概率为 $1-\lambda$；矿产资源开发利用企业治理的概率为 θ，则不治理的概率为 $1-\theta$。因此，二者间的博弈均衡条件可分析如下：

首先，矿产资源开发利用企业的行为选择临界点分析：

矿产资源开发利用企业治理（$\theta = 1$）生态环境等问题时的预期收益：$A\prod_1 = \lambda (-C) + (1-\lambda) (-C) = -C$；

表7-8 社区（村镇）生态意识觉醒和博弈能力提升时政府
与矿产资源开发利用企业间的混合策略博弈

社区（村镇）生态意识觉醒		政府	
和博弈能力提升时		监督（λ）	不监督（1-λ）
矿产资源开发	治理(θ)	（-C，-G）	（-C，0）
利用企业	不治理(1-θ)	[-p(F+C)，-G+pF-(1-p)C]	

矿产资源开发利用企业不治理（θ=0）生态环境等问题时的预期收益：$A \amalg_2 = \lambda [-p(F+C)] + (1-\lambda) \times 0 = -p(F+C)\lambda$；

所以，$\lambda = C/p(F+C)$。

其次，政府的行为选择临界点分析：

政府监管（λ=1）矿产资源开发利用企业违规行为时的预期收益：$G \amalg_1 = \theta(-G) + (1-\theta)[-G+pF-(1-p)C]$；

政府不监管（λ=0）矿产资源开发利用企业违规行为时的预期收益：$G \amalg_2 = \theta \times 0 + (1-\theta)(-C) = (1-\theta)(-C)$

所以，$\theta = 1 - G/p(F+C)$。

四 社区（村镇）对政府与矿产资源开发利用企业间博弈局势改变的分析结论及政策取向

（一）社区（村镇）改变政府与矿产资源开发利用企业间博弈局势的结论性观点

政府和矿产资源开发利用企业的行为自律性提升。在社区（村镇）生态意识觉醒和博弈能力提升的条件下，不仅可以约束政府对矿产资源开发利用企业生态环保等问题的监管行为，增加政府监管生态环境等问题的动力；也会增加矿产资源开发利用企业治理生态环境等问题的压力，提升其为社区（村镇）谋福利的自觉性和主动性。这是由于：

首先，在社区（村镇）生态意识没有觉醒的条件下，政府没有必要一定承束（或可以逃避）监管失职的责任，这时有：$\lambda = C/pF$，

$\theta = 1 - G/pF$；

其次，在社区（村镇）生态意识觉醒和博弈能力提升的条件下，政府必须承担矿产资源开发利用企业生态环保监管失职的责任，这时有：$\lambda = C/p\ (F + C)$，$\theta = 1 - G/p\ (F + C)$；

最后，两种背景条件下相比较可得到以下结论：

（1）政府行为选择空间缩小。鉴于 $C/pF > C/p\ (F + C)$，即政府监管的概率 λ 在社区（村镇）生态等利益意识觉醒中变小了。这说明：在政府必须承担监管失职的责任时，其实施监管的概率区间变小了，也即其行为选择空间的缩小；由于政府必须承担监管失职的责任，其行为选择受到了社区（村镇）博弈能力提升的约束。

（2）矿产资源开发利用企业行为选择受到政府压力。鉴于 $1 - G/P\ (F + C) > 1 - G/pF$，即矿产资源开发利用企业治理生态环境等问题的概率 θ 在社区（村镇）生态意识觉醒中变大了。说明政府必须承担监管失职的责任时，矿产资源开发利用企业治理生态环境等问题的选择空间的增大，也即矿产资源开发利用企业有更大的自律性去处理其造成的外部效应问题；表明鉴于政府必须承担监管失职的责任的外部约束，同时会增加对矿产资源开发利用企业治理生态环境等问题的行政压力。

因此，通过社区（村镇）生态等利益意识的觉醒和博弈能力提升，可以改变政府与矿产资源开发利用企业间的利益博弈约束条件，改变政府和矿产资源开发利用企业对待社区（村镇）的行为方式；提升社区（村镇）利益博弈地位，纠正社区（村镇）在矿产资源开发利用中的弱势和利益失衡现状；增进社区（村镇）的生态环境等问题的保护，增进其利益发展。

（二）社区（村镇）改变政府与矿产资源开发利用企业间博弈局势的政策选择

矿产资源开发会给社区（村镇）的建设发展带来发展机遇和外部生态环保等效应，培养社区（村镇）的生态环保等问题解决的参与意识，提升其利益博弈能力，进一步完善社区（村镇）的参与机制，是改变政府与矿产资源开发利用企业间利益博弈态势向三者利益均衡发展、和谐共赢的关键。

（1）再定位政府和矿产资源开发利用企业在社区（村镇）发展中的角色。社区（村镇）生态等利益意识培育、利益博弈能力提升的前提在于政府和矿产资源开发利用企业角色的重新定位，重建社区（村镇）与政府、矿产资源开发利用企业之间的良性、积极互动关系。不仅要求政府的社区（村镇）管理引导职能回归和社区（村镇）自治的实现，而且需要解决好政府对矿产资源开发利用企业职能的"越位"和"缺位"问题；不仅需要社区（村镇）利益话语权的提升，更需要培养和提升其在矿产资源开发利用中的利益获得感、矿产资源开发利益均衡发展的归属感、家园生态环保的意识和可持续发展理念。

（2）积累社区（村镇）的社会资本。社区（村镇）需要争取更多的社会支持，提高满足其利益需求的能力。应将社会福利的提供主体由政府和矿产资源开发利用企业等单位向社区（村镇）转化，提高和完善社区（村镇）发展的保障功能，使其居民保障社区（村镇）化；同时应为社区（村镇）的发展资金来源创造多元化的途径。还应建立社会支持网络，根据周湘斌的研究[1]，社会支持网络发达的社区（村镇）更有利于促成居民相对一致性的行动，用集体的力量解决问题，因此，应倡导社区（村镇）内部居民的互助互动共赢，提升其利益博弈能力。

（3）创新社区（村镇）居民参与利益博弈的载体建设。可以考虑社区（村镇）非政府组织（NGO）的培育和社区（村镇）发展合作组织（CDC）模式的本土化，为其居民的参与创造途径。建立和完善社区（村镇）听证会制度，听取广大居民意见，为社区（村镇）居民生态等利益意识的提升和利益博弈能力的提高提供多元化路径。

---

① 周湘斌：《社会支持网络理论在社会工作实践中的应用性探讨》，《中国农业大学学报》（社会科学版）2005 年第 2 期。

第八章　矿产资源开发中的社区(村镇)利益博弈均衡策略

引言与摘要

本章系统提出了矿产资源开发利用中的社区(村镇)行为博弈均衡策略取向。首先,发挥多方力量,提升社区(村镇)的话语权,包括发挥多方力量,实现社区(村镇)利益的和谐发展;强化社区(村镇)基层自治组织协调利益、化解矛盾、排忧解难的作用;强化社区(村镇)社会、行业组织与社会中介组织提供服务、反映诉求、规范行为的作用;提升社区(村镇)居民公共事务的参与能力。其次,完善地方政府职能,约束政府对矿产资源开发利益的调控行为,包括完善地方政府矿产资源开发职能的目标取向;强化矿产资源开发政策执行主体层面的行为约束;强化矿产资源开发政策执行主体人格化层面的行为约束;强化矿产资源开发政策执行过程中的公共利益维护;强化矿产资源开发政策执行过程中的公共利益维护;强化矿产资源开发政策执行过程中的传播层面约束功能。最后,完善矿产资源开发利用企业制度,规范矿产资源开发行为选择,包括优化矿产资源开发利用企业行为选择的思路;完善矿产资源开发利用企业的内在行为激励;完善矿产资源开发利用企业的外部行为约束;强化矿产资源开发利用企业的生态环保行为规范;强化矿产资源开发利用企业的生产安全行为规范。

第一节　发挥多方力量，提升社区（村镇）的话语权

一　发挥多方力量，实现社区（村镇）利益的和谐发展

随着矿产资源开发利益主体多元化、利益诉求多样化、利益层次多极化日益形成，大量的矿产资源开发公共事务与利益矛盾应运而生，在体制改革和结构转换为整个社会带来更宽、更广公共空间的背景下，在国家政府、矿产资源开发利用企业、社区（村镇）社会组织、矿工等相分离的边缘地带，社区（村镇）社会治理应以其丰富的、浓厚的人文关怀和多样的防范措施，在协调各方矿产资源开发利益、缓和社会冲突、沟通相互联系、化解利益失衡等方面发挥越来越重要的作用。

（一）社区（村镇）利益和谐发展面对诸多现实挑战

矿产资源开发体制转型取得一定成绩的同时，也面临矿产资源开发利益矛盾日益凸显的问题，使更多的利益主体分享矿产资源开发成果已成为控制各种矛盾冲突的核心。尽管借助原有单一的政府控制这种组织化方式和其他控制手段，依靠计划强制性色彩可维持一定时期矿产资源开发必要的社会秩序，但市场经济条件下矿产资源开发利益形成的基础已经改变，随着矿产资源开发利益多元化和利益分化趋势的拓展，不同层次、不同组织乃至不同群体的利益目标越来越独立，基于社区（村镇）社会治理的利益协调方式必然要发生与之相适应的改变。

（1）面对矿产资源开发利益矛盾的分化，社区（村镇）社会治理所承担的任务越来越重。随着矿产资源开发改革的深入，社区（村镇）社会生活发生了深刻改变，群体出现更为细微、复杂的划分方式，依照经济成分、就业类型、利益份额、所属组织，甚至地域民族等，社区（村镇）利益群体被划分为更为多样化的社会阶

层；游离于矿产资源开发利用企业等社会单位之外的"自由职业者"、流动打工的矿工、户籍与居住地相分离的从业者等的数量急剧增加，基本上处于社区（村镇）户籍所在地管不了、居住地又管不住的状态，其矿产资源开发利益诉求和权益保障都成为制度法规中难以估计的角落，加重了社区（村镇）社会治理所要承担的任务。

（2）社区（村镇）社会治理的层次和手段面临越来越复杂的困难局面。矿产资源开发利益群体的多样化导致利益冲突日益成为群体之间的矛盾与冲突多样化的集中表现。矿产资源开发利益主体的独立性、选择性、多变性、差异性明显增强，不同价值观念之间的碰撞乃至冲突难以避免。随着择业自由与社会结构的变迁，人口流动与社会治安的维护等，在不同的矿产资源开发领域，甚至城乡之间、地域之间都会出现需要社区（村镇）社会治理来进行协调和整合的利益关系。加之，利益诉求渠道不是很健全，疏导矛盾缺乏有效手段，导致矿产资源开发利益纠纷、群体事件增多，严重危及公众安全和社会稳定。

（二）社区（村镇）利益和谐有效发展需要发挥多方力量

矿产资源开发利益系统的有序发展除了发挥政府机关的核心引导作用外，社区（村镇）作为其中相关主体的力量不容忽视。社区（村镇）社会治理使非正式、非政府的机制成为一个多元主体的概念；通过服务各利益相关主体自主从事矿产资源开发利益追求活动的私人领域，促进矿产资源开发利用的繁荣；通过服务各级政府组织强制管理矿产资源开发利用的国家领域，促进矿产资源开发秩序的形成；通过服务各种社会组织积极有效地开展活动，弥补政府组织和矿产资源开发利用企业功能的不足，满足利益主体多样化的需求。因此，应发挥多方力量，借助社区（村镇）发展机制满足各自的需要，实现矿产资源开发利益诉求，提升社区（村镇）在利益分割中的话语权，实现社区（村镇）利益和谐发展。

（1）政府在社区（村镇）社会治理当中担负着履行社会管理职

能的监管使命。在矿产资源开发利用中，政府将一大部分原本不该自身承担也难以承担的社区（村镇）治理工作交由专业的社会组织完成，以减轻政府本身的财政负担。而且，政府若作为唯一的社区（村镇）公共服务提供者，其服务的质量难以保证；还会有许多政府无暇顾及的公共服务领域缺失。因而，加强社区（村镇）社会治理，需政府提高效能，将更多的财政、管理精力集中在矿产资源开发宏观调控上，履行社会管理职能的监管使命。

（2）各类非政府社会组织的协同合作有利于化解社区（村镇）社会矛盾，实现社会稳定。随着社会转型，矿产资源开发利益重新分配，社会关系重新调整，各种有关公正、利益分配等相关矛盾凸显出来。在化解各种矿产资源开发利益矛盾的社区（村镇）治理中，各级政府作为提供社会稳定这一公共产品的主体，主要功能在于预防；在面临矿产资源开发利益关系日益复杂，社会群体增多，社会矛盾新旧共存的状况面前，试图"无所不包"的政府管理体制会出现某种滞后。而化解矿产资源开发利益矛盾，维护社区（村镇）社会稳定的重要途径在于加强各种非政府社会组织的作用，避免政府与社区（村镇）居民直接面对，使各种矿产资源开发利益矛盾得到一定缓冲。非政府社会组织通过实现与政府间的分工、协作以及不同社会组织之间的相互配合，代表着各类利益主体的需求，通过有效运行与良好管理，可以促进社区（村镇）社会稳定。相对于政府机构来讲，社会组织具有更加贴近矿产资源开发利益个体、具有较高的风险承受力，以及运作模式更加灵活等优势。对于矿产资源开发利用中的弱势群体，非政府社会组织主要通过构建不同利益群体之间矛盾解决的理性有序整合机制，妥善解决其利益诉求和利益保护。因此，社会组织在面对不同程度、不同内容的矿产资源开发利益矛盾时，充当有效的社会控制中介，在国家与社会、政府与矿产资源开发利用企业、政府与社区（村镇）、政府与个体之间传达信息、沟通协调，解释矿产资源开发政策，反映诉求，化解矛盾。

（3）公众的积极参与才能实现社区（村镇）社会治理的良好效果。作为基层民主发展健全的必然要求和结果，社区（村镇）居民参与社区（村镇）社会治理过程是一种公民个体参与协商讨论，共同决定矿产资源开发社会事务的过程。其效果不仅要参照公民参与的程度，还要参照公民参与治理的效果，即公民参与的理性化与建议合理化的比重。通过将散落的个体集合起来，将繁杂的个人意志集中起来，形成矿产资源开发利用的"公意"。在更加全局性的立场上形成理性的、程序化的与更加平和的参与方式，形成个体在遵循规则的约束和保护下的民主和矿产资源开发利益矛盾的解决方案。

因此，在新的社会结构变迁背景下，矿产资源开发利用中的社区（村镇）社会治理的主体是多元的，任何一个利益相关主体都不拥有充足的知识和信息来独自解决矿产资源开发问题，必须彼此依赖，进行谈判和交易，解决矿产资源开发公共利益和公共原则的形成和认同问题，而后将这些利益诉求反映到矿产资源开发利用的法律规则及公共政策当中去，促进社区（村镇）利益和谐发展。

二 强化社区（村镇）基层自治组织协调利益、化解矛盾、排忧解难的作用

（一）发挥社区（村镇）基层自治组织协调利益、化解矛盾、排忧解难的作用

社区（村镇）是个生活共同体，维系着矿产资源开发利益相关主体的生活、休憩、各方面需求权利的满足等；社区（村镇）发展作为有目标、有计划地引导社会变迁过程的一个层面，是居民在矿产资源开发利益关系和心理态度上提高社会意识和发扬进取精神的过程。因此，社区（村镇）基层自治组织可利用自身的要素条件和能力，发挥解决共同面临的困难和问题的作用。

（1）增强社区（村镇）管理的服务功能。随着社会转型，社区（村镇）逐渐成为矿产资源开发利益相关主体社会交往环境的载体；单位不再成为社会交往的唯一领域。不断增加的大量外来人口或矿

工涌入社区（村镇），远离户口所在地，不受户口划归地域的管理；同时，社区（村镇）基层组织的工作人员许多是土生土长的农民，缺少与外省、外县的交流，地域意识强，全局意识差；另外，少数社会服务人员本身缺乏严格的法制观念，民主观念不正确，容易出现漏洞，直接影响了对于社区（村镇）社会管理事业的认可与参与，等等。因此，增强社区（村镇）管理的服务功能成为发挥社区（村镇）基层自治组织作用的重要内容。需完善制度体系，健全组织体系，加强对各项自治功能的整合，加强社区（村镇）自治与其他各方面工作的协调、配合，通过民主化机制，让生活于社区（村镇）的各利益主体能平等参与和利益共享，让处于社会不同层次的群体能够相互包容，互相尊重，增强社区（村镇）社会的和谐度。

（2）增强社区（村镇）居民的事务决策参与度。社区（村镇）基层社会组织是居民参与基层民主，决策身边事务的机构，充分的参与可化解矛盾。社区（村镇）居民应享有充分的知情权、管理权、监督权，通过协商讨论的形式就涉及的社区（村镇）公共事务问题发表意见。通过在充分听取和表达理由的基础上参与协商讨论，通过交流达到对社区（村镇）整体利益和设计的理解，以及尊重他人在维护自身矿产资源开发利益上的权利。

（二）社区（村镇）基层自治组织主动、自觉、创造性工作的着力点

（1）紧紧围绕健全社区（村镇）基层民主自治制度开展工作。完善社区（村镇）居民会议制度，制定社区（村镇）居民会议议事规则，规范社区（村镇）民主决策程序。加强社区（村镇）居委会建设，明确工作职责，完善组织结构，切实保障基层社区（村镇）组织的有效运转。建立社区（村镇）居委会与驻区矿产资源开发利用企业等单位共同参加的协商议事制度，采取联席会等多种形式，定期研究社区（村镇）共建事项，实现资源共享。建立社区（村镇）听证会制度，涉及社区（村镇）居民利益的公共事务，要听取居民意见，提高社区（村镇）民主管理水平。健全党组织领导的充

满活力的社区（村镇）居民自治机制，推进社区（村镇）事务公开，切实保障基层的知情权和参与权。对社区（村镇）基层组织的政府经费投入要纳入民主管理范围，健全基层自治组织的民主理财制度，加强对工作经费使用情况的监督，提高资金的使用效率。

（2）紧紧围绕服务社区（村镇）群众、凝聚人心开展工作。要大力培育社区（村镇）群众性服务组织和团体，发展志愿者组织、老年人组织、残疾人组织、群众性文体教育组织等各种社区（村镇）服务组织，协助政府做好社区（村镇）服务、治安、卫生等工作，提升社区（村镇）组织和动员群众的能力。开展层次多样、内容丰富的志愿者活动、帮贫扶困活动、义工活动、群众互助性服务等形式，有针对性地帮助社区（村镇）困难弱势群体解决生活中的问题。开展多种形式的便民服务、家政服务，创造更加便捷的社区（村镇）生活环境。要紧紧围绕建设社会主义新农村的要求，围绕社区（村镇）农民的生产生活，培育各种类型的专业合作组织，组织农民根据本村实际，在树立文明新风、搞好社会治安、改善村容村貌、加强民主管理等方面开展工作，通过采取切实可行的措施，明显改善社区（村镇）农民的生产生活条件。

（3）紧紧围绕化解各类矿产资源开发矛盾开展工作。依法维护社区（村镇）居民在土地、资产、财产、拆迁安置补偿、就业、教育等方面的合法权益。建立健全利益表达机制，建立社区（村镇）专职工作者分片包户的工作制度，倾听群众意见，反映居民利益诉求，构建新的社区（村镇）群众工作网络，努力使矛盾纠纷在基层有人问、有人管、有人帮助解决，实现各类矛盾纠纷早发现、早处理、早解决，切实把各种矛盾纠纷及时化解在社区（村镇）基层。积极利用网络技术，建立社区（村镇）服务平台，方便群众办事，畅通民意渠道。加强邻里纠纷、民事纠纷和劳动争议的调解工作，充分发挥人民调解、行政调解和司法调解的作用，加强法律服务，采取聘请律师等形式，帮助社区（村镇）居民依法维权，及时化解矛盾纠纷，维护社区（村镇）社会稳定。

三　强化社区（村镇）社会、行业组织与社会中介组织提供服务、反映诉求、规范行为的作用

依法管理社区（村镇）社会、行业组织与社会中介组织，是矿产资源开发管理的重要内容，是调动一切积极因素，激发矿产资源开发价值创造活力，促进利益和谐的必要手段。作为社会治理结构中的第三方力量，社区（村镇）社会、行业组织与社会中介组织不以营利为目的，主要开展公益性、互助性和自律性活动，具有民间性、独立性和组织性等特征，可为良好的社区（村镇）社会治理提供服务、反映诉求、规范行为。应坚持培育发展和监督管理并重，着力培育发展各类社会、行业组织和社会中介组织，努力建立与矿产资源开发水平相适应、布局合理、结构优化、功能到位的社会组织网络；加强依法监管，建立法制健全、管理规范、分类管理、分级负责的社会组织管理体系。

（一）逐步完善社区（村镇）社会、行业组织与社会中介组织的管理体制机制

社区（村镇）社会组织管理体制机制的逐步完善才能有效地反映相关主体的利益诉求。要不断探索完善归口登记、双重负责、分级管理，适合矿产资源开发国情、行之有效的社会组织管理体制。通过良好服务氛围的创造，使各种志愿者组织、行会协会很好地联系矿产资源开发利益主体，反映成员的偏好诉求。

（二）逐步健全涉及社区（村镇）社会、行业组织与社会中介组织的相关法规

先后出台的《社会团体登记管理条例》、《民办非企业单位登记管理暂行条例》等行政法规和实施办法，为社区（村镇）社会、行业组织与社会中介组织提供了有力的法律保障，并为解决在社区（村镇）社会管理过程中出现的矿产资源开发利益矛盾与纠纷提供了参照依据。要逐步健全矿产资源开发所涉及的社会、行业组织与社会中介组织相关法规实施办法，使社区（村镇）社会组织更好地发挥规范行为的作用。

（三）逐步提高社区（村镇）社会、行业组织与社会中介组织的社会治理能力

良好的社区（村镇）社会、行业组织与社会中介组织服务力量，通过管理实践、政策引导、法规保障以及各项配套设施的提供，可以有效地为矿产资源开发提供服务、反映诉求和规范行为。要促进社区（村镇）社会、行业组织与社会中介组织逐渐成熟壮大，以分担不应由政府承担的社会管理和服务，成为连接政府与公民个体的中间组织，联系政府与社会群体的桥梁纽带。要不断加强社区（村镇）社会、行业组织与社会中介组织人员的培训，提高政治素质、财务能力以及法律常识，以提供更加规范的服务，以及进行应有的自我保护。要加强社区（村镇）社会、行业组织与社会中介组织的培育、扶持和管理，重视登记、更重视管理；要加强社区（村镇）社会组织行为的法制化，有效地促进与政府间的良性互动，构建矿产资源开发利益和谐发展的社会氛围。

四 提升社区（村镇）居民公共事务的参与能力

（一）提升社区（村镇）居民公共事务参与水平的思路

（1）树立矿产资源开发权为民所有的行为意识。要突出立法质量，掌握矿产资源开发重要规则制定权。要突出社区（村镇）居民公认，掌握重要官员选择权。要突出矿产资源开发参政能力，实行民意专职代表权。

（2）树立矿产资源开发利益归民优先的行为意识。要控制政府预算，确保矿产资源开发利益和行政管理费用支出维护社区（村镇）居民利益。要控制财政开支，确保矿产资源开发公共产品和公共服务的投入。

（3）树立矿产资源开发管理民为国之本的行为意识。矿产资源开发管理必须摒弃"官本位"，坚持"民本位"。要强化公仆意识。官权民授，官位民给；强化公民意识。社区（村镇）居民要通过高度的角色意识、社会责任感和主人翁精神，树立权利义务意识，权利面前敢于维护不让步，自觉履行自己的法定义务，义务面前勇于

担当不回避;强化平等意识,破除"清官期盼"的依赖心理和官员的"救星意识"。

(4)增强自我保护意识,提高组织化程度。应积极构建、参与和完善各种社团组织,如各种行业协会、中介组织、民间会社等,增强社区(村镇)居民的自我保护能力,增加民办独立色彩,克服官办行政色彩。通过谈判、对话、协商、抗议等形式,以集体力量来抵制行政权力对矿产资源开发利益的不法控制与侵害。通过民间组织的人多势大,利益表达与权利维护专业有力,形成组织化、理性化的权力制约平衡力量;以适度的、理性的外界压力形式,直接或间接影响政府的矿产资源开发管理政策法规制定,保障社区(村镇)居民权利,抑制官员权力,促使官民权利转向矿产资源开发利益均衡发展的轨道。

(5)不断进行体制创新,加快行政管理体制改革步伐。权力失衡是矿产资源开发管理万弊之源,权力均衡重在改革。要合理配置矿产资源开发利用的行政权与社区(村镇)居民权,限制行政权力的范围与强度。要注重行政成本节约,实行矿产资源开发管理精官简政,精简机构、减少层级、压缩人员,打造"廉价政府"。要注重便民利市,压缩矿产资源开发管理的行政审批,坚决取消为本部门带来"实惠"的利官损民害市的审批权、发证权、收费权和罚款权。要注重勤政清廉,规范职务消费,适当保留矿产资源开发管理需要的公务消费,限制范围,控制标准,公开透明,接受监督。

(二)提升社区(村镇)居民公共事务参与水平的抓手

(1)提升社区(村镇)居民公共事务的参与度。成立由政府、矿产资源开发利用企业、学术界和民意代表组成的矿产资源开发改革和管理委员会,民意代表必须占到一定比例。要有效地克服资源政策"政府俘获"现象和"专家专断"现象,让政府听到社会弱势群体的声音,从而制定出更加符合民意、更加民主、更加科学的矿产资源开发政策。

(2)建立和完善矿产资源开发管理的听证制度、评价制度。行政听证程序是现代民主政治的产物,更是社区(村镇)居民参与矿产资源开发管理的有效渠道。要健全和完善现有的听证制度，在勘探或开采辖区内发布申请公告，在授予勘探许可或开采许可之前征求公众反馈意见，广泛听取当地社区（村镇）居民的意见。应建立矿产资源开发管理政策及绩效评价制度。通过合理的政策实施效果和政府管理绩效的指标体系，通过社区（村镇）居民用自己的切身感受给对政策及政府行为的满意度打分，评价矿产资源开发对国民经济促进，对社区（村镇）居民会福利提高的贡献。

（3）利用信息网络平台促进公众的矿产资源开发管理参与。应充分利用网络优势来促进矿产资源开发管理的公众参与。随着教育的普及，社区（村镇）居民应担当适当的责任，针对自己身旁所发生的矿产资源开发活动及时与各方沟通，促进矿产资源开发利益的和谐发展。

（4）加强社区（村镇）居民在矿产资源开发利益分配中的谈判能力。社区（村镇）大多居民的利益无法实现和得到保护，主要原因是在矿产资源开发利益分配中处于弱势地位，谈判能力低下。在当地政府和矿产资源开发利用企业利益串谋的情况下，话语权基本上被剥夺。要正确处理资源属于国家所有、矿产地政府和社区（村镇）居民间利益关系，规范各级政府和社区（村镇）居民合理的利益分配制度。应完善各级政府间的矿产资源开发利益分配，在与当地居社区（村镇）民协商的基础上确定收益分成，并规定法定最低金额。应探索将土地所有权和矿产资源开发相结合的新模式，应考虑土地所有者或使用者的合理收益。应全面实行矿产资源开发利用企业环境评估制度、复垦制度。

第二节　完善地方政府职能，约束政府对矿产资源开发利益的调控行为

一　完善地方政府矿产资源开发职能的目标取向

中国的改革开放以及全球化和地方化，使地方政府被推向矿产

资源开发利用的前台，地方之间的竞争加剧和升级，使矿产资源开发利用的决定性要素愈益通过"用脚投票"的方式检验地方政府的服务质量，也使地方政府的矿产资源开发利益结构日益复杂，需要调整地方政府的矿产资源开发利益目标导向和可持续发展战略管理能力，促进矿产资源开发利益的均衡发展。

（一）明确定位地方政府的矿产资源开发管理职能

（1）担负地方矿产资源开发利用的调控职能。作为中央管理地方矿产资源开发利用的代理机构，地方政府担负着所在地矿产资源开发利用的调控职能，具体体现在：一是承接上级政府的矿产资源开发调控任务。包括保证上级调控目标的实现，制定相应的地方政策，协调上级政策与地方政策的协调贯彻落实。二是引导地方矿产资源开发利用的健康运行。包括研究和制定地方战略，编制和实施有关规划，合理调控开发速度，调整和优化结构。三是调节矿产资源开发利用的利益分配，维护利益均衡发展和社会公平。

（2）提供地区矿产资源开发利益发展所需的制度基础。矿产资源开发利益分割中存在着多重角色冲突与利益矛盾，地方政府承载着协调平衡的制度基础。一是建立矿产资源开发要素市场体系的培育、规则完善和开发秩序维护。通过制定地区性法规与政策等手段，营造规范、竞争、有序的矿产资源开发市场条件。二是培育地区矿产资源开发利用的多种利益主体，为利益主体与中介组织的发展提供良好的政策支持。通过理顺政府与矿产资源开发利用企业、政府与矿工、政府与社区（村镇）等互动关系，形成矿产资源开发利益各相关主体间的适当分工、密切合作的伙伴关系，实现矿产资源开发责任承担和利益共享。

（3）提供所在地区矿产资源开发所需的公共产品与服务。由于矿产资源开发所必需的基础设施等地方公共产品具有投资周期长、回收慢、社会效益大于经济效益，且在利用上具有非竞争性等特点，必须由地方政府来供给。同时，在信息不对称的情况下，与中央相比，地方政府更接近信息源，相互竞争的地方政府能更好地提供地方矿产资源开发所需的公共产品。

（4）加强地方矿产资源开发生态环境的保护和建设。矿产资源开发易导致外部自然条件恶劣、生态环境脆弱，植被减少与严重水土流失等生态环境的外部性，要求地方政府应搞好生态环境的保护和建设，需牢固树立生态环保和可持续发展的观念，做好矿产资源开发统筹规划，通过解决好机制创新和后续产业发展问题，切实加强本地区的生态资源保护。

（5）建立国外、省外和域外投资准入机制，给各类矿产资源开发利用企业平等的地位和宽松的发展环境。地方政府必须推行行政管理制度改革，规范行政审批制度，建立国外、省外和域外投资准入机制，通过规范或准入规则，完善各类矿产资源开发利用企业所有制的资本准入大门，形成本地资源合理开发和综合利用的开放式运行新模式。

（6）分清政府与市场的边界，消除地方政府过分干预矿产资源开发利用的影子。地方政府必须建立科学的发展观和政绩观，管理区域矿产资源开发应以经济手段为主，行政干预为辅。和中央统一认识，减少不必要的行政干预，消除地方政府主导矿产资源开发要素配置的影子，还市场经济本色；同时，规范税收减免，提高协调能力，支持和推动矿产资源开发利益内在机制的生成与发育。

（二）完善设定地方政府矿产资源开发利益发展的治理目标

地方矿产资源开发利益治理的重要目标取向在于塑造对相关利益主体负责、履行矿产资源开发公共责任的地方政府治理体系。

（1）利益相关主体与社区（村镇）公民社会的发展。作为地方治理能够存在和发展的基础，以及地方治理实践成效的外在标识，利益相关主体与社区（村镇）公民社会发展的成熟度是制约矿产资源开发利益失衡的重要原因，易导致弱势矿产资源开发利益相关主体的行为诉求被忽视。

（2）利益相关主体治理参与机制的创新推进。矿产资源开发利益相关主体参与地方治理实践，是追求矿产资源开发利益均衡、实现和谐共赢目标和检验地方治理水平的重要标志。通过矿产资源开发利益相关主体的公共参与对政治系统的代表性和回应能力的提高，增进与政府间的互相了解和信任，消除疏离感，可促进政府制定和执行矿产资源开发政策的合法化，发展社区（村镇）居民、矿工等行为个体的思想感情与行动力量，引导和促进矿产资源开发利益均衡发展。

（3）地方政府管理矿产资源开发利用的能力、方式和效率的提升。地方政府管理矿产资源开发利用的责任性主要体现是回应性和有效性。前者意味着地方政府对矿产资源开发利益相关主体多样化需求的及时反应与满足能力，对矿产资源开发重大突发事件的预测、预警、防范、处置和修复能力；后者意味着地方政府的矿产资源开发管理效率，包括管理机构合理设置，管理程序科学，管理活动灵活以及最大限度地降低管理成本等。

（三）规范地方政府的矿产资源开发利益行为

促进地区资源的可持续开发利用，保障国家经济发展的资源供给是地方和中央的共同利益目标，但由于理性行为特征，使地方政府在地质找矿、矿业权市场建设、矿产资源开发利用等方面都存在绕不开的利益问题；地方政府会根据自身利益需要与中央政策展开博弈，国家的矿产资源开发管理政策到地方会遇到各级地方政府的"偏好"调整，因此，需规范地方政府的矿产资源开发利益行为。

（1）地方利益在矿产资源开发利用中的表现特点。一是分割权力。地方政府面对矿产资源开发利用中的探矿权、采矿权带来的丰厚收益，会通过种种方式控制矿权，使其收益留在地方；越是基层政府这种想法越强烈，特别是在矿业为其主导产业的地方。一些地方政府甚至乡镇设置了矿产资源开发管理委员会或管理领导小组等非正式管理机构，对辖区内资源的勘探、采掘进行管理，有关探矿、采矿的年检等事务都要先经过这些委员会或领导小组的批准。这种对矿产资源开发权的实际控制，使几乎每级地方政府都会抱怨下级政府分割权力。

二是设置土政策，利益短期化。由于矿产资源开发分级管理的限制，省以下地方政府可对探矿权的申请、年审、勘查作业设置土政策，如向矿产资源开发利用企业收取安全、投资、生态环境等保证金，大大增加了探矿权的获得成本；同时，这些保护金并没有相应专门账户管理，常常作为地方政府的收入而挪作他用，到时会以投资不到位、环境恢复不彻底而不归还。有的地方政府可对原"招拍挂"取得的探矿权以年审不合格为由，不再延续，无偿或低价收回，即使原权利人不交回，相关的工作也无法进行下去；被收回的探矿权不久后可被二次"招拍挂"，再次获得出让金。

三是地方保护。一些地方政府实行"肥水不流外人田"的策略，帮助地方所属矿产资源开发利用企业垄断辖区内的矿产资源开发；有的地方政府成立自己的矿业基金，辖区的矿产资源开发全部由自己的基金来做，政府行为企业化。

（2）地方利益对矿产资源开发利用的影响。一是矿产资源开发利益非均衡发展。鉴于各级政府组织要完成本辖区内的经济社会管理任务，履行其管理职能，需要有充足的财政收入作为支撑，并由GDP来评价政治绩效和实现个体利益，使地方政府竭尽所能追求提高矿产资源开发对GDP贡献度的方法，一些矿产资源开发利用企业也在影响政府的行为选择。因此，矿产资源开发常常伴随着政府行为企业化、利益短期化，使矿产资源开发权的市场化配置建设受到重大影响，不利于资源的合理开发利用，导致资源的重大浪费、环境的不断恶化和安全事故的接连发生。

二是地方利益在某些矿产资源开发管理机制不完善的矛盾中被放大。现行的矿产资源开发权运作管理中，矿产资源开发利用的登记与管理相脱节，在加强对矿产资源开发集中管理的同时，又加大了地方政府和中央之间的宏观调控矛盾。矿产资源开发登记主要在省部两级，意味着矿产资源开发利用的财产管理权主要在省部两级，但矿产资源开发利用的日常监管、探查和开采过程事务协调等实际在地市、县的行政辖区内。使省部级管理的矿产资源开发权市场化配置在地市、县受阻，基层地方政府可通过自己的土政策以及地方保护，阻碍矿产资源开发权的市场化运作，扰乱矿产资源开发利用的市场秩序，使审批登记的矿产资源开发权不能实际行使。

三是从 1994 年开始的分税制改革，本身存在的不完善会加重基层地方政府控制矿产资源开发权的利益驱动。尽管分税制初步理顺了中央与地方之间（主要是中央与省级之间）的财力分配关系，而省以下财权与事权的划分出现了相背离的局面。省以下政府层层向上集中资金，基本事权却有所下移，特别是县、乡两级政府，在很大程度上加剧了基层政府财政困难。尽管现行分税制财政体制下，除海洋石油资源税外，其余所有资源税收入均归地方政府所有，但在分税制下，央企、地方企业税利上缴的区别，使地方政府"理性"地偏好地方矿产资源开发利用企业，制定土政策促进矿产资源开发利用的地方保护。

四是现行的 GDP 政绩评价指标体制助长地方矿产资源开发利益的膨胀。因为充分开发资源是实现财富增长的有效途径之一，而当年国民收入增长的政绩中，不但没有扣除自然资源的成本投入，反而将这种成本作为一种收入，是不需要成本投入的净收入，只会助长地方多开发多受益。

（3）规范地方矿产资源开发利益的原则。中国现行的《资源法》第三条明确规定"资源属于国家所有"，"地表或者地下的资源的国家所有权，不因其所依附的土地所有权或者使用权的不同而改变。"《宪法》也明确规定资源属于国家所有。同时，对矿产资源开发利用的收益分割，包括国家投资形成的矿业权出让价款、资源补偿费、资源税等，都向地方财政倾斜点。如 1994 年税制改革时，考虑到中国的资源大多分布在欠发达地区，把资源税划为地方税种。因此，矿产资源开发利益向地方倾斜，在补偿生产区利益后，要使全体公民利益均沾，公平分配是普遍比较接受的观点。所以，原则一要求，既然资源属于可耗竭的财富，只有把矿产资源开发收益归到为耗竭而承受社会经济负担的那级政府才是公平的；原则二要求，只有当提供基础设施和为生态环境损失方面承担开采代价的那些利益主体获得矿产资源开发利益补偿时，公平才能表现出来，即资源的收益要与其成本补偿相适应。所以，地方政府在获得矿产资源开发利益的同时，要承担相应的生态环境补偿成本管理。如果仅仅是增加了地方政府的收益分配，而没有承担相应的责任，就会使地方全面快速、不计后果地开发利用资源，获得财富，取得政绩。

（4）规范地方矿产资源开发利益的行为取向。一是明确地方收益和地方应承担相应的补偿成本，应成为规范地方矿产资源开发利益的法律基础。应当承认地方利益的合法性、合理性，应制定地方矿产资源开发利用规划，完善资源管理体制；建立有效的地方利益表达机制，肯定地方政府在矿产资源开发利用中的作用。以法律手段界定地方权力的范围及其运行模式，以保障地方利益的合法性、正当性，使地方政府的矿产资源开发责任与权利相适应，明确矿产资源开发利用的问责制度。

二是利益共享是规范地方矿产资源开发利益的重要途径。要在规范地方矿产资源开发利益方面进行有益的探索，包括在整合地方矿产资源开发利用企业时，协调税收的分配，构建矿产资源开发利益共享和惠民利民长效机制；在农村集体经济组织，可将矿产资源开发项目区内的集体土地使用权、林木等作价入股，参与矿产资源开发利益分配；基层政府的利益分成原则上应将不低于50%的收益用于改善社区（村镇）的生产生活条件和解决其长远生计；矿产资源开发利用企业要优先安排符合条件的当地劳动力就业；矿产资源开发利益转化可实行"飞地经济"模式，即非本地的矿产资源开发利用企业上缴的增值税、所得税部分，资源输出地可参与分享。

三是通过规划调整共同利益，强化战略目标管理，是规范地方矿产资源开发利益的重要手段。促进地方资源的可持续开发利用，保障国家经济发展的资源供给是地方和中央的共同的利益。须先通过规划协调，达成一致的战略管理目标。把规划作为优化矿产资源开发管理的重要手段，使其体系不断深入系统化，调整基层地方利益。应根据国家和省的发展政策、地方经济社会发展规划以及市场供需状况，按照矿产资源开发规划及专项规划，既给予地方政府相应的决策权，又有利于省政府的宏观控制。

四是限定地方矿产资源开发收益的使用范围，是规范地方利益的重要内容。尽管在逐步明确地方政府矿产资源开发收益的分配比例，但对所获得的收益使用基本没有范围限定，也缺少相应的财政监管，特别是近年来收取的矿业权出让金的使用。在美国，《1920年矿产租赁法令》规定了红利、年地租和权利金的使用范围：10%交联邦财政用于各项开支；52.5%作为复垦基金；37.5%联邦财政部分配给所有的州、郡政府，明确作为公路建设、维修和支持公立学样教育的费用。①

（四）完善中央与地方政府间矿产资源开发利用的区域管理模式

中央具有宏观调控权，在对区域矿产资源开发行使调控与管理过程中，与地方政府应明确界定管辖权限，在各自的领域和范围内发挥作用。一般而言，对于一些跨省的、需要全国作出统一规定的矿产资源开发事务，由中央负责解决；而对于省内及以下的一些事务则由地方各级政府根据中央的有关矿产资源开发政策创造性地加以解决。为此，需将矿产资源开发调控系统的诸多环节加以调整或改造，使地方政府矿产资源开发管理所必须具有的信息收集、整理、加工系统，成为矿产资源开发战略和中长期计划的制订和实施系统。同时，在中央的统一领导下，以充分发挥地方政府的积极性，合理确定中央与地方政府间的矿产资源开发职能分工为原则，可将地方政府矿产资源开发管理体制的主要内容界定为：一是根据国家的矿产资源开发战略目标，确定地方的阶段目标，编制中长期规划，落实阶段性预定目标。二是贯彻执行中央政策，落实中央对地方矿产资源开发利用的调节措施。有针对性地运用经济杠杆、法

① 王峰：《浅析矿业开发中的地方利益规范》，http：//www.clr.cn/front/read/read.asp？ID＝160128。

律手段和辅之必要的行政措施，使本地矿产资源开发良性循环发展，避免大起大落。三是建立矿产资源开发利用的监测、预警、反馈信息系统。掌握运行、跟踪监测，提前预测，及时提出矿产资源开发管理措施。四是在区域矿产资源开发利用中，对出现的一些带根本性、地区性的问题，加强协调。

二 强化矿产资源开发政策执行主体层面的行为约束

矿产资源开发政策执行中，不同层级政府之间的利益矛盾冲突无疑是客观存在的。要整合政府利益关系，承认博弈局中人之间的利益差别，强化矿产资源开发政策执行主体层面的行为约束，寻找利益均衡点，使之成为促进矿产资源开发利益最大化的内在驱动，形成利益共同发展的局面。

（一）完善地方政府执行中央矿产资源开发政策的制度框架

地方政府执行中央矿产资源开发政策，既应体现全局利益的统一性，又兼顾局部利益的灵活性。不允许存在损害国家矿产资源开发整体利益的地方利益，但整体利益也应适当照顾地方利益；只有地方政府行为规范、中央的决策合理，才可能使双方的利益目标趋于一致，最终形成整体利益与地方利益的"双赢"。地方政府执行中央的矿产资源开发政策，应当坚持有利于矿产资源开发利益均衡发展的方向，加强中央的宏观调控能力，并根据矿产资源开发利益的战略需要、政治发展要求准确把握向地方分权、放权的"度"，逐渐实现中央与地方在权力设置上的"集分平衡"，达到矿产资源开发的利益共赢。

（1）按照利益共赢原则确定中央和地方间的矿产资源开发权利义务关系制度框架。鉴于中央常常要与众多的地方政府通过谈判来确定矿产资源开发利用的权利义务关系，存在高额谈判成本的可能；而且中央与地方的谈判具有示范效应，一旦在与某个地方政府的谈判中承诺了更多要价，则其他地方必然会跟随效仿。因此，中央和地方间的矿产资源开发权义务划分需受制于基于利益共赢的制度框架约束，若没有具有稳定性的制度框架依靠，双边谈判将造成地方政策的不稳定性,可能发生中央政策权的收回,或地方政府不遗余力地加以使用对自身有力的政策措施,酿成恶果。

(2)依托市场行为取向科学划分和确定地方与中央间的矿产资源开发事权关系制度框架。根据中央与地方政府在矿产资源开发管理中的地位和作用,科学划分两者间的矿产资源开发事权,从法律上规定两者的矿产资源开发管理范围和相应权力。凡关系到国家整体矿产资源开发利益、全局利益的事务,如矿产出口和国际开发合作、生态环保、区域利益转移平衡等,应由中央处理。凡关系到地方局部利益和地方自主性、地方自主发展的矿产资源开发事务归地方处理。逐步建立起既能发挥中央调控又能增强地方活力的事权关系体系。鉴于合理的制度安排有助于降低系统内的交易成本,宪法和《地方各级代表大会和地方各级人民政府组织法》等为地方与中央间权限划分提供了法律基础和依据,应明确中央与地方政府间在矿产资源开发利用中的行政主体地位及权利义务关系,将界定合理的利益关系纳入制度框架中,避免变动的随意性和人治色彩,减少地方政府在执行中央矿产资源开发政策过程中讨价还价的成本,使制度真正成为政策领域内博弈的游戏规则。

(二)明确地方政府执行中央矿产资源开发政策的行为选择空间

在矿产资源开发政策执行过程中,应严格区分地方保护主义与合理的地方利益保护之间的界限,使属于地方的正当权力和利益能够及时归位。

(1)充分利用地方政府在矿产资源开发调控方面比中央具备的更有利条件。地方政府不仅熟悉本区域的矿产资源开发情况,有助于宏观调控的有效性;还可以充分发挥区域矿产资源开发优势,保持本区域的灵活性和多样性。因此,在强调中央对全国矿产资源开发宏观调控时,有必要赋予地方政府相应的区域调控权,使地方政府成为介于中央调控与以经济杠杆为手段的间接调控之间的中间环节,成为矿产资源开发利用的建设者和维护者。

(2)充分利用地方政府在矿产资源开发政策方面的信息优势。

在中央做出重大矿产资源开发战略决策或出台重要政策法案时，应主动征求地方政府的意见和建议，集思广益，强化与地方政府之间的信息沟通，以出台更符合地方矿产资源开发实际的决策。地方政府也应积极主动参与研讨，代表地方利益对中央决策施加影响，尽可能争取地方政府对中央矿产资源开发政策的共识。

（3）充分利用地方政府建立矿产资源开发利益补偿和平衡机制。一般而言，只有符合"帕累托"原则的矿产资源开发政策方案才是最优选择，即利益调整应使一些利益主体的境况变好，同时又不会使其他境况变坏。然而，实际政策执行过程中的这种情况常常几乎是不可能实现的，因为矿产资源开发政策执行必然改变旧的利益分配格局，在矿产资源开发利益总量一定的条件下，一部分利益的增加可能要以另一部分的利益损失为代价。因此，为了减少政策执行阻力，必须建立相应的利益补偿和平衡机制，依靠地方政府对矿产资源开发利益倾斜政策的推行，惠及利益受损。按照均等化的方向实行转移支付，平衡利益关系。

（三）有效控制地方政府部门的矿产资源开发利益

（1）明确利益分配权力。财产权包括所有权、占有权、使用权和处置权，与此相类似，矿产资源开发权也可进一步划分为所有权、使用权和管理权。其中，所有权归国家，因为它是国家凭借授权参与矿产资源开发利益分配且受法律保护的保障，使用权和管理权应归政府各部门，以履行政府的矿产资源开发职能。因为国家不可能直接行使其所有权，只能委托地方政府代理，形成一种委托—代理关系。所以，只有明确矿产资源开发权分配，才能从根本上优化矿产资源开发利益"谁收取，谁所有，谁享用"的状况。

（2）依托制度完善，缩小甚至取消政府部门的矿产资源开发利益空间。不少地方政府推行阳光财政，取消政府部门的资金账户，对约束政府部门的矿产资源开发利益空间收到了良好效果。对于由部门利益驱动而导致的政府部门不廉洁、执行矿产资源开发政策低效等问题，应切实加强人大、政协、新闻媒体及纪检监察部门的合力监督。

（3）通过严格执法，加大对执法不力的惩罚力度。应加大对政府执法人员关于矿产资源开发政策执法不力的惩罚力度，确保政府监督部门执法严肃性，在短期内可使执法人员认真执法，使矿产资源开发利用企业遵纪守法，选择合法经营；在长期内能形成行为惯性，抑制非法开采行为的发生。

（四）准确把握地方政府间矿产资源开发利益整合的基本原则

（1）公平竞争原则。创造平等竞争的矿产资源开发环境，使地方政府在统一的市场规则中处于公平竞争的地位。中央对待各个地方政府应一视同仁，公正相待，绝不能只顾锦上添花，而忘记雪中送炭。

（2）利益共享原则。市场经济是利益主导的经济，参与矿产资源开发利用的行为主体都有利益选择与利益预期，离开了利益目标，矿产资源开发利用中的利益合作无从谈起。从利益合作共享的角度看，主动寻求矿产资源开发合作是一种理性选择，因为区域合作极易获得利益共享、信息共享的好处，有利于调动各合作者的积极性，发挥不同地区在矿产资源开发利用中的比较优势，互利互惠。

（3）共同发展原则。尽管资源禀赋的地域不平衡是客观存在，应尽可能在依托矿产资源开发实现发达地区发展的同时，推动欠发达地区的发展。地方政府所在的各个区域都是国家整体的一部分，都在整个国家的矿产资源开发利用中具有特定作用。地方政府不应在获得自身的矿产资源开发利益同时，损害其他地方的利益或国家利益，而应在相互尊重、相互平等、因地制宜、自主创新的基础上，实现矿产资源开发利益共赢。

三　强化矿产资源开发政策执行主体人格化层面的行为约束

矿产资源开发政策执行主体利用所掌握的政策执行权力来调节各种利益关系，从一定意义上看，是矿产资源开发政策执行行政人的一种选择行为，包括人格化的行政人个人利益和公共利益。矿产资源开发政策执行者因其所处的地位和掌握的权力而对授权的上级和社会承担职责和义务，是内在的主观行政伦理责任与外在的客观制度性责任的统一。公共领域和私人领域的差异性及行政人对公共权力的执掌度，决定了矿产资源开发政策执行行政人不应当仅满足遵纪守法，而必须有更高的道德自律追求。矿产资源开发政策执行行政人的确具有个人利益，自我价值的实现不应以个人利益实现的程度为标志，而应以政策的执行完美为前提，这种价值目标的根本性转移是基于"责、权、利"统一为基础的行政伦理，强化矿产资源开发政策执行主体人格化层面的行为约束，把占有的追求转化为奉献的追求。

（一）加强矿产资源开发政策执行行政人的行政伦理制度建设

（1）应在明晰行政人兼具"经济人"和"公共人"二重属性的基础上，加强矿产资源开发利用的行政伦理制度建设。应将行政制度、体制本身的道德导向问题放到更为突出的位置，通过制度建设加强行政伦理对矿产资源开发行政权力的约束。依据宪法、法律、行政法规、地方性法规、政府规章以及其他规范性文件，约束矿产资源开发政策执行人的权力行为；同时，用法律规范的形式将行政责任和行政伦理固定下来，以法规的强制力来保证基本道德规范的实践。

（2）努力提高矿产资源开发政策执行行政人的道德能力。表现为道德判断力和道德意志力的获得、延续及提高等的道德能力，主要依靠对职业道德要求发自内心的体验和认识以形成高尚的道德品质来维系。行政人的道德品质在矿产资源开发政策权力的行使过程中主要体现为强烈的利益分割的正义感和责任感等，要通过加强行政伦理培训使行政人形成适当的伦理价值，诱导更强烈的对矿产资源开发公共利益负责的精神；提升行政人自身的道德自律，维护社会公正，化解矿产资源开发政策执行过程中行政人的权力滥用，保障政策执行有效。

（二）加强矿产资源开发政策执行人的行政行为考核与评估

矿产资源开发政策执行行政人的行为考核与评估，作为一种监督、控制和制裁行为，要求行政人必须按照各自的责任和要求去从事相应的行政活动，承担相应的义务。凡是未能完成所承担的任务或犯有违法失职行为的，都应承受相应的责难、处罚或制裁。这是矿产资源开发政策执行责任的本质要求。

（1）必须制定科学、有效、详细的执行行为考核标准。鉴于行政人往往会为自身利益的最大化而忽视全局利益，使矿产资源开发政策执行行为呈现出异化特征，因此，考核标准的科学性直接影响矿产资源开发政策的成效。具体化、数量化的考核标准，会使考核注重实绩；由考核专家和考核对象共同参与的考核指标会增加考核的针对性和可操作性。要进一步建立健全岗位责任制，构建矿产资源开发政策执行考核标准的直接依据；增强考核内容和岗位职责的一致性；将德、能、勤、绩、廉方面的考核细化为许多小的可量化的指标，增强考核的可操作性。

（2）加强对行政人平时的考核力度，体现平时考核的价值。在矿产资源开发政策执行行政人的行为考核中，应加大平时考核分值和权重，将平时考核与执行目标相结合。将平时考核结果体现在奖优罚劣上，树立权威性；提升考核结果的价值，增加考核制度的生命力，落实考核管理的根本。

（三）建立完善矿产资源开发政策执行人监督制度

从矿产资源开发实践看，对矿产资源开发政策执行行政人的监督主要包括：大众传媒和公共舆论监督；依赖于组织最高层的意志、权威和价值取向等对行政人的监督；国家权力机关对行政官员的监督。可通过与执法执纪部门联系、责任审计、聘任监督员、设立监督举报电话等方式，强化对矿产资源开发政策执行行政人个体行为的监督，以便更迅速准确地了解行政人执行矿产资源开发政策的现实情况。

四 强化矿产资源开发政策执行过程中的公共利益维护

在矿产资源开发政策执行中，政府的作用是双重的，既可能增进矿产资源开发利用的公共福利，也可能侵蚀损害公共利益，这就是诺思所述的"政府悖论"。政府要真正成为矿产资源开发公共利益的代表，必须有一定的实现条件和保障机制。

（一）明确矿产资源开发政策的公共利益边界

明确公共利益边界是约束矿产资源开发政策执行过程中政府利益扩张的首要保障。作为矿产资源开发政策公权力的主要行使者，政府行为与公共利益有着最为密切的联系，也最容易对公共利益造成实质性的危害和侵犯。必须对矿产资源开发政策的公共利益严格界定。由于矿产资源开发利用中的公共利益关系着其中多元相关行为主体社会生活的诸多方面，各种法律、法规对此皆有涉及，为解决矿产资源开发公共利益法律界定的混乱与无序，必须由立法机关对公共利益做出统一、权威的立法解释，以提供明确的法律指引和预期。应明确矿产资源开发公共利益的内涵；尽可能较为全面地列举出属于公共利益范畴的矿产资源开发事项；设立兜底性条款，明确无法列举或难以列举的其他应属于公共利益范畴的事项；设立排除条款及限制性条款，明确排除不属于公共利益范围的事项。更加重视矿产资源开发利益相关主体的评议和公开讨论，通过不同意见的表达和交流过程，实现对矿产资源开发公共利益的价值分享和传递。

（二）防止矿产资源开发政策执行中的公共利益泛化

矿产资源开发政策执行中的公共利益泛化意味着各种地方利益、部门利益、商业利益、私人利益等相关主体的利益诉求，以公共利益为幌子，把矿产资源开发利益都贴上公共的标签，以公共利益大旗为其行为选择鸣锣开道，仿佛矿产资源开发公共利益成了政府政策行为选择的包罗万象的大口袋，范围被无限扩张。导致本来用于维护矿产资源开发公共利益的法律，被损害公共利益的行为钻了空子；本来应该代表和守护公共利益的政府，却事与愿违地损害了公共利益；本来应该分享公共利益的利益相关主体，却被"公共利益"伤害了自己的利益。因此，应依托法律政策文本的详细界定，严格把握矿产资源开发利用中的公共利益含义和行为界限。

（三）积极促进矿产资源开发政策执行中的公共利益与私人利益关系和谐

矿产资源开发政策执行过程中的公共利益和个人利益有时相互一致，有时相互冲突。在完善的市场机制下，个人利益的追求往往符合公共利益，在追求个人利益最大化的同时，促进矿产资源开发公共利益的最大化；在一定条件下，公共利益与私人利益还可以相互转化。但是，公共利益与私人利益之间难免会发生冲突。因此，一是应明确矿产资源开发利用的公共利益具有核心地位，在矿产资源开发政策执行活动中充当着向导作用。二是在追求公共利益的同时，矿产资源开发政策执行活动应体现对私人利益的关怀。如果窒息了矿产资源开发利益的私人生长空间，公共利益会失去存在的基础，公共利益不能脱离私人利益而存在。三是在矿产资源开发利用中应促进具有社会分享性的公共利益和私人独享性的个人利益两者之间的整合与和谐。通过利用中国宪法、刑法、民法、民事诉讼法、行政诉讼法等重要法律中关于"公共利益"的原则性规定，建立和完善矿产资源开发利用的公益诉讼制度，使公共利益的保护落到实处。总之，矿产资源开发政策执行须以公共利益为其逻辑起点和根本目标，以致力于维护和增进公共利益作为政府活动的最高行为准则。矿产资源开发政策是否指向公共利益的实现，以及实现能力和程度，是判断和评价政府政策执行正当及有效性的基本标准。

五 强化矿产资源开发政策执行过程中的传播层面约束功能

作为一种公共权力，矿产资源开发政策执行权力必须服从、服务于利益相关主体和公共利益。但在缺乏有效制约和监督机制的情况下，矿产资源开发政策执行往往背离其利益目标，阻碍政策目标的实现。为使矿产资源开发政策执行过程更加透明和公正，有必要主动公开与政策相关的信息，保障公众知晓政策；应接受来自方方面面的舆论监督，以使执行行为得到及时调整和修正。

（一）强化矿产资源开发政策执行过程中的信息公开

矿产资源开发政策执行信息覆盖矿产资源开发过程的各个方面，在不同程度上影响着相关利益主体的行为选择，影响着开发效率和利益分割。鉴于政府与矿产资源开发利益相关主体在信息公开问题上的兴趣并非总是趋于一致。事实上，政策信息公开意味着某些权利的实现，也意味着政府的相应义务。基于政治风险的回避、经济利益的"寻租"、信任危机的消解等原因，矿产资源开发政策执行主体往往具有强烈的信息保守倾向，但为恢复政府的责任心和对政府的信任，采取某些信息公开措施是必要的。

（1）矿产资源开发政策信息公开应与利益相关主体的知情权实现相对应。知情权意味着对政府的重要事务以及社会上当前发生的与普通公民权利和利益密切相关的重大事件，有及时、准确了解的权利。矿产资源开发知情权的内容不仅局限于知道和了解矿产资源开发利用的法律、法规，还应包括政府掌握的一切关系到相关利益主体的权利和利益的信息。因此，有必要在矿产资源开发利用中对知情权予以明确确认，使其真正成为矿产资源开发利益相关主体的一项基本权利。

（2）矿产资源开发政策信息公开的原则应当是"以公开为原则，不公开为例外"。"例外"意味着豁免公开的信息，包括公开后可能会危害国家矿产资源开发安全，涉及商业秘密的信息等。除此之外，政府的重大矿产资源开发决策、政府行政审批的开发项目、重大突发事件的处理情况等信息都必须公开。

（3）扩大矿产资源开发政策信息公开的范围。政府在做出影响矿产资源开发公共利益的决策时所依据的政策、法规、内部文件和事实依据等均应及时公开。适时推行矿产资源开发领域的财政预算公开。突破目前以政府主动为主的信息公开方式，探索根据利益相关主体的申请公开信息的方法和制度。强调公开信息的最大度，还要遵循适当原则，平衡信息公开与隐私保护、商业秘密保护和国家安全之间的关系。

（4）拓展矿产资源开发政策信息公开的渠道，充分实现政府信息公开的效能。矿产资源开发政策信息的传统公开方式有政府公报、红头文件、党报、党刊、电视台、电台、墙报、专栏、布告、标语等；还可以通过设立固定的信息公开厅、公开栏、电子屏幕、电子触摸屏、信息公开服务热线等多种形式。要推进政府网站建设，对公开的矿产资源开发政策信息的检索、查询、分类、浏览等不得故意设置阅读访问障碍，鼓励公开性评价，以保证政府网站公布信息的准确、全面、及时、有用。始终把便利作为选择政府信息公开方式的首要条件。

（5）必须打破时空界限和行政机关层级与部门之间的界限，提高矿产资源开发政策信息公开的内外沟通效率，及时传达施政的意图、方针、程序。设立权威性的机构统一协调信息公开。政府各部门须根据自身的职能和服务特点，整合矿产资源开发公共信息资源库。保证提供信息的财政投入。依法规范政策信息公开，实现矿产资源开发政策信息公开法制化。

（二）强化矿产资源开发政策执行过程中的舆论监督

矿产资源开发政策执行过程中的舆论监督意味着借助大众传媒形成舆论力量，对执行权力运行的偏差行为进行披露、建议，乃至批评，以影响矿产资源开发政策的执行效果。

（1）营造良好的舆论监督环境。矿产资源开发管理行政机关及其行政人员，尤其是领导干部，应以宽容的态度对待舆论的多样化，真诚欢迎和接受舆论监督，为舆论监督开"绿灯"，鼓励和支持大众传媒大胆开展舆论监督。同时，加强与传媒沟通，及时通报矿产资源开发现实，帮助媒体把握正确的舆论导向，减少负面效应，扩大正面影响。传媒应主动向矿产资源开发利益相关主体和其他公众提供必要的条件，行使政策执行的监督权利。

（2）拓展舆论监督的形式。应减少不必要的环节，及时疏浚沟通管道，保障矿产资源开发利益诉求的有效表达。尽可能兼顾不同利益主体的需求，照顾弱势群体的利益诉求和意愿，确保其声音得到有效传达。

（3）健全舆论监督的保护机制和查处机制。正确运用有关法规，及时排除舆论监督对矿产资源开发利用的各种干扰。对压制舆论监督报道的行为应及时予以查处。对舆论监督所反映的矿产资源开发问题，应及时组织力量查处，或督促有关部门限期解决。

第三节　完善矿产资源开发利用企业制度，规范矿产资源开发行为选择

一　优化矿产资源开发利用企业行为选择的思路

（一）明晰产权关系，提升矿产资源开发利用企业动力行为

分解和界定产权，明晰产权关系，完善矿业权市场的运行基础，既是矿产资源开发利益分配的基础，也是改变"资源无价"，提升矿产资源开发利用企业的动力行为，合理利用资源的关键。设置矿业权制度的最终目的是通过矿产资源开发权结构的重组来降低或消除市场机制运行的社会成本、减少外部性，为矿产资源开发利用企业等矿产资源开发利益相关主体提供安全保障，建立公平、公正的权利交换基础，维护矿产资源开发利用的国家所有权和监管有序的开发秩序。所以，要建立以矿业权主管部门为核心的权利配置体系，增加透明度；要规范政府行为，减少其他政府部门不必要的干扰，提升矿产资源开发利用企业的动力激励，提高矿业权运行效率、矿产资源开发要素的配置效率和促进开发利益的均衡发展。重点应放在矿业权市场中介代理机构的建设和矿业权市场运行的进一步规范上；要加快矿业权市场体系的国际化建设，实现国内市场与国际市场的接轨。同时，放宽对矿业权交易的限制，完善《资源法》以及《探矿权采矿权转让管理办法》中的条件约束，继续贯彻实行矿业权有偿取得制度以及二级市场有偿转让制度。

（二）深化综合改制，提升矿产资源开发利用企业效率行为

要转变观念，提高矿产资源开发利用企业效率的意识。加强中国的矿情及相关法律、政策的宣传和教育，针对全民矿情意识差、违规开采严重的情况，加深对资源综合利用、环境保护的认识，让全民了解中国的资源禀赋和开发情况，增强矿产资源开发利用企业合理利用的自觉性。加强政府宏观指导，完成矿产资源开发利用企业的相关体制和现代企业制度建设。加强矿产资源开发利用企业内部管理，进行技术革新，提升矿产资源开发利用的工艺技能。

（三）建立抵押金制度，提升矿产资源开发利用企业责任行为

可借鉴美国、英国、德国的做法，建立生态补偿或生产安全保证金制度，所有矿产资源开发利用企业都必须在缴纳一定数量保证金后才能取得采矿许可；保证金应根据每年生态损害或生产安全需要治理的成本加以征收，要能满足治理所需的全部费用。保证金可通过地方环境、生产安全或国土资源行政主管部门征收上缴国家，若矿产资源开发利用企业的开采行为未按规定履行生态补偿义务或生产安全承诺，政府可动用保证金进行治理。另外，政府也可以建立生态银行，设立矿产资源开发利用企业生态修复账户，实行专款专用，或委托其他生态公司予以完成。矿产资源开发生态补偿标准应以生态环境修复的成本为依据确定，以达到保护和恢复生态环境的目的，保护矿产资源开发利益受损者的基本利益和符合补偿者的承受能力，具有可操作性。

（四）加强行业安全监管，引导矿产资源开发利用企业理性行为

首先，要加强对资源整合矿产资源开发利用企业的监督检查，重点查方案、查证照、查资源、查程序和查规模；加大对矿产资源开发利用企业水害等防治工作的检查，重点查责任制的落实、机构设置和人员配备、措施的制定和落实等。凡经发现不符合检查要求的，要立即限期改正；存在重大安全隐患的要立即责令停产整顿；存在违法违规行为的，要依法严肃查处。其次，切实提高技术管理水平，避免因地质灾害发生矿难，同时，要防止矿产资源开发利用

企业超能力、超强度和超定员生产。再次，强化安全培训，提高矿工的安全技术素质，加强矿工的安全意识和自我保护能力。最后，通过法律规制的完善，加大矿产资源开发行业的安全成本，提高行业的进入门槛，严格事前事后监督，杜绝矿难发生。

（五）加大矿产勘查力度，提升矿产资源开发利用企业可持续发展行为

要加速地质勘查与矿业体制的改革，建立勘查资金来源的市场化机制，开拓勘查投入新渠道，大幅度增加有效勘查投入，同时要加大矿产资源开发结构调整力度，采取积极措施解决冶炼产能过剩问题。要建立公益性地质调查与商业性矿产勘查分体运行机制，整顿和规范资源勘查、开发秩序，结合资源整合，合理布局矿业规划。要加大有效勘查投入，提高工作区地质工作研究力度。

二　完善矿产资源开发利用企业的内在行为激励

激励意味着当事人达到具有从事某种活动的内在推动力的一种状态，激励机制的本质是改变利益行为主体的机会成本结构，使个体努力与组织目标一致。约束是对机会主义行为倾向抑制性反应的产物，主要表现为制定限制机会主义行为的规则，监督规则的执行，并对可能发生的机会主义行为实行某种形式的惩罚。所以，约束机制的实质是一种加大成本的惩罚机制。因此，建立合理的矿产资源开发利用企业内部制度安排，尤其是激励约束机制的建立，在于规范矿产资源开发利用企业的行为选择，促进行为自律。

（一）促进矿产资源开发利用企业加快建立现代企业制度

构建"产权清晰、权责明确、政企分开、管理科学"的现代企业制度，通过制度规范矿产资源开发利用企业的行为选择，使管理者真正立足长远谋划发展。只有这样，矿产资源开发利用企业的行为选择才会既有压力又有动力，保障产权主体的合法权益；促进矿产资源开发要素的优化配置；规范矿产资源开发利用企业的市场交易行为，有助于解决矿产资源开发利用的外部性问题。

首先，按现代企业制度要求，改革矿产资源开发利用企业管理

体制。适时完善矿产资源开发利用企业产权和组织制度改革，促进股份制转变和完善，发挥现代企业制度的优势，更好地调动员工的积极性、创造性，尤其是经营、管理者的内在动力，为矿产资源开发利用企业的发展提供更大的内在激励。随着经济体制的转型，应参照国际、国内著名大型矿产资源开发利用企业的开发经验，依托矿产资源开发利用企业发展的成功经验总结，建立起指挥系统更加高效，责、权、利更紧密、更明确，各个层次的管理者、劳动者更有积极性和主动性的现代管理体制，由经验管理转变为更多地依靠严格的制度化管理促进矿产资源开发利用企业发展。

其次，狠抓技术创新，加快矿产资源开发利用企业研发运作。科技进步已成为国家、地区经济发展、矿产资源开发档次提升的主导因素，技术创新已成为矿产资源开发利用企业生存发展的生命线。应加大矿产资源开发利用企业的科技创新投入，促进由技术含量低的原材料矿产品向技术含量较高的深加工矿产品转变，促进由传统矿产品向高技术矿产品的转变。

最后，要抓紧人才、智力的引进与培养。人才、智力是矿产资源开发利用企业一切经营、开发活动成败的关键，人才的引进与培养也是现代矿产资源开发利用企业制度的重要内容之一。善于发现、培养矿产资源开发利用企业内部的人才，为可用、可造之才创造进修提高和成才的机会；采取切实有效的培训措施，提高矿产资源开发利用企业职工的整体素质；制定一系列优惠政策，引进高层次矿产资源开发技术创新和管理人才；善于借助外在的人才、智力，"不求所有，但求所用"。

（二）完善矿产资源开发利用企业的激励措施体系，调动员工积极性

矿产资源开发利用企业的发展需要员工的支持。员工绝不仅仅是一种工具或要素，其主动性、积极性和创造性将对矿产资源开发利用企业的生存发展产生巨大作用。要建立有效的激励机制，通过奖励制度的设计；职位系列的设计；员工培训开发方案的设计；员

工参与、沟通等激励方法的设计，提高员工积极性、主动性。薪酬体系要做到内部公平、公正，并与外部市场薪酬水平相吻合，避免员工不满情绪、消极怠工，甚至人才流失的现象。把员工持股制度作为一项薪酬激励机制。要努力满足员工的各项需求，通过提供稳定可靠的就业，满足员工的生活需求和安全感；通过尊重激励、参与激励、工作激励、培训和发展机会激励、荣誉和提升激励等使员工产生归属感，增强矿产资源开发利用企业的凝聚力；通过有意识地建立共同的价值观、职业道德观，加强人力资源管理，建立优秀的矿产资源开发利用企业文化。总之，要制定出合理的激励制度，通过竞争机制、岗位制度、目标激励，有效调动员工的积极性和主动性。

三　完善矿产资源开发利用企业的外部行为约束

（一）强化矿产资源开发利用企业的市场准入资格审查

严格矿产资源开发利用企业准入条件，提高非法矿产资源开发利用企业进入资格审查力度，强化矿产资源开发利用企业淘汰机制。认真贯彻执行国家颁发的《矿产资源开发利用企业安全生产基本条件规定》，逐条对照，凡有一项不合格，必须强制关闭；凡已关闭的矿产资源开发利用企业不允许死灰复燃；不具备安全生产条件，尤其是没有按规定办理安全生产许可证的矿产资源开发利用企业，要清理出矿产资源开发行业，杜绝非法矿产资源开发利用企业的存在。加大对矿产资源开发利用企业相关重要负责人员的资格审查，对于各负责人均要必须达到一定的资格标准才能兼任相关职务，提高任职人员的素质水平。

（二）提高矿产资源开发利用企业非法经营的风险成本，降低预期利润

加大对矿产资源开发利用企业非法开采的处罚力度，提高矿产资源开发利用企业的违规成本，有效抑制非法矿产资源开发利用企业开采现象的发生。过去矿产资源开发利用企业违规即使在出人命的情况下，伤亡一人往往只需赔上几万元就能摆平，这对于每年盈利上百万元的矿产资源开发利用企业大老板来说不足为惧。正是由

于过去违规成本太低，才成为矿产资源开发利用企业非法开采现象十分猖獗的原因之一。要加大矿产资源开发利用企业事故发生的赔偿额，同时加大罚款、没收非法所得，考虑根据《安全生产法》并处以1倍至5倍的罚款，甚至更高。促进矿产资源开发利用企业注重加强安全投入，重视矿产资源开发利用企业行为选择的合法性，形成根本"不敢出事故，出不起事故，出不了事故"的责任意识，使很难承担如此巨大风险成本的警钟长鸣，使冒险经营非法矿产资源开发利用企业的可能性大大降低。

（三）规制"寻租"行为，抑制"官股"现象

鉴于地方政府出于自身各种利益的考虑，其监管矿产资源开发利用企业的责任行为很容易出现懈怠，随意关停矿产资源开发利用企业会直接影响到地方财政收入和本地区的GDP水平，每个地区都怕自己行动而别的地区不行动，而让其他地区得到狂热开发资源的好处；当很多地区都做如此盘算时，合成谬误就发生了，个体理性叠加在一起就成了集体、社会的非理性。此外，在政府官员监督体系还不完善的情况下，部分负有监管责任的官员由于追求私利而顺利被矿产资源开发利用企业所"俘虏"，并参与矿产资源开发利用企业利润的分享，使政府监督成为追求利润的一种手段，导致"合谋"，甚至在矿难发生后还与矿产资源开发利用企业经营者"合作"隐瞒矿难伤亡状况。为此，应加大对政府执法人员执法不力的惩罚力度，规制"寻租"行为，确保政府监督部门执法的严肃性。应加大对监管部门在技术、人力、装备、资金等方面的政府投入，保证监管部门有效地打击非法矿产资源开发利用企业。应继续完善矿产资源开发责任追究制度，严厉整治政府执法队伍中的各种失职渎职、执法不力行为。

四　强化矿产资源开发利用企业的生态环保行为规范

（一）调整矿产资源开发利用企业生态环境行为的法律保护制度

（1）加强矿产资源开发利用的环境保护立法。立法是加强环境

管理的基础和依据。完善矿产资源开发生态环境保护立法是调整矿产资源开发利用企业生态环境行为的前提条件。要从法律约束上指导环境保护与矿产资源开发利用企业开发活动的利益矛盾和冲突。

（2）确立完善矿产资源开发环境听证制度。通过环境听证制度的论证、辩论等形式，作为公众参与原则的具体化和程序化的具体体现，可保障矿产资源开发利用企业的开发活动对环境相对利益主体的合法权益，同时可控制、限制环境权力的滥用，避免因权力滥用或机关不作为而给环境相对利益主体带来不公正的影响。同时可使环境决策以充分、全面的信息为基础而做出，保证其最终决定的正确性；减少环境机关自行调查的时间、降低成本，提高环境决策的效率。

（二）完善矿产资源开发利用企业外部环境保护机制

（1）明确矿业权属制度。良好的产权制度是矿产资源开发环境保护的基础。应完善中国资源的所有权和使用权制度，建立资源产权制度运作机制。国内外经验表明，良好的产权制度可明确矿业权主体，明晰权利与责任的归属，有利于资源的有效利用；更重要的是界定各主体在矿产资源开发利用中的损益，确立补偿和环境治理的机制，减少矿产资源开发过程中的负外部性，使原来由社区（村镇）或社会承担的环境污染和破坏的成本内部化，促进矿产资源开发利用企业提高治理污染和恢复环境的意识和能力，将环境治理费用纳入矿产资源开发利用企业的成本会计核算，改变从前由矿产资源开发利用企业享受开发收益而由社区（村镇）和全社会承担损失的不良后果，有效遏制环境污染与破坏。

（2）完善矿产资源开发利用企业环境恢复保证金制度。要明确对矿产资源开发利用企业环境恢复治理而设计的保证金制度的收取依据。依据1995年的《担保法》，一旦矿产资源开发利用企业没有履行其应尽的义务，没有恢复治理或者恢复治理不达标，就可以启动矿产资源开发利用企业缴纳的保证金来开展环境恢复治理。如果矿产资源开发利用企业较好地完成了环境恢复，那么缴纳的保证金将在规定的时限内连本带息全部返还。根据《土地复垦规定》的

"谁破坏，谁复垦"的原则，在矿产资源开发利用中造成的土地破坏，需要相关的矿产资源开发利用企业等出资复垦。保证金的收缴标准确定，既要根据操作比较简便的社区（村镇）面积来确定，又要体现不同矿种及其开采造成的环境破坏程度，并考虑矿种、开采方式和地质、地貌、水文、植被等矿产资源开发禀赋条件。

（3）健全矿产资源开发利用企业环境容量许可证制度。有关主管部门应向勘探开采资源的矿产资源开发利用企业颁发探矿许可证、采矿许可证，以防止环境破坏，保护自然资源；而排污收费的制度并没有对矿产资源开发利用企业在勘探、开采过程中产生、排放的污染物要求事先申报排污量，因此，要根据环境容量确定矿产资源开发利用企业的排污量并发给许可证监管。

（三）完善矿产资源开发利用企业自身环保机制

改善矿产资源开发利用的生态环保，应从每个矿产资源开发利用企业做起，在矿产资源开发利用企业内部建立环境目标评估程序和决策模式，鼓励矿产资源开发利用企业对自身环保行为的评价和反思，督促矿产资源开发利用企业本着矿产资源开发要素优化配置的原则，对矿产资源开发利用企业造成的生态环境问题进行治理和整治。可借鉴澳大利亚矿产资源开发利用企业的做法，建立矿产资源开发利用企业环境管理系统，由管理层对矿产资源开发利用企业导致的生态环境管理作出全面承诺，并把环境管理承诺综合到组织战略和日常规划及运作中。从社区（村镇）勘探阶段、矿产资源开发利用企业建设可行性阶段、规划阶段、开发运作阶段，直至闭坑后整个矿产资源开发利用企业开发全过程的环境监督管理，都纳入矿产资源开发利用企业自身的"环境管理系统"中；使矿产资源开发利用企业的开发利用达到经济效益、社会效益、资源效益和环境效益的最佳统一。

五　强化矿产资源开发利用企业的生产安全行为规范

（一）加大中央对地方政府规制矿产资源开发利用企业安全力度的监督

为降低矿产资源开发利用企业事故的发生率，除中央加强对地方政府的监督处罚力度外，还应设立行之有效的激励措施，使中央与地方政府间的利益一致性增强。

（1）改革矿产资源开发利用制度。科斯第二定理说明，如果交易费用大于零，不同的产权界定将会导致不同的资源配置效率。中国资源的所有权虽属于国家，但为了降低交易费用，国家将资源使用权等以法律形式分配给各级地方政府，地方政府作为国家代理人全权掌握着矿产资源开发管理。但政府的目标函数是复杂的，产权界定可能导致"寻租"和地方保护主义，使地方政府规制矿产资源开发利用企业安全的行为选择流于形式。要推行资源有偿使用制度，通过矿产资源开发利用的公开拍卖，创建公开、平等、竞争、择优的市场环境和良好的规制环境，减少地方政府"寻租"的概率，促进地方政府更好地落实矿产资源开发利用企业安全规制政策。

（2）改革矿产资源开发利用企业财税制度，改善中央和各级政府之间的激励相容。矿产资源开发过程中的资源税和增值税等，划归地方的部分是地方政府财政收入的主要来源，也是地方政府与中央进行矿产资源开发相关博弈的利益起因。通过矿产资源开发利用企业财税政策调整，更好地解决政府间利益分享问题，调整政府行为，推动矿产资源开发利用企业安全规制新机制的形成。

（二）打破地方政府与矿产资源开发利用企业之间的利益关系怪圈

地方政府的监督力度不够必然导致矿产资源开发利用企业减少本应进行的安全生产投入，获取更多的利润；并对地方政府"寻租"的能力会越来越强，形成恶性循环的怪圈。

（1）加强对矿产资源开发利用企业安全生产的规制，保证规制机构和人员的独立性。要减少地方政府、安全规制机构和人员与矿产资源开发利用企业间的利益"寻租"和勾结，从制度上治理国家公务人员的腐败行为；同时治理政府政策和市场双重失灵，确保矿产资源开发利用企业安全规制效果，独立性是基础。

（2）改变矿产资源开发利用企业的税费结构。重新确定矿产资源开发利用企业的收益与安全资金投入比例，使矿产资源开发利用企业达到稳定的安全资金投入。一般来说，矿产资源开发利用企业仅获取正常利润，"寻租"能力会随之减弱；地方政府在没有租金的引诱下，会更好地行使其本应行使的职责，达到降低矿产资源开发利用企业事故发生率的目的。

（3）建立矿产资源开发利用企业安全生产基金。安全费用作为矿产资源开发利用企业提前按照一定标准的预留资金，并在生产后的利润积累中计提，并进行专户存储，对于安全状态良好的矿产资源开发利用企业，能按一定比例逐年返还；而对于发生安全事故的矿产资源开发利用企业，可将安全生产基金直接用于故事救助。安全基金制度的建立可以筹集较多资金用于防范矿产资源开发利用企业安全风险，提高地方政府督管的约束力，提升矿产资源开发利用企业的安全生产隐患排查意识，预防或减少安全事故发生。

（三）加强矿工工会组织建设，提高矿工集体谈判力量，建立完善矿工社会保障体系

当社会存在大量剩余劳动力时，工资补偿对矿产资源开发利用企业安全的调节机制将不再发挥作用。因为在既定工资水平下，成为矿工主要来源的无数剩余劳动力在等待就业，迫使矿工对工资和安全水平的选择转变为对就业和失业的选择。所以，安全规制就成为保障矿工安全的基本手段，需要增强矿工的博弈能力。需要加强矿工工会的组织建设，提高矿工集体谈判的力量。从长远来说更需要加强社会保障体系建设，使矿工的基本生活得到保障，相当于间接地帮助和提升矿工维护其自身利益的能力，最终降低矿产资源开发利用企业事故的发生率。

（四）加强社会各界的安全监督，减少信息不对称和信息租金，提高矿产资源开发利用企业安全规制效率

政府可以运用建立举报制度等多种手段，对于举报非法生产、违法违规生产、隐瞒事故等行为予以奖励，发挥社会和媒体对矿产

资源开发利用企业安全生产的监督作用，在强化矿产资源开发利用企业内部约束的同时，实现多个利益主体对矿产资源开发利用企业生产安全的监督，减少中央与地方政府、地方政府与矿产资源开发利用企业之间的信息不对称，提高矿产资源开发利用企业安全规制的效率，促使约束机制由政府外部约束向矿产资源开发利用企业内部约束转变，减少矿产资源开发利用企业生产事故的发生。

参考文献

［德］恩格斯著：《家庭、私有制和国家的起源》，中共中央编译局译，人民出版社 2003 年版。

［德］柯武刚（Wolfgang Kasper）、史漫飞（Manfred E. Streit）著：《制度经济学：社会秩序与公共政策》，商务印书馆 2004 年版。

［德］韦伯著：《韦伯作品集Ⅲ：支配社会学（韦伯作品集 3）》，康乐、简惠美译，广西师范大学出版社 2004 年版。

［俄］普列汉诺夫：《普列汉诺夫哲学著作选集》（第 1 集），生活·读书·新知三联书店 1974 年版。

［法］古斯汀·古诺著：《财富理论数学原理的研究》，陈尚霖译，商务印书馆 1994 年版。

［法］霍尔巴赫：《自然的体系》，商务印书馆 1964 年版。

［法］卢梭著：《社会契约论》，何兆武译，商务印书馆 2003 年版。

［法］卢梭著：《社会契约论》，施新州编译，北京出版社 2007 年版。

［法］让·卡泽纳弗：《社会学十大概念》，上海人民出版社 2003 年版。

［加拿大］布莱恩·R. 柴芬斯著：《公司法：理论、结构和运作》，林华伟、魏曼译，法律出版社 2001 年版。

［美］R. 科斯：《企业、市场与法律》，上海三联书店 1990 年版。

［美］阿尔伯特·O. 赫希曼著：《退出、呼吁与忠诚——对企业、组织和国家衰退的回应》，卢昌崇译，经济科学出版社 2001

年版。

［美］阿瑟·奥肯：《平等与效率》（中译本），华夏出版社 1999 年版。

［美］安东尼·唐斯：《官僚制内幕》，中国人民大学出版社 2006 年版。

［美］奥尔森著：《集体行动的逻辑》，陈郁等译，上海人民出版社 1995 年版。

［美］奥尔森著：《权力与繁荣》，苏长和译，上海人民出版社 2005 年版。

［美］奥斯特著：《现代竞争分析》（第三版），张志奇等译，中国人民大学出版社 2004 年版。

［美］巴纳德著：《组织与管理》，曾琳、赵菁译，中国人民大学出版社 2009 年版。

［美］波特著：《竞争优势》，陈小悦译，华夏出版社 2005 年版。

［美］布坎南、马斯格雷夫著：《公共财政与公共选择两种截然不同的国家观》，类承曜译，中国财经出版社 2001 年版。

［美］布坎南、托里森：《公共选择理论》，商务印书馆 1972 年版。

［美］戴维·H. 罗森布鲁姆：《公共行政学：管理、政治和法律的途径》，中国人民大学出版社 2002 年版。

［美］戴维·奥斯本、特得·盖布勒：《改革政府：企业精神如何改革着公营部门》，周敦仁等译，上海译文出版社 2006 年版。

［美］道格拉斯·C. 诺思：《经济史上的结构与变迁》，生活·读书·新知三联书店 1991 年版。

［美］法兰克·K. 索能伯格著：《凭良心管理——如何通过正直诚实、信任和全力以赴的精神来改造公司的运作》，游自珍、郑启鸣译，中国经济出版社 1997 年版。

［美］冯·诺伊曼、摩根斯顿著：《博弈论与经济行为》，王文玉、王宇译，生活·读书·新知三联书店 2004 年版。

［美］弗朗西斯·福山：《信任：社会美德与创造经济繁荣》，彭志

华译，海南出版社 2001 年版。

［美］加布里埃尔·亚伯拉罕·阿尔蒙德、西德尼·维伯：《公民文化：五个国家的政治态度和民主制》，徐湘林译，华夏出版社 1989 年版。

［美］科恩著：《论民主》，聂崇信、朱秀贤译，商务印书馆 2004 年版。

［美］科斯、阿尔钦、诺斯著：《财产权利与制度变迁》，刘守英等译，上海人民出版社 2004 年版。

［美］克莱德·F. 施耐德：《1935—1936 年的乡村和城镇政府》，《美国政治学评论》1937 年。

［美］肯尼思·W. 克拉克森、罗杰·勒鲁瓦·米勒：《产业组织：理论、证据和公共政策》，杨龙、罗靖译，上海三联书店 1989 年版。

［美］罗尔斯著：《正义论》，何怀宏等译，中国社会科学出版社 2009 年版。

［美］罗尔斯著：《政治自由主义》，万俊人译，译林出版社 2002 年版。

［美］罗斯·M. 斯塔尔著：《一般均衡理论》，鲁昌、许永国译，上海财经大学出版社 2003 年版。

［美］罗斯科·庞德著：《通过法律的社会控制/法律任务》，沈宗灵等译，商务印书馆 1984 年版。

［美］马克·格兰诺维特：《经济行动与社会结构：嵌入性问题》，社会科学文献出版社 2007 年版。

［美］曼昆著：《经济学原理》（上册），梁小民译，生活·读书·新知三联书店 2001 年版。

［美］曼瑟尔·奥尔森著：《集体行动的逻辑》，陈郁、郭宇峰、李崇新译，上海人民出版社 1995 年版。

［美］诺斯：《西方世界的兴起》，华夏出版社 1999 年版。

［美］帕森斯著：《社会行动的结构》，张明德、夏翼南、彭刚译，

译林出版社 2003 年版。

［美］萨托利著：《民主新论》，冯克利等译，东方出版社 1998 年版。

［美］托马斯·C. 谢林：《微观动机与宏观行为》，谢静译，中国人民大学出版社 2005 年版。

［美］詹姆士·布坎南：《寻求租金和寻求利润》，《经济社会体制比较》1988 年第 6 期。

［美］詹姆斯·安德森：《公共决策》，华夏出版社 1990 年版。

［美］詹姆斯·布坎南：《自由、市场和国家》，北京经济学院出版社 1988 年版。

［日］青木昌彦：《市场的作用，国家的作用》，中国发展出版社 2002 年版。

［英］安东尼·吉登斯著：《社会的构成》，李猛、李康译，生活·读书·新知三联书店 1984 年版。

［英］柏克著：《法国革命论》，何兆武等译，商务印书馆 1998 年版。

［英］边沁著：《道德与立法原理导论》，时殷弘译，商务印书馆 2000 年版。

［英］多纳德·海等：《产业经济学与组织》（上下），经济科学出版社 2001 年版。

［英］哈耶克（F. A. Hayek）著：《通往奴役之路》，王明毅等译，中国社会科学出版社 1998 年版。

［英］哈耶克著：《法律、立法与自由》，邓正来等译，中国大百科全书出版社 2000 年版。

［英］哈耶克著：《自由秩序原理》（上下册），邓正来译，生活·读书·新知三联书店 1997 年版。

［英］霍布斯著：《经典通读第二辑：利维坦》，吴克峰编译，北京出版社 2008 年版。

［英］肯·宾默尔著：《博弈论与社会契约（第 1 卷）公平博弈》，

王小卫、钱勇译，上海财经大学出版社2003年版。

[英] 韦德著：《行政法》，中国大百科全书出版社1997年版。

[英] 亚当·斯密著：《国富论（上下）》（全二册），郭大力、王亚南译，上海三联书店2009年版。

[英] 亚当·斯密著：《国民财富的性质和原因的研究》，郭大力、王亚南译，商务印书馆2008年版。

21世纪经济报道：《地方竞争的逻辑》，http：//finance. sina. com. cn/review/20060413/15392499123. shtml。

《"淡化"GDP，还考核什么——解读干部考核的"湖州样本"》，人民网，http：//politics. people. com. cn/GB/1025/9703079. html。

《"官煤勾结"多是掌握管理资源权力的官员》，新华网，http：//news. xinhuanet. com/lianzheng/2005 - 11/22/content_ 3815369. htm。

《按2005年平均汇率计算中国人均GDP为1700美元》，中国新闻网，http：//finance. sina. com. cn/g/20060125/12072305960. shtml。

《布劳的社会交换理论（Social Exchange Theory of Blau）》，智库百科，http：//wiki. mbalib. com/wiki/% E9% A6% 96% E9% A1% B5。

《创新社区党建构建和谐社区（探索与思考)》，搜狐新闻，http：//news. sohu. com/20080514/n256835288. shtml。

《当前我国农民工群体文化生活状况调查及对策研究》，中国网，http：//www. china. com. cn/culture/zhuanti/07ggwhfubg/2007 - 12/19/content_ 9403474_ 3. htm。

《地勘单位改革发展若干问题探析》，中华人民共和国国土资源部，中国国土资源网，http：//www. mlr. gov. cn/zt/yw/dzzkgg/mtsp/200911/t20091120_ 127351. htm。

《第四讲　事故经济损失分析》，盐田区安全生产信息服务网，http：//www. ytsafety. gov. cn/viewnews. jsp？ newsID = 6467。

《法律基础与思想道德修养第十一章重点总结》，21CN教育，http：

//edu. 21cn. com/zikao/g_ 145_ 229769 – 1. htm。

《甘肃省徽县水阳乡血铅超标事件已查明》，http：//www. tian-shui. com. cn/news/ln/2006112121180818780. htm。

《关于贯彻信贷政策与加强环境保护工作有关问题的通知》，中华环保频道，http：//www. cctvep. com/tech/2007 – 7 – 5 – 1074. htm。

《关于进一步加强民间组织管理工作的通知》，法律教育网，中央办公厅、国务院办公厅，http：//www. chinalawedu. com/news/1200/22598/22602/22667/2006/3/zh91771533297360021365 – 0. htm。

《国家的基本制度（下）我国是单一制的社会主义国家》，学习公社，http：//app2. learning. sohu. com/education/html/article – 9346. html。

《国内企业社会责任风气渐趋显著》，沃华传媒网，http：//www. wowa. cn/Article/50390. html。

《国务院关于解决农民工问题的若干意见》，中国网，http：//www. china. com. cn/chinese/PI – c/1167797. htm。

《国务院关于解决农民工问题的若干意见》，中国政府网，http：//www. gov. cn/jrzg/2006 – 03/27/content_ 237644. htm。

《湖南郴州矿业乱象调查：官商黑势力结成利益链条》，人民网，ht-tp：//society. people. com. cn/GB/41165/6237661. html。

《华东矿山环境治理须解决三大难题》，国土资源网，http：//news. mlr. gov. cn/front/read/read. asp？ID = 158878。

《集体谈判：中国劳资矛盾化解之道》，《第一财经日报》2010 年 3 月 23 日。

《屡查屡犯的背后看资源补偿费征收管理》，中华人民共和国财政部，http：//ha. mof. gov. cn/lanmudaohang/jianguanshixiang/200907/t20090716_ 182729. html。

《论资源所有权及其实现》，中华人民共和国国土资源部，http：//www. mlr. gov. cn/wskt/wskt_ bdqkt/200912/t20091225_ 130930.

htm。

《马克思恩格斯全集》（第1卷），人民出版社1995年版。

《马克思恩格斯全集》，人民出版社2008年版。

《企业价值最大化》，智库百科，http：//wiki. mbalib. com/wiki/。

《企业职工伤亡事故经济损失统计标准》，法律图书馆，http：//
www. law – lib. com/law/law_ view. asp·id = 3830。

《浅谈资源和矿业开发的8个特点》，百川资讯，http：//www. bai-
info. com/article/lingkuangshi/754/5310986. html。

《强化公司社会责任的法理思考与立法建议》，法律教育网，http：
//www. china lawedu. com/news/21604/21630/21652/2007/4/zh
752315124513470024800 – 0. htm。

《全国资源规划（2008—2015年)》，中国网，http：//www. china.
com. cn/policy/txt/2009 – 01/07/content_ 17069166. htm；2009 –
11 – 11。

《社会责任国际标准体系 SA8000》，中国网，http：//lt. china. com. cn/
chinese/zhuanti/zgqy/925766. htm。

《物权法解释：第四十五条国有财产范围、国家所有的性质和国家
所有权行使》，法律快车，http：//www. lawtime. cn/info/wu-
quan/wqflfg/20081123562. html。

《云南泸西举报矿难当地政府调查后称无瞒报》，http：//
news. 163. com/10/0119/09/5TCM37RQ0001124J. html。

《政府公信力浅说》，信用中国，http：//www. ccn86. com/news/com-
ment/20070910/24546. shtml。

《政府信用危机表现特征及政府失信危害》，新浪博客，http：//
blog. sina. com. cn/s/blog_ 5ff9f0320100fhv4. html。

《中国的资源政策》白皮书（全文），人民网，http：//www. people.
com. cn/GB/shizheng/1026/2261013. html。

《中国矿业税费制度及其国际比较分析》，中国资源网，http：//
www. chinamr. net/news/01 – 02 – 10/2010020110230531629. html。

《中国资源综合利用现状、问题与对策研究》，中华商务网，http：//www. chinaccm. com/H8/H814/H81401/news/20070315/110513. asp。

《中华人民共和国大气污染防治法》，中国标准信息网，http：//www. chinaios. com/HJBH – flfg/14164599326. htm。

《中华人民共和国地方各级人大和地方人民政府组织法》，百度文库，http：//wenku. baidu. com/view/a20025136edb6f1aff001f36. html。

《中华人民共和国固体废物污染环境防治法》，中国标准信息网，http：//www. chinaios. com/HJBH – flfg/14164599326. htm。

《中华人民共和国环境噪声污染防治法》，中国标准信息网，http：//www. chinaios. com/HJBH – flfg/14164599326. htm。

《中华人民共和国劳动法（全文）》，法律快车，http：//www. lawtime. cn/ask/question_ 636198. html。

《中华人民共和国宪法（全文）》，人民网，http：//www. people. com. cn/GB/shehui/1060/2391834. html。

《中华人民共和国宪法（全文）》，新华网，http：//news. xinhuanet. com/newscenter/2004 – 03/15/content_ 1367387. htm。

《中华人民共和国宪法》，中国政府网，http：//www. gov. cn/gongbao/content/2004/content_ 62714. htm。

《中华人民共和国资源法（修正）》，全国人大常委会，http：//app. chinamining. com. cn/focus/Law/2007 – 08 – 07/1186454015d6952. html。

《中华人民共和国资源法》，中华人民共和国国土资源部，http：//www. mlr. gov. cn/zwgk/flfg/kczyflfg/200406/t20040625_ 292. htm。

《中华人民共和国资源法实施细则》，中华人民共和国国土资源部，http：//www. mlr. gov. cn/zwgk/flfg/kczyflfg/200406/t20040625_ 293. htm。

《资源监督管理暂行办法》，中华人民共和国国土资源部，http：//www. mlr. gov. cn/zwgk/flfg/kczyflfg/200804/t20080424_ 102040.

htm。

《资源开采登记管理办法》，中华人民共和国国务院令，http：// www. people. com. cn/item/faguiku/gy/F34 - 1060. html。

《自然资源》，中华人民共和国年鉴；http：//www. gov. cn/test/2005 - 07/27/content_ 17405. htm。

艾尔曼：《中华帝国后期的科举制度》，《厦门大学学报》（哲学社会科学版）2005 年第 6 期。

安康、刘祖云：《政治领域的道德风险辨析——"委托代理理论"的视角》，《中共南京市委党校南京市行政学院学报》2006 年第 6 期。

白牡丹、田旭峰、颉茂华：《鄂尔多斯市矿产资源开发补偿现状及完善建议》，《北方经济》2009 年第 17 期。

白重恩、杜颖娟、陶志刚、仝月婷：《地方保护主义及产业地区集中度的决定因素和变动趋势》，《经济研究》2004 年第 4 期。

白重恩、刘俏、陆洲、宋敏、张俊喜：《中国上市公司治理的实证研究》，《经济研究》2005 年第 2 期。

北京中立诚会计师事务所：《财政不能承受之重——对分税制改革实践的思考》，《中国财经报》2003 年 8 月 12 日。

闭明雄：《能力相关性与建筑设计矿产资源开发利用企业多元化研究》，《现代商贸工业》2008 年第 7 期。

边燕杰、丘海雄：《矿产资源开发利用企业的社会资本及其功效》，《中国社会科学》2000 年第 2 期。

边燕杰著：《找回强关系：中国的间接关系、网络桥梁和求职》，张文宏译，《国外社会学》1998 年第 2 期。

薄贵利：《中央与地方关系研究》，吉林大学出版社 1991 年版。

蔡昉、王德文：《作为市场化的人口流动——第五次全国人口普查数据分析》，《中国人口科学》2003 年第 5 期。

曹红钢：《政府行为目标与体制转型》，社会科学文献出版社 2007 年版。

曹建海：《关于"过度竞争"的经济学含义》，《首都经济贸易大学学报》1999 年第 6 期。

曹任何：《"三个代表"与统一战线：巩固党的合法性基础的必然选择》，《山西社会主义学院学报》2004 年第 1 期。

曹荣湘：《蒂布特模型》，社会科学文献出版社 2004 年版。

常凯：《经济全球化与企业社会责任运动》，《中国劳动关系学院学报》2003 年第 4 期。

陈刚、李树、余劲松：《援助之手还是攫取之手？——关于中国式分权的一个假说及其验证》，《南方经济》2009 年第 7 期。

陈桂香：《企业社会责任与农民工问题》，《湘潭大学学报》（哲学社会科学版）2008 年第 3 期。

陈会广、吴沅箐、欧名豪：《耕地保护补偿机制构建的理论与思路》，《南京农业大学学报》（社会科学版）2009 年第 3 期。

陈江：《成都告别最后的煤矿》，《南方都市报》2009 年 12 月 21 日。

陈金美：《整体主义探析》，《光明日报》1998 年 9 月 18 日。

陈锦昌：《试论遏制地方政府的非经济手段扩张》，《湖北经济学院学报》2006 年第 2 期。

陈敬德：《乡村地区公共服务供给方式与机制研究》，《东南学术》2008 年第 1 期。

陈林、曹树刚：《资源综合开发利用评价的博弈及最优化分析》，《矿业快报》2005 年第 11 期。

陈庆云、曾军荣：《论公共管理中的政府利益》，《中国行政管理》2005 年第 8 期。

陈瑞莲：《论回归前后的粤港澳政府间关系——从集团理论的视角分析》，《中山大学学报》2004 年第 1 期。

陈瑞莲、张紧跟：《试论区域经济发展中政府间关系的协调》，《中国行政管理》2002 年第 12 期。

陈瑞莲、张紧跟：《试论我国区域行政研究》，《广州大学学报》

（社会科学版）2002 年第 4 期。

陈潭：《集体行动的困境：理论阐释与实证分析》，《中国软科学》
　　2003 年第 9 期。

陈潭、罗晓俊：《中国乡村公共治理研究报告（1998—2008）》，
　　《公共管理学报》2008 年第 4 期。

陈天祥：《论政府在制度变迁中的作用》，《中国行政管理》2001 年
　　第 10 期。

陈天祥：《论中国制度变迁的方式》，《中山大学学报》（社会科学
　　版）2001 年第 3 期。

陈文华、石绍斌：《论经济转型中的宪法体制》，《求实》2006 年第
　　7 期。

陈新民：《德国公法学基础理论》，山东人民出版社 2001 年版。

陈振明：《公共政策分析》，中国人民大学出版社 2002 年版。

成金华：《资源规划的理论与方法》，中国环境科学出版社 2002
　　年版。

程伟礼：《建设社会主义法治国家的价值基础》，《社会科学》1999
　　年第 6 期。

程晓农：《转型中的中国经济体制》，上海人民出版社 1998 年版。

崔裕蒙：《论人民群众的政治利益》，《理论前沿》2004 年第 10 期。

崔卓兰：《论确立行政法中公民与政府的平等关系》，《中国法学》
　　1995 年第 4 期。

单伟：《美国学界对中国政治精英的研究》，http：//www. fed. org.
　　cn/pub/workingpaper/200811414184841195. pdf。

邓小平：《邓小平文选》（第 2 卷），人民出版社 1994 年版。

邓聿文：《下一步的关键在继续解放民权》，《同舟共进》2009 年第
　　12 期。

丁传宗：《政府主导下的新加坡社区（村镇）建设：经验与借鉴》，
　　《中共福建省委党校学报》2008 年第 9 期。

丁万鱼：《我国铜业公司开采国内外铜资源的博弈分析》，《求实》

2005 年第 S1 期。

董江涛：《转变政府职能：以公共利益最大化为目标》，《长白学刊》
　　2008 年第 2 期。

董幼鸿等：《地方公共管理：理论与实践》，上海人民出版社 2008
　　年版。

杜传忠：《产业组织演进中的企业合作——兼论新经济条件下的产
　　业组织合作范式》，《中国工业经济》2004 年第 6 期。

端木君：《民工讨薪缘何难获法律援助》，《法制日报》2004 年 1 月
　　14 日。

范利祥：《中央税收调控从严地方土地财政面临两难》，http：//
　　www. qhdfgj. gov. cn/hyxw/hyzh/2007 - 1 - 23/71234155925. html。

方辉振：《政府角色及职能定位的理论基础》，《中共南京市委党校
　　南京市行政学院学报》2003 年第 5 期。

方晓畅：《产业集群升级理论研究》，《金融经济》（理论版）2008
　　年第 4 期。

方忠、张华荣：《三层互动：中央政府与地方政府的正和博弈》，
　　《成都行政学院学报》2005 年第 1 期。

封慧敏：《地方政府间跨地区公共物品供给的路径选择》，《甘肃行
　　政学院学报》2008 年第 3 期。

冯飞：《我国资源利用存在的突出问题》，《瞭望新闻周刊》2006 年
　　7 月 31 日。

冯培忠、曲选辉、吴小飞：《关于我国资源利用现状及未来发展的
　　战略思考》，《中国矿业》2004 年第 6 期。

冯文全、李勇：《"思想自由，兼容并包"与构建和谐社会》，《怀
　　化学院学报》2007 年第 8 期。

冯兴元：《论辖区政府间的制度竞争》，《国家行政学院学报》2001
　　年第 6 期。

冯兴元：《中国的市场整合与地方政府竞争——地方保护与地方市
　　场分割问题及其对策研究》，天则经济研究所资助课题，2002

年 6 月 30 日。

傅小随：《地区发展竞争背景下的地方行政管理体制改革》，《管理世界》2003 年第 2 期。

傅勇：《"国六条"应首先调控地方政府》，http：//villamsg. focus. cn/news/2006 – 05 – 29/209350. html。

干春晖：《企业策略性行为研究》，经济管理出版社 2005 年版。

干飞：《资源补偿费征管监督博弈——完全信息混合战略 Nash 均衡》，《中国矿业》2002 年第 4 期。

干飞、贾文龙：《我国资源有偿使用制度演化的博弈分析》，《国土资源科技管理》2007 年第 6 期。

干勤：《国内外企业声誉管理研究报告》，《企业文明》2005 年第 5 期。

高全喜：《大国策，政治篇，经济增长与合法性的"政绩困局"（4）》，人民日报出版社 2009 年版。

高山行、江旭：《专利竞赛理论中的先占权模型评述》，《管理工程学报》2003 年第 3 期。

高政利、李亚伯、欧阳文和：《公共选择视角：论组织制度的宽放效应》，《兰州商学院学报》2006 年第 1 期。

耿书文、刘胜富、任天贵、柏元夫：《资源补偿费征管的博弈分析及对策建议》，《煤炭学报》2002 年第 1 期。

公共管治的理论和实践学术研讨会：《非理性绩效考评、组织依附与目标置换———一个地方政府微观失范行为的分析框架》，ht-tp：//www. ppirc. org/html/46/n – 2946. html。

龚冰琳、徐立新、陈光炎：《中国的地方保护主义：直接的微观证据》，《经济学报》2005 年第 1 卷第 2 辑。

龚怡祖：《人是价值的存在及其教育学意蕴辨疑》，《南京农业大学学报》（社会科学版）2001 年第 4 期。

顾惠祥：《控制税收征管成本的探讨》，《税务研究》1999 年第 6 期。

关晓丽：《国外中央与地方财政关系的支配性力量及启示》，《社会科学战线》2008 年第 1 期。

广东省水利电力职业技术学院思政部：《第三章　领悟人生真谛创造人生价值》，http：//www. gdsdxy. cn/teaching/jichubu/falu/4/index. asp。

郭邦军：《论博弈论在经济管理中的战略意义》，《社会科学战线》2008 年 11 月。

郭进平、张惠丽、卢才武、李江武：《有关资源问题的博弈分析》，《金属矿山》2005 年第 2 期。

郭松民：《"血汗工厂"现象应当休矣!》，《中国改革报》2003 年12 月 15 日。

郭玮：《政府间财权及收入划分的基本理论研究》，《经济师》2009 年第 1 期。

国家安监总局：《2005 年全国安全生产各类伤亡事故情况表（统计数)》（2006 年 1 月）；《2006 年安全生产主要特点》（2007 年1 月）、《2006 年全国非煤矿山事故分析》（2007 年 1 月），国家安全生产监督管理总局政府网站事故查询系统，http：//media. China safety. gov. cn：8090/iSystem/shigumain. jsp。

国家环保总局：《近期两大环境事件根源在行政不作为》，http：//politics. people. com. cn/GB/1027/4819641. html。

国土资源部等九部门：《关于进一步推进矿产资源开发整合工作的通知》，http：//www. china. com. cn/policy/txt/2009 – 10/27/content_ 18776576. htm。

国务院：《中华人民共和国资源法实施细则》，http：//www. dayi888. com/show. asp? id =210。

国务院发展研究中心"经济全球化与政府作用"课题组：《经济全球化背景下的政府改革》，http：//www. macrochina. com. cn/zhzt/000089/001/20010817016763. shtml。

国务院发展研究中心课题组：《中国统一市场建设》，《新华文摘》

2004 年第 19 期。

国务院新闻办公室:《中国的资源政策（白皮书）》（全文），新华网，
　　http：//www. people. com. cn/GB/shizheng/1026/2261013. html。

国务院研究室课题组编:《中国农民工调研报告》，中国言实出版社
　　2006 年版。

国赟:《"利益相关者财富最大化"与"企业价值最大化"之比较
　　研究》，《会计之友》2006 年第 20 期。

哈耶克:《经济、科学与政治——哈耶克思想精粹》，江苏人民出版
　　社 2000 年版。

韩海青、苏迅:《建立完善土地和矿产资源节约集约利用新机制》，
　　《中国国土资源经济》2008 年第 3 期。

韩克庆:《社会流动视阈中的农民工权益保护》，《河南大学学报》
　　（社会科学版）2009 年第 1 期。

韩兴武:《企业声誉的提升与维护》，《经济论坛》2004 年第 11 期。

何苏华:《企业合作网络的成因及其运行机制》，《佛山科学技术学
　　院学报》（社会科学版）2003 年第 3 期。

何修猛:《转型期政府形象危机的理性思考》，*Journal of US – China*
　　Public Administration，*Oct.* 2005，Vol. 2，No. 10 。

何增科:《试析我国现行权力监督存在的问题及原因》，《学习与探
　　索》2008 年第 4 期。

何忠洲、唐建光:《"垂直管理"风起央地博弈：权力边界尚待清
　　晰》，http：//review. jcrb. com/zywfiles/ca598648. htm。

贺军:《我国行政权力扩张和泛法化的制度原因探析》，《湖南科技
　　学院学报》2005 年第 6 期。

贺雪峰:《经济分化与社会分层》，http：//www. snzg. net/article/
　　show. php？itemid –462/page –1. html。

胡红安、李海霞:《西部矿产资源开发与生态环境保护的博弈分
　　析——以 S 县煤矿矿产资源开发为例》，《陕西科技大学学报》
　　2008 年第 1 期。

胡乐明：《公共物品与政府的作用》，《当代财经》2001 年第 6 期。

胡仁霞：《中俄市场化程度的比较分析》，《东北亚论坛》2005 年第
　　1 期。

胡淑女、余浩、戴燕：《基于创新促进的产业集群内竞合研究》，
　　《北方经济》2006 年第 21 期。

胡税根：《论新时期我国政府规制的改革》，《政治学研究》2001 年
　　第 4 期。

胡松、罗辉：《博弈论视角下我国政府与企业的关系》，《当代经济》
　　2009 年第 1 期。

胡希宁、贾小立：《博弈论的理论精华及其现实意义》，《中共中央
　　党校学报》2002 年第 2 期。

华兴顺：《集群经济对中西部地区经济发展的意义》，《求索》2004
　　年第 8 期。

奂平清：《社会资本视野中的乡村社区（村镇）发展》，《河北学
　　刊》2009 年第 1 期。

黄进：《社会资本：经济学与社会学的对话》，《天府新论》2005 年
　　第 1 期。

黄强、郑力：《后全能时代中央与地方政府的博弈及思考》，《唯实》
　　2006 年第 1 期。

黄少安：《从"竞争"的经济学转向"合作"的经济学——对"经
　　济学革命"的回顾和"合作经济学"的构想》，《经济研究》
　　2000 年。

黄少安：《中国经济体制改革的核心是产权制度改革》，《中国经济
　　问题》2004 年第 1 期。

黄新华：《诺思的国家理论述评》，《理论学刊》2001 年第 2 期。

江立华、符平：《断裂与弥补——农民工权益保障中的法与政府角
　　色》，《社会科学研究》2005 年第 6 期。

金晶、王颖：《委托代理理论综述》，《中国商界》2008 年第 6 期。

金太军：《从行政区行政到区域公共管理——政府治理形态嬗变的

博弈分析》，《中国社会科学》2007 年第 6 期。

金太军、赵军锋：《政治资源配置与和谐社会构建——和谐社会的政治社会学分析》，《理论探讨》2008 年第 2 期。

靳景玉、刘朝明：《基于协同理论的城市联盟动力机制》，《系统工程》2006 年第 10 期。

景跃军：《中国资源与经济可持续发展研究》，《人口学刊》2002 年第 5 期。

九三学社：《地方政府正面临严重信用危机》，http：//msn. ynet. com/view. jsp？oid = 7967512。

康晓光、韩恒：《分类控制：当前中国大陆国家与社会关系研究》，《开放时代》2008 年第 2 期。

孔东菊、戚枝淬：《职工参与公司治理及其对关联交易的制约》，《经济研究导刊》2009 年第 18 期。

蓝宇蕴：《都市里的村庄：一个"新村社共同体"的实地研究》，生活·读书·新知三联书店 2005 年版。

李传军：《利益相关者的共同治理机制》，《矿产资源开发利用企业改革与管理》2009 年第 8 期。

李纯：《制度变迁中的中国家族企业家行为研究》，《北京工商大学学报》（社会科学版）2006 年第 3 期。

李发戈：《宪政背景下政治国家与公民社会的关系》，《中共成都市委党校学报》2008 年第 1 期。

李凡：《关于中国选举制度的改革》，上海交通大学出版社 2005 年版。

李海秋：《企业战略联盟关系建立动因研究——资源观视角与交易成本视角的融合》，《改革与战略》2007 年第 7 期。

李景鹏：《中国社会利益结构变迁的特点》，《北京行政学院学报》2006 年第 1 期。

李军杰、钟君：《中国地方政府经济行为分析——基于公共选择视角》，《中国工业经济》2004 年第 4 期。

李敏：《人才租赁三方模式对雇佣关系的影响》，《商业经济与管理》
　　2005 年第 159 期。

李强：《改革开放 30 年来中国社会分层结构的变迁》，《中国改革论
　　坛》2008 年。

李强：《政府规制、路径依赖与全流通时代我国上市公司股权结构
　　的导向》，《湖北社会科学》2008 年第 4 期。

李强：《中国城市农民工劳动力市场研究》，《学海》2001 年第
　　1 期。

李强：《中国社会分层结构的新变化》，《鞍山社会科学》2005 年第
　　5 期。

李强：《转型时期的中国分层结构》，黑龙江人民出版社 2002 年版。

李秋元、郑敏、王永生：《我国矿产资源开发对环境的影响》，《中
　　国矿业》2002 年第 2 期。

李瑞昌：《论市场经济条件下的公众参与公共决策》，《福建行政学
　　院学报》2002 年第 1 期。

李善同、侯永志、刘云中、陈波：《中国国内地方保护问题的调查
　　与分析》，《经济研究》2004 年第 11 期。

李胜：《两型社会环境治理的政策设计——基于参与人联盟与对抗
　　的博弈分析》，《财经理论与实践》2009 年第 9 期。

李世英：《市场进入壁垒问题研究综述》，《开发研究》2005 年第
　　4 期。

李文俊：《全国煤矿安全生产状况分析及发展对策》，《中国煤炭》
　　2001 年第 6 期。

李晓培：《关于库恩"不可通约性"观点的思考》，《职业圈》2007
　　年第 22 期。

李新平：《契约、制度变迁和股权分置改革——兼论中国证券市场
　　政府职能的重新定位》，http：//www.cdss.gov.cn/yanjiu/
　　SHFZ/lxp/365. htm。

李秀江：《地方人大何时走出监督困局》，《民主与法制时报》2009

年 11 月 18 日。

李学：《公平观念与城市化过渡社区（村镇）中居民的利益博弈——以 X 市 PN 社区（村镇）为例的实证分析》，《公共管理学报》2008 年第 4 期。

李亚兵、陶建标、乔鹏亮：《制造矿产资源开发利用企业物流外包风险及控制研究进展》，《商业时代》2008 年第 36 期。

李尧远、任宗哲：《我国区域经济发展中地方政府合作困难的原因与措施探析》，《西北大学学报》（哲学社会科学版）2009 年第 5 期。

李郁芳：《体制转轨时期的政府微观规制行为》，经济科学出版社 2003 年版。

李远勤：《上市公司声誉与自愿性信息披露》，《财会通讯》（学术版）2008 年第 2 期。

李芝兰：《跨越零和：思考当代中国的中央地方关系》，《华中师范大学学报》（人文社会科学版）2004 年第 6 期。

梁凯、兰井志：《我国资源综合利用的现状及对策》，《中国矿业》2004 年第 12 期。

梁莹、黄健荣：《论我国第三部门的成长与社会资本的建构》，《学海》2004 年第 4 期。

林尚立：《国内政府间关系》，浙江人民出版社 1998 年版。

刘大志、蔡玉胜：《地方政府竞争行为与资本形成机制分析》，《学术研究》2005 年第 3 期。

刘飞：《资源税：宜中央地方共享而非地方独享》，《中国经济导报》2010 年 12 月 4 日。

刘国春：《四川资源补偿机制研究》，《天府新论》2008 年第 5 期。

刘海波：《我国中央与地方关系探析》，《甘肃行政学院学报》2008 年第 2 期。

刘华：《政府培育社会资本以提高政府绩效的路径选择》，《经济与社会发展》2008 年第 10 期。

刘建新、蒲春玲：《新疆在矿产资源开发利用中的利益补偿问题探讨》，《经济视角·下半月》2009 年第 2 期。

刘健雄：《财政分权、政府竞争与政府治理》，人民出版社 2009 年版。

刘林平：《外来人群体中的关系运用——以深圳"平江村"为个案》，《中国社会科学》2001 年第 5 期。

刘凌波、丁慧平：《乡镇工业环境保护中的地方政府行为分析》，《管理世界》2007 年第 11 期。

刘欣：《阶级惯习与品位：布迪厄的阶级理论》，《社会学研究》2003 年第 6 期。

刘雪莲：《论全球性问题治理中西方发达国家的责任》，《政治学研究》2008 年第 1 期。

刘亚平：《退出选择视角中的地方政府间竞争：两个基本维度》，《江海学刊》2006 年第 1 期。

刘晔、漆亮亮：《当前我国地方政府间税收竞争探讨》，《税务研究》2007 年第 264 期。

刘卓珺：《中国式财政分权与经济社会的非均衡发展》，《中央财经大学学报》2009 年第 12 期。

刘祖云：《政府间关系：合作博弈与府际治理》，《学海》2007 年第 1 期。

柳建平：《市场化的内涵及其定量分析》，《当代教育与文化》2004 年第 1 期。

龙太江：《政治妥协与西方政治发展》，《广州大学学报》（社会科学版）2007 年第 3 期。

龙云凤、付善明、赵宇鷃：《广东省矿山可持续发展问题研究》，《中山大学研究生学刊》（自然科学版、医学版）2003 年第 1 期。

娄晓海：《企业与政府在矿产资源开发利用中的博弈分析》，《经营管理者》2008 年第 13 期。

卢福财、胡平波：《网络组织成员合作的声誉模型分析》，《中国工业经济》2005 年第 2 期。

罗炜、唐元虎：《合作创新的交易成本分析》，《科学学与科学技术管理》2001 年第 6 期。

罗云等：《安全经济学》，化学工业出版社 2004 年版。

马德普：《超越"人民主权"与"三权分立"之争——罗伯特·达尔的民主理论述评》，《教学与研究》2001 年第 7 期。

马俊军：《宪政视野中的公民文化——理解百年中国宪政的一个视角》，《理论月刊》2007 年第 12 期。

马骏、侯一麟：《中国省级预算中的非正式制度：一个交易费用理论框架》，《经济研究》2004 年第 10 期。

马宪彬：《达尔文密码——生存竞争的十大丛林法》，地震出版社 2005 年版。

马晓河：《渐进式改革 30 年：经验与未来》，《中国改革》2008 年第 9 期。

马泽文：《中国的光荣与梦想———一位记者眼中的大国十年》，上海人民出版社 2010 年版。

麦影：《CSR 对企业竞争优势贡献的模型研究》，《中国市场》2009 年第 3 期。

冒天启、朱玲：《转型期中国经济关系研究》，湖北人民出版社 1997 年版。

孟丽莎、董铧：《基于豪泰林模型的品牌竞争力经济学分析》，《中国管理信息化》2009 年第 12 期。

孟昭勤、王一多：《论人类社会的竞争与合作》，《西南民族大学学报》（人文社会科学版）2004 年第 7 期。

穆延奎：《产业集聚促进区域经济隆起》，《中国改革报》2007 年 12 月 21 日。

那春光：《资源规划实施中的博弈问题》，中国地质矿产经济学会资源经济与规划专业委员会 2006 学术交流会。

南江波、刘天喜：《市场经济条件下公民与政府之间的平等关系》，《理论月刊》2004 年第 5 期。

倪星：《公共权力委托—代理视角下的官员腐败研究》，《中山大学学报》（社会科学版）2009 年第 6 期。

倪星：《政府合法性基础的现代转型与政绩追求》，《中山大学学报》（社会科学版）2006 年第 4 期。

潘修华：《当代中国社会阶层结构变迁与重建国家自主性》，《理论与改革》2005 年第 4 期。

彭正波：《长三角区域政府合作：现状、困境与路径选择》，《经济与社会发展》2008 年第 9 期。

彭正波、赵瑞峰：《现代公共政策分析概论》，航空工业出版社 2009 年版。

齐树洁：《论我国环境纠纷诉讼制度的完善》，《福建法学》2006 年第 1 期。

企业公民研究中心：《责任与底线：从 CSR 到 CC》，http：//www.21cbr.com/html/cc/review/200908/04 - 4603.html。

秦前红、张萍：《浅析社会契约思想与宪政》，《湖北大学学报》（哲学社会科学版）2004 年第 1 期。

丘海雄、徐建牛：《市场转型过程中地方政府角色研究述评》，《社会学研究》2004 年第 7 期。

阙忠东：《转型期中国地方政府行为研究》，中央编译出版社 2005 年版。

任远、邬民乐：《城市流动人口的社会融合》，《人口研究》2006 年第 3 期。

商红日：《政府基础论》，经济日报出版社 2002 年版。

沈春光：《和谐社会建设中的政府规制问题探讨》，《中国特色社会主义研究》2007 年 6 月 11 日。

盛剑锋、刘志炜：《网络环境下企业合作探析》，《财贸研究》2003 年第 5 期。

施蒂格勒·G. J：《产业组织和政府管制》，上海人民出版社 1996
年版。

施建淮：《基于信息的双重危机模型及其在东亚危机中的应用》，
《经济学》（季刊）2001 年第 1 期。

石国亮：《中国政府的管理规则系统》，《学习与探索》2010 年第
1 期。

石良平、胡继灵：《供应链的合作与冲突管理》，上海财经大学出版
社 2007 年版。

石林伟：《"官煤"背后的博弈》，《时代金融》2006 年第 8 期。

史晋川：《法律经济学评述》，《经济社会体制比较》2003 年第
2 期。

舒尚奇：《博弈思想在微观经济学中的应用》，《中国市场》2005 年
第 6 期。

司训练、陈金贤、李秉祥：《企业隐性知识外部化过程中企业与员
工的博弈分析》，《科学学与科学技术管理》2005 年第 9 期。

宋莉莉、彭涛：《现阶段制度创新的"第一行动集团"——论在渐
进的市场取向改革中地方政府的角色行为》，《理论月刊》2001
年第 1 期。

宋全喜：《公共服务的制度分析：以公共安全服务为例》，http：//
www. wiapp. org/article/default. asp？id = 53。

苏旭霞：《市场化过程中的政府管理体制改革》，《中国经济时报》
2003 年 5 月 19 日。

隋舵：《国际石油资源博弈与中国的石油外交战略》，《学习与探索》
2005 年第 3 期。

孙春晨、李茹：《公共领域与媒体伦理》，http：//theory. people.
com. cn/GB/40764/127623/141212/141213/8542865. html。

孙德超：《论行政程序对行政自由裁量权滥用的控制》，《社会科学
战线》2006 年第 3 期。

孙洪志、张少杰、刘继伟：《小煤窑行为策略博弈分析》，《辽宁工

程技术大学学报》（社会科学版）2003 年第 6 期。

孙鸿烈：《中国资源百科全书》，中国大百科全书出版社、石油大学
　　出版社 2000 年版。

孙立清：《基于社会资本视角的行业协会职能分析》，《开放导报》
　　2007 年第 2 期。

孙利辉、徐寅峰、李纯青：《合作竞争博弈模型及其应用》，《系统
　　工程学报》2002 年第 3 期。

孙瑞华、刘广生：《产业安全：概念评析、界定及模型解释》，《中
　　国石油大学学报》（社会科学版）2006 年第 5 期。

孙铁玉：《市场营销中的价格竞争》，《合作经济与科技》2006 年第
　　18 期。

孙宛永：《论政府竞争与企业竞争的关系》，《行政科学论坛》2003
　　年第 4 期。

孙亚忠：《政府规制、寻租与政府信用的缺失》，《理论探讨》2007
　　年第 1 期。

孙友然：《我国农民工权益保障问题研究综述》，《人口与社会》
　　2008 年第 4 期。

孙玉娟：《利益冲突视角下的政府和农民非对称博弈》，《当代世界
　　与社会主义》2007 年第 1 期。

谈志林、张黎黎：《我国台湾地区社改运动与内地社区（村镇）再
　　造的制度分析》，《浙江大学学报》（人文社会科学版）2007 年
　　第 2 期。

覃湘阳、曹明华：《环境污染问题的博弈浅析》，《中小矿产资源开
　　发利用企业管理与科技》2009 年第 15 期。

谭卫国、李静、吴奇东：《新农村建设下农民增收困境的思考》，
　　《当代经济》2007 年第 19 期。

汤雁斌：《有色矿山可持续发展存在的问题和对策》，《四川有色金
　　属》2003 年第 2 期。

唐咸正：《国土矿产资源开发利用状况对产业结构的影响》，《资源

产业》1999 年第 5 期。

陶国根:《社会资本与完善社会管理的行动逻辑》,《党政干部学刊》
　2008 年第 4 期。

陶冶:《社会转型期的人民内部矛盾辨析》,《上海社会科学院学术
　季刊》1995 年第 1 期。

田山岗:《矿业混乱无序根源在政府管理缺位》,《领导决策信息》
　2003 年第 13 期。

童远忠:《论竞争与人类社会发展》,《长沙铁道学院学报》(社会
　科学版)2007 年第 3 期。

万建华、戴志望、陈建:《利益相关者管理》,海天出版社 1998
　年版。

汪承亮:《以民为本、公正协调是政府角色定位的基本原则》,《浙
　江大学学报》(人文社会科学版)2004 年第 6 期。

汪丁丁:《制度分析的特征及方法论基础》,《社会科学战线》2004
　年第 6 期。

汪生金:《矿产资源开发活动中企业与政府的利益关系分析》,《集
　团经济研究》2007 年第 6 期。

汪伟全、许源:《地方政府合作的现存问题及对策研究》,《社会科
　学战线》2005 年第 5 期。

汪信砚:《全球化中的价值认同与价值观冲突》,《马克思主义哲学
　研究》2004 年第 5 期。

汪云甲:《论我国矿产资源安全问题》,《科技导报》2003 年第
　2 期。

王冰、李津燕、黄岱:《试析价格竞争的作用与影响》,《江汉论坛》
　2005 年第 2 期。

王长勇:《"扩投资"诱发"乱收费"?》,《财经》2009 年 2 月
　23 日。

王驰:《信息非对称理论在公共管理中的应用与反思》,《经济与社
　会发展》2007 年第 12 期。

王春福：《政策网络的开放与公共利益的实现》，《中共中央党校学报》2009 年第 1 期。

王春梅：《西方发达国家政府职能的变革及其启示》，《理论学刊》2007 年第 2 期。

王春永、李晓华：《石头剪子布图解博弈论中的人生智慧》，中国发展出版社 2009 年版。

王峰：《浅析矿业开发中的地方利益规范》，国土资源网，http：//www. clr. cn/front/read/read. asp？ ID = 160128。

王刚：《社会排斥与农民工社会权利的缺失》，《理论观察》2006 年第 2 期。

王广成、闫旭骞：《资源管理理论与方法》，经济科学出版社 2002 年版。

王欢苗：《矿产资源开发利用企业社区（村镇）关系管理研究》，博士学位论文，辽宁大学，2009 年。

王静、张蓉、庄龙玉：《民间组织在城市社区（村镇）治理中的作用——政府与民间组织互动关系分析》，《中国农业大学学报》（社会科学版）2006 年第 1 期。

王睢：《跨组织资源与企业合作：基于关系的视角》，《中国工业经济》2006 年第 4 期。

王锴：《论我国宪法上的劳动权与劳动义务》，《法学家》2008 年第 4 期。

王雷：《如何从企业物资供应中要效益》，《辽宁经济》2003 年第 12 期。

王良伟：《政策执行主体的自利性与公共政策失灵》，《中共南京市委党校南京市行政学院学报》2008 年第 1 期。

王攀：《社区（村镇）建设，政府当好"协助员"即可》，http：//opinion. southcn. com/southcn/content/2007 - 10/12/content_ 425 7587. htm。

王万华：《统一行政程序立法的破冰之举》，《行政法学研究》2008

年第 3 期。

王询：《组织内的正式与非正式关系》，《东北财经大学学报》2000
　　年第 2 期。

王莹、沈晓峰：《论我国城市社区（村镇）管理中政府的功能定
　　位》，《北京农业职业学院学报》2007 年第 6 期。

王颖、娄成武：《政府利益内在性的抑制与政府信用建设》，《东北
　　大学学报》（社会科学版）2007 年第 5 期。

王颖春：《我国资源的综合平均回收率不足 50%》，《中国经济导
　　报》2010 年 3 月 25 日。

王则柯：《博弈论平话》，中国经济出版社 2004 年版。

王志武：《资源型城市可持续发展面临的问题与对策研究》，《郑州
　　经济管理干部学院学报》2002 年第 1 期。

王中昭、陈喜强、曾宪友：《社区（村镇）政府与社区（村镇）组
　　织的委托代理关系模型》，《统计与决策》2006 年第 4 期。

王忠文：《保罗·克鲁格曼获奖和空间经济学的发端》，《消费导刊》
　　2009 年第 4 期。

王仲兵：《论中国会计制度变迁》，《会计之友》2001 年第 7 期。

王竹林：《农民工问题与企业的社会责任》，《农业经济问题》2007
　　年第 7 期。

韦海鸣：《区域政府间合作的理论基础分析》，《学术论坛》2009 年
　　4 月 10 日。

韦红：《中国—东盟合作与东亚一体化》，《现代国际关系》2005 年
　　第 9 期。

魏后凯：《现代区域经济学》，经济管理出版社 2006 年版。

魏振香：《体制转轨过程中"寻租"问题的危害与治理对策》，《商
　　场现代化》2005 年第 6 期。

文军：《从分治到融合：近 50 年来我国劳动力移民制度的演变及其
　　影响》，《学术研究》2004 年第 7 期。

文旻：《社会化网络服务的关系发展取向——"强""弱"关系的选

择》，中国社会学网，www. sociology. cass. cn。

吴昊：《简论财政联邦主义理论在中国的适用性》，《经济研究导刊》2009 年第 18 期。

吴建南、马亮：《政府绩效与官员晋升研究综述》，《公共行政评论》2009 年第 2 期。

吴江、黄晶：《社会资本理论剖析》，《理论学刊》2004 年第 5 期。

吴理财：《政府间的分权与治量》，http：//www. chinarural. org/newsinfo. asp？Newsid = 15561。

吴强：《矿业活动中"三率"指标执行监督博弈——子博弈完美纳什均衡》，《资源产业》2003 年第 5 期。

吴小丁：《现代竞争理论的发展与流派》，《吉林大学社会科学学报》2001 年第 2 期。

吴小丁、王晓彦：《对零售业过度竞争解释的理论缺陷》，《浙江大学学报》（人文社会科学版）2010 年第 1 期。

武建强：《沟通与信任：和谐政治关系形成的机制》，《长安大学学报》（社会科学版）2007 年第 4 期。

郗伟明：《山西煤炭资源整合法律问题探析》，《山西大学学报》（哲学社会科学版）2009 年第 5 期。

席恒：《合作收益与社会动员：和谐社会的制度基础——2007 年中国管理科学学会公共管理专业委员会年会暨合作收益、公共管理理与和谐社会学术论坛论文选》，中国管理科学学会，http：//www. mss. org. cn/html/guanlihuicui/guanliluntan/2009/1013/150. html。

向德平：《社区（村镇）组织行政化：表现、原因及对策分析》，《学海》2006 年第 3 期。

谢立中：《西方社会学名著提要》（第 1 卷），江西人民出版社 2007 年版。

谢识予：《经济博弈论》，复旦大学出版社 2002 年版。

谢炜：《中国公共政策执行中的利益关系研究》，学林出版社 2009

年版。

谢炜、蒋云根：《中国公共政策执行过程中地方政府间的利益博弈》，《浙江社会科学》2007 年第 5 期。

谢晓波：《地方政府竞争与区域经济协调发展》，博士学位论文，浙江大学，2006 年。

谢晓波、黄炯：《长三角地方政府招商引资过度竞争行为研究》，《技术经济》2005 年第 8 期。

辛向阳：《百年博弈：中国中央与地方关系 100 年》，山东人民出版社 2000 年版。

新华网河北频道：《省安监局：辛集"7·28"烟花爆炸事故周年反思》，《河北日报》2004 年 7 月 22 日。

熊跃根：《转型经济国家中的"第三部门"发展：对中国现实的解释》，《社会学研究》2001 年第 1 期。

徐湘林：《党管干部体制下的基层民主试改革》，《浙江学刊》2004 年第 1 期。

徐岩松：《从压力型体制向合作体制转变县乡两级政治体制改革的优选之路》，http：//www. chinaelections. org/Newsinfo. asp？ NewsID = 18790。

许慧：《基于相关者利益均衡的矿产资源开发利用企业财务管理目标》，《当代经济》2007 年第 19 期。

许淑君、马士华：《供应链企业间的信任机制研究》，《工业工程与管理》2000 年第 6 期。

闫海：《论地方政府间税收竞争的宪政治理》，《江南大学学报》（人文社会科学版）2007 年第 4 期。

杨立雄：《农民工社会保护问题研究》，《中国人民大学学报》2006 年第 6 期。

杨立雄：《浅谈"个体主义"抑或"整体主义"》，《经济学家》2000 年第 1 期。

杨连专：《中国农村养老问题研究》，清华大学出版社 2009 年版。

杨瑞龙、冯健：《企业间网络的效率边界：经济组织逻辑的重新审视》，《中国工业经济》2003 年第 11 期。

杨瑞龙、杨其静：《阶梯式的渐进制度变迁模型——再论地方政府在我国制度变迁中的作用》，《经济研究》2000 年第 3 期。

杨淑华：《我国经济发展方式转变的路径分析——基于经济驱动力视角》，《经济学动态》2009 年第 3 期。

杨曾宪：《论价值取向评价与价值认知评价》，《天津师范大学学报》（社会科学版）2000 年第 6 期。

杨志云：《浅谈矿产资源开发利用中的环境问题》，《科技资讯》（能源与环境部分）2009 年第 2 期。

叶志华：《当前社会不公现象的原因剖析》，《岭南学刊》2000 年第 4 期。

易斌、左治兴、朱必勇：《中国有色金属矿山可持续发展存在的问题与解难》，《中国矿业》2007 年第 6 期。

尹成果：《〈宪法与政府〉学习指导纲要》，http：//www. bsdj. cn/21/372/377/20085193773559. html。

应松年、薛刚凌：《地方制度研究新思路：中央与地方应用法律相规范》，《中国行政管理》2003 年第 2 期。

应星：《"气场"与群体性事件的发生机制——两个个案的比较》，《社会学研究》2009 年第 6 期。

尤玉平：《矿产资源开发利用企业、社区（村镇）与政府：组织行为的经济学比较研究》，硕士学位论文，华南农业大学，1999 年。

于今：《中国资源的不合理开发与利用》，http：//cicto. bokee. com/4150860. html。

余斌、张钟之：《试析公共产品的本质属性》，《高校理论战线》2007 年第 1 期。

余少祥：《法律语境中弱势群体概念构建分析》，《中国法学》2009 年第 3 期。

郁振华：《波兰尼的默会认识论》，《自然辩证法研究》2001 年第 8 期。

袁方成：《实现政府管理与社区（村镇）自治有效衔接的社区（村镇）治理机制创新研究》，http：//mzzt. mca. gov. cn/article/hxsqyth/zxlw/200810/20081000020676. shtml。

袁飞、陶然、徐志刚、刘明兴：《财政集权过程中的转移支付和财政供养人口规模膨胀》，《经济研究》2008 年第 5 期。

袁嗣兵、梁莹：《政府与信息化时代的"善治"》，《湖北社会科学》2005 年第 3 期。

臧乃康：《政府利益论》，《理论探讨》1999 年第 1 期。

张丙乾、李小云：《基于矿产资源开发利用的农村社区（村镇）权力运作探析》，《社会科学辑刊》2007 年第 5 期（总第 172 期）。

张丙乾、李小云、叶敬忠：《加速的变迁》，《农村经济》2007 年第 7 期。

张方华：《社会资本理论研究综述》，《江苏科技大学学报》（社会科学版）2005 年第 4 期。

张富良、刘书英：《从治理主体角度透视乡村治理危机——河南省 Z 县村支书、村主任现状调查》，《阿坝师范高等专科学校学报》2004 年第 2 期。

张恒龙、陈宪：《当代西方财政分权理论述要》，《国外社会科学》2007 年第 3 期。

张红梅：《鲁滨孙漂流记中的启蒙思想窥探》，《时代文学》（双月版）2006 年第 4 期。

张建伟、胡乐明：《西方主流经济学的理性主义"硬核"剖析》，《中州学刊》2005 年第 4 期。

张紧跟：《纵向政府间关系调整：地方政府机构改革的新视野》，《中山大学学报》（社会科学版）2006 年第 2 期。

张靖华：《西方财政分权理论综述》，《开发研究》2005 年第 2 期。

张军：《为增长而竞争：中国之谜的一个解读》，《东岳论丛》2005

年第 4 期。

张军：《政府转型、政治治理与经济增长：中国的经验》，《云南大学学报》（社会科学版）2006 年第 4 期。

张康之：《行政改革中的理论误导——对在政府中引入市场竞争机制的质疑》，《天津社会科学》2001 年第 5 期。

张良：《制度研究的最新进展：历史比较制度分析》，http：//www. unirule. org. cn/xiazai/200711/60. pdf。

张流柱：《浅论我国现行分税制》，《湖南经济管理干部学院学报》2004 年第 1 期。

张朋柱等：《合作博弈理论与应用：非完全共同利益群体合作管理》，上海交通大学出版社 2006 年版。

张萍：《科恩的范式理论及其中国经济学创新借鉴》，《商场现代化》2007 年第 3 期。

张其仔、郭朝先：《制度挤出与环境保护政策设计》，《中国工业经济》2007 年第 7 期。

张惟佳：《中小企业发展过程中的政府规制探析》，《现代经济探讨》2004 年第 9 期。

张维迎：《博弈论与信息经济学》，上海人民出版社 2004 年版。

张维迎、栗树和：《地区间竞争与中国国有企业的民营化》，《经济研究》1998 年第 12 期。

张伟、吴必虎：《利益主体（Stakeholder）理论在区域旅游规划中的应用——以四川省乐山市为例》，《旅游学刊》2002 年第 4 期。

张文彬、宋焕斌：《21 世纪矿业可持续发展问题与对策》，《昆明理工大学学报》1998 年第 2 期。

张文宏：《社会资本：理论争辩与经验研究》，《社会学研究》2003 年第 4 期。

张锡恩：《论中央与地方关系的规范化、法制化——学习江泽民〈正确处理社会主义现代化建设中的若干重大关系〉的思考》，《东岳论丛》1996 年第 5 期。

张小洁:《网民关注浙商与山西的利益对决》,《经济参考报》2009
年 11 月 12 日。

张闫龙:《财政分权与省以下政府间关系的演变——对 20 世纪 80 年
代 A 省财政体制改革中政府间关系变迁的个案研究》,《社会学
研究》2006 年第 3 期。

张燕:《农民工维权成本报告:讨薪 1000 元成本 3000 多元》,《新
民晚报》2005 年 6 月 21 日。

张宇燕、何帆:《由财政压力引起的制度变迁》,载盛洪、张宇燕主
编《市场逻辑与制度变迁》,中国财政经济出版社 1998 年版。

张智勇:《户籍制度:农民工就业歧视形成之根源》,《农村经济》
2005 年第 4 期。

赵长茂:《让人民生活得更有尊严》,《文汇报》2010 年 3 月 17 日。

赵成根:《转型期的中央和地方》,《战略与管理》2000 年第 3 期。

赵海云、李仲学、张以诚:《矿业城市中政府与企业的博弈分析》,
《中国矿业》2005 年第 3 期。

赵红:《环境规制对产业技术创新的影响——基于中国面板数据的
实证分析》,《产业经济研究》2008 年第 3 期(总第 34 期)。

赵洁心、冯波、谭俊、鲍明学、李闫华:《我国矿产资源开发利用
现状与可持续发展探讨》,《经济管理》2006 年第 5 期。

赵鹏大:《矿产勘查理论与方法》,中国地质大学出版社 2001 年版。

赵祥:《建设和谐社会过程中地方政府代理行为偏差的分析》,《中
国行政管理》2006 年第 5 期。

赵云旗:《中国分税制财政体制研究》,经济科学出版社 2005 年版。

郑健壮:《产业集群理论综述及其发展路径研究》,《中国流通经济》
2006 年第 2 期。

郑永年、吴国光:《论中央—地方关系——中国制度转型中的一个
轴心问题》,http://zhengyn.sakura.ne.jp/zhengyn/CL.pdf。

钟晓敏:《市场化改革中的地方财政竞争》,《财经研究》2004 年第
1 期。

钟笑寒：《地区竞争与地方保护主义的产业组织经济学》，《中国工业经济》2005 年第 7 期。

周海生：《政治文化与公共政策》，《广东行政学院学报》2008 年第 3 期。

周红云：《社会管理体制改革当秉持何种理念》，http：//news. xin-huanet. com/legal/2010 - 04/01/c_ 1212478. htm。

周惠中、易纲、海闻：《微观经济学》，上海人民出版社 1999 年版。

周纪昌：《中国农村环境关系失衡的博弈分析》，《重庆工商大学学报》（西部论坛）2007 年第 6 期。

周黎安：《晋升博弈中政府官员的激励与合作——兼论我国地方保护主义和重复建设问题长期存在的原因》，《经济研究》2004 年第 6 期。

周黎安：《中国地方官员的晋升锦标赛模式研究》，《经济研究》2007 年第 7 期。

周黎安、李宏彬、陈烨：《相对绩效考核：中国地方官员晋升机制的一项经验研究》，载《经济学报》（第 1 卷第 1 辑），清华大学出版社 2005 年版。

周美雷：《以公共服务评估促进和谐社会建设》，http：//theory. people. com. cn/GB/40537/5158990. html。

周庆智：《等级制中的权位竞争——对某县行政权力的实证分析》，《东南学术》2005 年第 5 期。

周湘斌：《社会支持网络理论在社会工作实践中的应用性探讨》，《中国农业大学学报》（社会科学版）2005 年第 2 期。

周业安：《地方政府竞争与经济增长》，《中国人民大学学报》2003 年第 1 期。

周业安：《健康的经济来自好的治理机制——威廉姆森的思想精髓》，http：//www. 21cbh. com/HTML/2009 - 11 - 4/152340_2. html。

周业安、冯兴元、赵坚毅：《地方政府竞争与市场秩序的重构》，

《中国社会科学》2004 年第 1 期。

周业安、赵晓男:《地方政府竞争模式研究——构建地方政府间良性竞争秩序的理论和政策分析》,《管理世界(月刊)》2002 年第 12 期。

周永生:《实现依政策治国到依法治国的历史转变》,《西南民族大学学报》(人文社会科学版) 2003 年第 2 期。

周勇、姜晓婧:《国内企业间合作问题研究现状概述》,《商场现代化》2007 年第 7 期。

朱波、范方志:《金融危机理论与模型综述》,《世界经济研究》2005 年第 6 期。

朱健刚:《城市街区的权力变迁:强国家与强社会模式——对一个街区权力结构的分析》,《战略与管理》1997 年第 4 期。

朱晓超、康理诚:《美国煤矿安全启示》, http://www.jxmkaqjc.gov.cn/2005 - 2/2005223210409.htm。

朱仲梅:《生物学教学中的模型和模型方法的开发研究》,《商情》2009 年第 10 期。

庄国波:《领导干部政绩评价的理论与实践》, 中国经济出版社 2007 年版。

邹东升、李辉:《美国院外活动及其法律规制——兼论其对规范我国人大会外活动的启示》, http://www.txwtxw.cn/Article_Show.asp? ArticleID = 661。

邹文杰:《企业合作范式演进探析》,《贵州财经大学学报》2006 年第 6 期。

Bain, J. S., *Barriers to New Competition*, Harvard University Press, 1956.

Bengt Holmstrom and Paul Milgrom: Multitask Principal - Agent Analyses: Incentive Contracts, Asset Ownership, and Job Design, http://personal.lse.ac.uk/zapal/EC501_2008_2009/Meyer_background1.pdf.

Creps, D. and R. Wilson, "Reputation and Imperfect Information", *Journal of Economic Theory*, 1982, pp. 253 – 279.

Deutsch M. , *The Relation of Conflict*, New Haven, CT: Yale University Press, 1973.

Goldestein, Steven M. , "Reforming Socialist Systems: Some Lessons of the Chinese Experience", *Studies in Comparative Communism*, 1988, p. 228.

Holmstrom, Bengt & Paul Milgrom, "Multi – Task Principal – Agent Analyses: Incentive Contracts, Asset Ownership and Job Design", *Journal of Law, Economics and Organization*, 1991 (7) .

J. S. Bain, *Barriers to New Competition*, Cambridge, MA: Harvard University Press, 1956.

Kanter, Rosabeth Moss, "From Spare Change to Real Change: The Social Sector as Beta Site for Business Innovation", *Harvard Business Review*, May – June 1999, pp. 122 – 132.

Tsang, E. , "Motives for Strategic Alliance: A Resource based Perspective", *Scandinavian Journal of Management*, 1998, 14 (3): 207 – 221.

Von Weisacker: "A Walfare Analysis of Barriers to Entry", *Bell Journal of Economics*, 1980, 11.